要把教育和知识变成空气一样，弥漫于宇宙，洗荡于乾坤，普及众生，人人有得呼吸。

——陶行知

1978年，高中毕业与同学顾振宁（左一）、郭品文（中）合影

1	4
2	
3	5

1. 2010年5月，参观上海世博会
2. 2011年7月，成都培训
3. 2012年5月，宿迁骆马湖
4. 2018年5月，南京参加大哥的“璞玉浑金”艺术展
5. 2013年10月，天津培训

1	3
	4
2	5

1. 2017年9月27日，女儿婚礼
2. 2017年10月5日，女儿婚宴
3. 2015年12月，参加德育课题研讨活动
4. 2010年1月，参加六届九次教代会
5. 2010年10月，参与陪同宿迁结对学校领导来校交流

黄 埭 中 心 小 学
六 届 九 次 教 代 会

1	3
2	4

1. 2016年5月，广东培训
2. 2018年11月17日，同学会40周年，与同学杨克勤（右一）、徐晓芳（中）合影
3. 2018年11月，高中毕业40周年同学会，部分同学合影
4. 2018年11月，主持高中毕业同学会40周年活动

情忆40载 相聚在今朝
黄埭中学七八届高中毕业40周年同学会活动

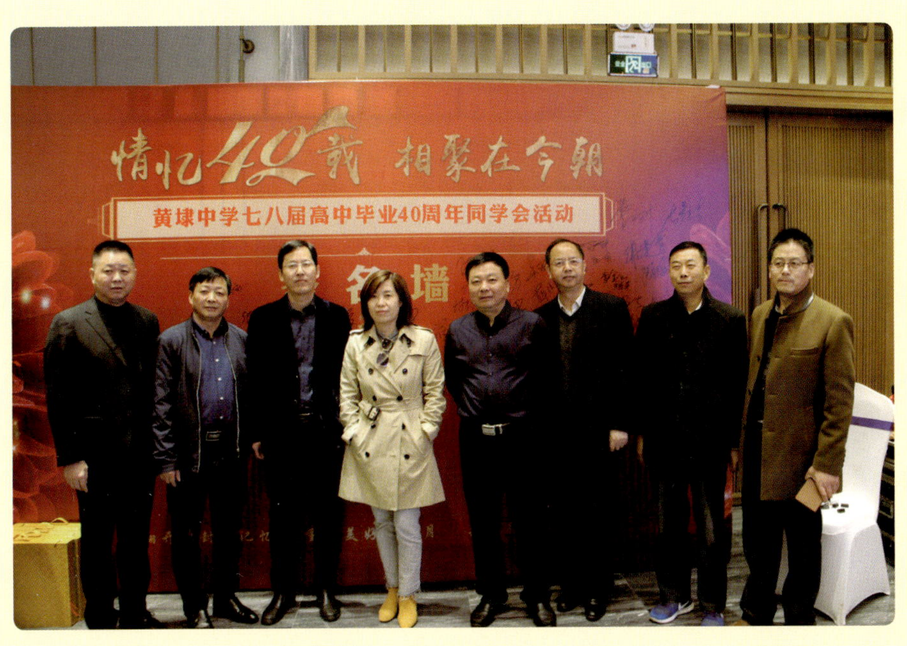

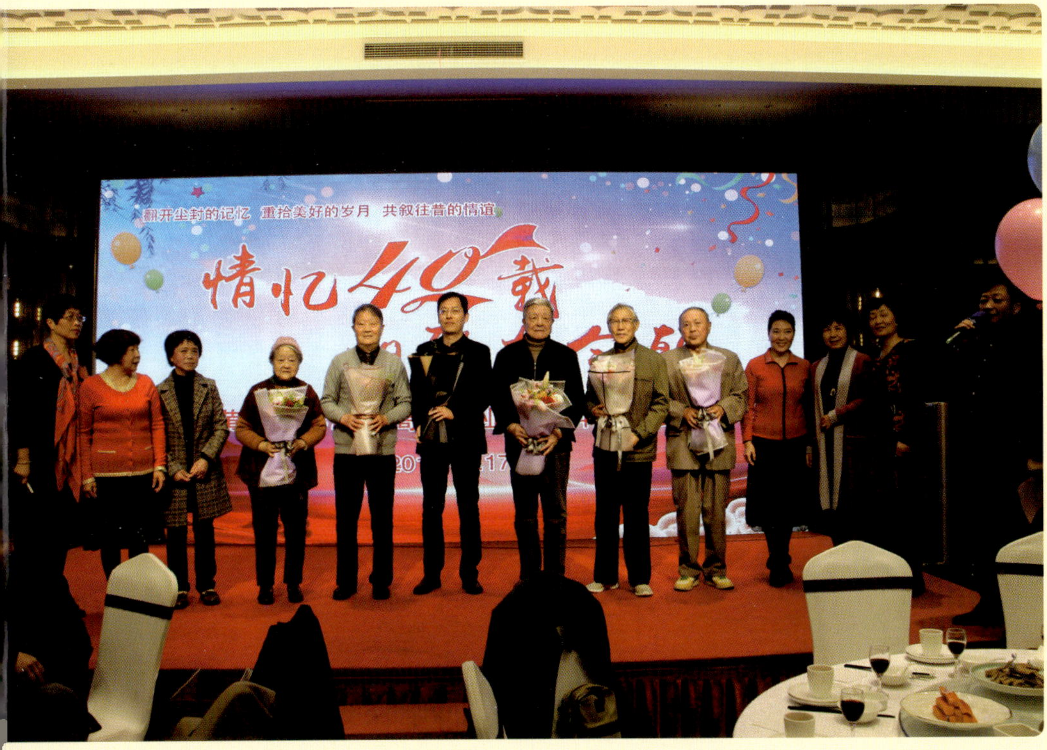
翻开尘封的记忆 重拾美好的岁月 共叙往昔的情谊
情忆40载

1	3
2	4

1. 2019年9月，与部分同学参加母校黄埭中学90周年校庆活动合影
2. 2019年10月，陪同贵州省石阡县结对学校领导、老师参观“冯梦龙廉政文化培训中心”
3. 2019年11月，赴贵州省石阡县中坝小学开展结对帮扶支教活动（1）
4. 2019年11月，赴贵州省石阡县中坝小学开展结对帮扶支教活动（2）

热烈欢迎苏州市相城区黄埭中心小学行政及骨干教师莅临我校指导
苏州市相城区黄埭中心小学帮扶中坝小学捐赠仪式

1	4
2	5
3	6

1. 2018年4月，参加党建品牌启动仪式
2. 2020年2月，参加抗疫志愿者服务活动
3. 2019年12月，参观学习聆听报告
4. 2018年9月，交流布置工作发言
5. 2014年5月，主持“征求意见座谈会”
6. 2015年9月18日，寻访相城“抗日印记”活动合影

知识是引导人生到达光明
Knowledge is the candle lights which can guide life to a

洋澄縣政府纪念碑
70
寻访相城"抗日印记"

1	3
	4
2	5

1. 2018年8月，欢送援疆支教教师合影
2. 2017年11月，陪同家委会成员参观中心分部
3. 2016年6月，与卫星小学教师合影
4. 2016年10月，主持支部换届改选
5. 2020年3月，慰问抗疫志愿者教师

百年卫小 芳华永驻

不同的家庭

1 / 2	3

1. 黄埭中心小学学校正门
2. 黄埭中心小学校园一角
3. 黄埭中心小学师生千人太极拳表演

塘川古韵

1	2
3	

1－家乡风光（1）
2－家乡风光（2）
3－家乡风光（3）

家乡风光（4）

秋叶的回望

——献给我的教师生涯四十年——

钱俊康 著

中国水利水电出版社
www.waterpub.com.cn
·北京·

内 容 提 要

本书收集了作者在长达四十年的教育教学实践中日积月累的部分成果，包含四个篇章，分别为杏坛探索、杏坛存心、杏坛偶得和杏坛齐家。退休在即，书中的字字箴言凝聚了作者对教育事业的热诚与挚爱，同时也是对四十年教师生涯最好的纪念。本书将为同行们，以及即将进入教育行业的新人们带来新的思考。

图书在版编目（ＣＩＰ）数据

秋叶的回望 : 献给我的教师生涯四十年 / 钱俊康著
. -- 北京 : 中国水利水电出版社, 2020.12
ISBN 978-7-5170-9264-3

Ⅰ. ①秋… Ⅱ. ①钱… Ⅲ. ①教育工作—中国—文集
Ⅳ. ①G52-53

中国版本图书馆CIP数据核字(2020)第252741号

书　　名	秋叶的回望——献给我的教师生涯四十年 QIU YE DE HUI WANG——XIAN GEI WO DE JIAOSHISHENGYA SISHI NIAN
作　　者	钱俊康　著
出版发行	中国水利水电出版社 （北京市海淀区玉渊潭南路1号D座　100038） 网址：www.waterpub.com.cn E-mail：sales@waterpub.com.cn 电话：（010）68367658（营销中心）
经　　售	北京科水图书销售中心（零售） 电话：（010）88383994、63202643、68545874 全国各地新华书店和相关出版物销售网点
排　　版	北京水利万物传媒有限公司
印　　刷	天津旭非印刷有限公司
规　　格	170mm×240mm　16开本　20.25印张　320千字
版　　次	2020年12月第1版　2020年12月第1次印刷
定　　价	58.00元

凡购买我社图书，如有缺页、倒页、脱页的，本社发行部负责调换

版权所有·侵权必究

序一

俊康兄打算把他多年来撰写的有关文字材料结集成册，取名为《秋叶的回望》，以此纪念自己的四十年教师生涯，实在是一件很有意义的事情，遵其委托，为他写一小序。写序委实不敢当，但想到因此可以成为书稿的第一位读者，可以先睹为快，便欣然应允。

我与俊康兄相识乃是我初到相城区教育局工作，一次外出培训时，正好我们俩有缘同居一室，初次交流后就感觉到俊康兄才思敏捷，个性直爽，对工作、对生活往往有独到的见解。再后来有机会到黄埭镇工作了几年，正好分管教育工作，他那时担任中心小学副校长、副书记，主管学校德育、党务及中心小学分部（东校）管理工作。从张爱琴校长那里多次听到对他的诸多正面评价，说他在学校管理方面勤恳踏实，做事认真负责，让人放心，自己又能够以身作则、严格要求，在教师、家长及社会各界中具有较高的威望。后来几次到学校调研，与他又有了更多的接触，他所管理的学校虽然校舍陈旧、设施比较落后，学生又都是外来人员子女，但学校管理上确实井井有条，学生文明行为习惯训练有素，师生精神面貌良好，给我留下了深刻的印象。

俊康兄的教师生涯有四十年了！在这四十年中，他不断思考，勇于探索，勤于笔耕，在任教学科及分管工作的各个方面，均积累了一定的经验。这本《秋叶的回望》就是他在长期的教育教学实践中日积月累的部分成果，现在将这些成果整理成册，结集示人，凝聚了他对教育事业的热诚与挚爱，同时也是对自己四十年教师生涯最好的纪念。

我常常想，一个人的能力、水平从来都不是天生的，但却可以在不断的努力中增长、提高。我们当教师的，可以一辈子做一个“教书匠”，也可以紧跟教育教学步伐、立志教育科研，成为具有一定学识水平和能力的学者型、专家型教师。教育是永远的艺术，是永远的智慧。教学的科学性和艺术性为我们打开了广阔的视野，处在教学第一线的教师有着丰富的教育生活经历和经验，有着层出不穷、丰富多彩的教育教学场景。这些源头活水可以让我们研究的课题更广，探索的程度更深，在新课改浪潮中走得更远。

《秋叶的回望》没有别致的装帧，却是俊康兄多年来心灵的思索；散发出来的，不仅是淡淡的油墨清香，更是俊康兄对教育事业的执着情怀。希望有更多的教师，能够像俊康兄那样，勤于学习，勇于探索，善于总结，努力成为受人尊敬的学者型教师。

张国镇

2020年秋

（张国镇，苏州市相城区教育局副局长）

序二

人生真的好比白驹过隙，我与俊康都由当年意气风发的少年，不知不觉将要迈入一个甲子了。在秋风徐来的屋檐下，开卷阅读俊康老兄的书稿，他的精神风范和道义光辉，令我肺腑透亮，敬佩之心油然而生。

俊康与我都是在“日出江花红胜火，春来江水绿如蓝”的苏南古镇黄埭的乡村出生、长大的。同样的根脉，同样从农村最底层出发，同样抱着强烈的改变命运的“功利心”，同样在人生道路上气喘吁吁攀爬的路径，同样是很有个性的性情中人，让我们从同学成了知己。我知道，将近退休的俊康出书绝对不是为了谋取所谓进步的通行证，更没有半点儿沽名钓誉，他是对毕生教育事业孜孜追求的情感释怀，是对教育事业赤子之心的抒怀！

俊康从来都比我优秀，当时在年级里各门学科他都是排在前几名，在恢复高考的第二年，俊康的高考成绩竟然超过了录取分数线30多分，这使我感到特别惭愧和羡慕，要知道在当时的黄埭中学他是何等的凤毛麟角。按分数俊康完全可以进入重点大学，但那年正赶上国家为“老三届”落实政策，为他们降分优先录取，这使得许多本应录取的优秀应届生只能屈从于命运的安排，俊康最终被录取到了江苏省洛社师范学校，本来不愿意读中等师范（以下简称“中师”），还想复读来年再考的俊康在父母的劝说下还是选择了去中师报到。从此，俊康与教育结下了一世情缘。对于这一次俊康的人生选择，我理解他，因为他的人生志向何止在三尺讲台，他有着更高远的理想境界；我更理解他的父母，因为世代脸朝黄土背朝天的父辈们，对于儿子能跳出农门已是祖宗坟上烧高香了。

俊康离开了农村乡野，而我只能在农田里煎熬，后来我有幸应征入伍，走进了军旅。十几年后，当我从部队转业归来，俊康已是黄埭中心小学领导层的一名重要骨干了。黄埭中心小学是一所百年老校，有着“最是读书好天堂”的美誉，在广大百姓心目中有着很高的地位，我为俊康在教育舞台上施展才华由衷地高兴。说心里话，俊康的专业能力和综合能力，尤其是组织能力和管理能力都是很全面、很优秀的，一直认为他应该有个更好的施展自己才华的舞台，但他一直很知足，从普通教师到中层，再到副校长，后来又负责东校区，从来都没有半点儿怨言，踏踏实实，兢兢业业，我一直想探知他的动力源泉，直到有一天我们聊起这个话题，俊康一句“我们本来都是泥土里刨食的，如今我们有了一份稳定的工作，不愁吃穿，已经很知足了，看看我们许多同学还在为生计奔波，我们还有什么怨言呢”！一语点醒惑中人，我想，这正是俊康的品格所在，正是他四十年奉献教育的精神支柱，正是他奉献向高标准看齐，收获无求索取、无怨无愧的人生价值观，也正是他这三十多万字杏坛探索、教海精进、教海扬帆的宝贵财富。是啊，我们都是土里刨食的，容易满足，也应该满足，我们的心就应永远放在那里，这对于我们这一代是心灵之抚慰、精神之寄托、信仰之归宿，并对我们获得人生心灵之平衡，是何等重要！

久别母校凭梦到，每思老友取书看。谢谢俊康老同学，为我打开了心头之门，为我“心放何处”道出了人生的真谛！

2020年秋

（朱海明，曾服役海军，转业后做过记者、编辑，
苏州广播电视总台原东吴中心影视部主任、东吴有视频道总监，
现任苏州海影文化传媒有限公司总经理、江苏省作家协会会员）

目录

第一篇 杏坛探索

教学篇

德育篇

管理篇

第二篇 杏坛存心

生活感悟

工作杂谈

第三篇 杏坛偶得

第四篇 杏坛齐家

第一篇

杏坛探索

教育是事业，事业的意义在于奉献；
教育是科学，科学的价值在于求真；
教育是艺术，艺术的生命在于创新。

教学篇

培养学生自学能力体会谈

自学能力是指依靠自己独立学习而获取知识的能力，它是一般能力（如想象力、观察力、注意力、思维力、记忆力等）的综合运用。而学生的自学能力则主要表现在通过自己阅读课本理清知识网络，从而理解和消化知识。自学能力不仅指自学时能够主动地通过多种途径独立地获取信息，还指自学的毅力和自学的习惯。对一个人来说，自学是丰富知识、发展智力、培养能力、走向成才的必经之路。近年来，培养学生的自学能力逐渐引起了广大教育工作者的重视，笔者在实践中体会到，在引导学生自学的过程中，必须注意处理好以下几个问题。

一、端正教学的指导思想，处理好教与学的辩证关系

教学是师生的双边活动，学生是学习活动的主体，教师的教是为了学生的学，最终达到“教是为了不教”的目的。传统的教学理论片面强调教师的教而忽视学生的学，错误地认为教师讲多少，学生就一定能得多少。于是把学生当作被动地接受知识的容器，禁锢在课堂内，禁锢在作业堆里，搞满堂灌。现在要提倡培养学生的自学能力，有的人又往往认为无须教师的指导作用，而放任学生自己去看书，这同样不能取得良好的学习效果。学生的自学能力受其年龄和知识水平的限制，阅读能力差，注意力集中时间不长，在自学中往往只看定义结论而忽视推理过程；只看运算方法而忽视算理的研究。

因此，在自学过程中教师要针对学生的个性，有的放矢地在知识的难点与新旧知识的联结点上做必要的引导。

例如：在教“扇形面积的计算”时，我设计了这样一组指导学生自学的思考题：

（1）扇形与圆是什么关系？圆的圆心角是多少度？

（2）圆的面积怎样计算？圆心角是1° 的扇形的面积怎样计算？

（3）圆心角是任意度（n°）的扇形面积怎样计算？

这样由浅入深、由已知到未知，步步深入，引导学生推导出扇形面积的计算公式。思路清晰，印象深刻，效果较好。

二、注重学法研究，处理好教知识与教方法的关系

古人云：“授人以鱼，只供一饭之需；授人以渔，终身受用无穷。”如果把知识看作大海中的“鱼”的话，那么我们教师不应该仅仅送几条“鱼”给学生，而应该把捕鱼的方法教给学生。因此，在教学中，教师不只是向学生传授知识，更重要的是要把学习知识的方法教给学生。在培养学生自学能力的过程中，必须认真研究学生的学习过程，教给学生自学的方法。

（1）教会学生预习，把预习作为培养自学能力的一个起点和台阶。

学生自学能力的培养需要一个循序渐进的过程，一开始可以从指导学生预习入手，指导学生逐步掌握预习的方法，为进一步培养自学能力打下良好的基础。有的教师不敢让学生进行预习，理由是学生预习后上课就不专心听讲了。事实并非如此，只要教给学生预习的方法，经过预习，学生在上课时才能更有目的地听讲，而且能在课内质疑问难，兴趣更浓，效果更好。当然，预习不是放任自流，而应该根据不同教材、不同内容，提出恰如其分的预习要求，布置适量的预习作业，让学生带着任务和问题去思考。考虑到学生年龄小、自学能力较弱的特点，教师可先在课堂上指导学生预习，经过一段时间的训练后，逐步放手让学生在课外独立预习。

（2）教会学生使用课本，把阅读课本作为培养自学能力的一个主要途径。

小学生学习数学必须依靠课本，这是接受间接知识所不可或缺的。学生具有看书自学的能力后，就可以积极主动地学习，从而更好地发挥认识的能动性。因此，在教学过程中要有目的地指导学生阅读课本、看书自学，使他们掌握自学的方法，养成自学的习惯。首先，学生还不会使用课本，可以在教授新知识后指导学生阅读课本，边看边想教学的过程，进一步理解学的新知识是什么，怎样得出的；然后，可进一步要求学生通过自学明确要学的知识是什么，怎样得出的；最后，逐步转入在教学过程中让学生自学，并把思考与练习有机地结合起来，这样逐步深入，要求逐步提高，使学生逐步养成阅读课本、看书自学的习惯。这就为积极主动地学习书本知识，提供了必要的工具。

（3）教会学生记课堂笔记，把记好笔记作为培养自学能力的一个重要手段。

在课堂上让学生学记笔记可以提高听课的注意力，有利于手脑并用，提高学习的效率。因为一个人认识世界上的事物，需要多次反复地刺激，才能留下深刻的印象，如果仅仅让学生坐在教室里听教师讲课，那就只有一种感官的活动，而做课堂笔记需要眼、耳、手、脑的密切结合，是多种器官的综合刺激，这样所学的内容印象就深刻、效果就较好。对于小学生来说，做笔记要由浅入深，逐步提高要求，开始可抄写教材中一些重要的语句或段落（定律、结论或推导过程），逐渐地让学生根据教师的板书自己整理所学知识的主要内容，同时结合做笔记让学生在书上做记号或批注，进一步学会摘录提纲或写概要。

在培养学生自学能力的过程中，除了教给学生以上一些学习方法外，还可教学生动脑思考问题，教学生科学安排时间，教学生自己检查作业等等，总之，为了有效地培养学生的自学能力，关键还在于教师要不断改进教学方法。

三、运用尝试教学法，处理好培养能力与发展智力的关系

能力与智力相互依存、相互影响，但又不能互相替代。在培养学生自学能力的实践中，我体会到：恰当地运用尝试教学法，不仅能有效地培养学生

的自学能力，而且对学生智力的发展也具有一定的促进作用。因为尝试教学法摆脱了“教师只管教，学生只能听”的旧教学法的束缚，它是在教师指导下，学生先自学课本，再动手尝试练习，然后再听教师讲解，集体讨论掌握知识的教学方法，因而能有效地培养学生的自学能力，同时促进学生智力的发展。

学生的自学是一种有目的、有意向、积极主动的智力活动过程，也是一种凭借主观意志战胜多种困难的认识活动过程；它又是一个艰苦的独立思考的过程，需要教师不断加以引导和培养。培养学生的自学能力是当前数学教学改革中的一个新的课题，值得我们做进一步的探索和研究。

（此文发表于《教师进修》1990年第11期、
《教育天地》1991年第8期）

依据学生心理特点，改进传统的作业订正方法

常常可以看到这样的现象：教师将批改好的作业本发给学生，要求学生订正后交给教师再批，直至正确，至于学生在订正过程中是否真正弄懂了错误的原因所在，是否经过自己独立思考后才订正的，什么时候订正效果最佳等等，教师则考虑甚少。笔者从日常的教学实践中体会到：这种传统的订正方法虽然从表面上看似乎也达到了订正的目的，但没有从学生的心理特点出发，考虑如何取得最佳的纠错效果，因而存在着明显的弊端。它主要表现在以下三点。

首先，这种订正一般要在第二天上课前进行。教师对学生作业的评价信息不能及时反馈给学生，学生作业中的错误信息滞留在头脑中的时间长、印象深，因而不易立即消除，当然也难以很快接受正确信息并进行储存，这就影响了学生对新知识的理解和接受，思维反应的正确性和灵敏性就会降低，惰性也就会潜滋暗长。久而久之，必将严重影响学生智能的发展。

其次，学生打开作业本时，首先映入眼帘的是教师按正误题数之比打上的分数，觉得即使全部订正正确也无最佳成绩可得，心理上缺乏主动订正的积极性，订正往往持以完成任务的态度而草草了事。

最后，这种订正由于多数是在课外进行的，因而无形中助长了学生抄袭之风的蔓延，尤其是学习态度不够端正的学生，他们往往不愿独立订正作业，而是想方设法抄袭正确答案，以求通过教师的批改。结果这种订正不仅无益于矫正学生的错误信息，而且会使学生的恶习加深。

因此，在教育改革不断深入的今天，这种传统的作业订正方法必须改

革，要根据学生的心理特点及课堂教学的实际情况，采取适当的方法指导学生订正，才能取得较好的效果。从目前情况来看，笔者认为一般可采取以下几种订正方法。

一、课上及时订正

这种订正方法一般来说可在课堂教学时间较为充裕的情况下进行，即在学生当堂作业后，由教师或指名学生报出各题的正确得数，指导学生发现错误并及时订正。这种订正方法的主要优点有以下四点。

（1）当学生发现自己的结果与报出的结果相矛盾时，心理上产生一种希冀全卷正确的求胜心，要求订正的热情和积极性最高，欲望最强烈，思维活动处于最佳状态，最易纠正错误信息，接受正确信息。

（2）由于每题只报得数，而不报具体的步骤和过程，因而学生仍能重新严格地进行新的思考、运算、检验和探索；仍可进行比较、调试、矫正和补充，以求得正确的结论；仍可有效地调动学生探求解题新途径的主动性和积极性，而不会形成思维定势。

（3）学生当堂及时订正，能使暂留在学生头脑中的错误信息迅速消除。这样，就比较有利于学生对新知识的寻求、吸取和巩固，学生的智力也能在这一过程中得到启迪和开发。

（4）此时作业本还未上交，老师还未批改评分，学生只要立即着手订正，仍可获得最佳成绩。因此，学生能抓紧时间及时温习新知识，认真寻找出解题失误之处，并积极加以订正。

鉴于以上优点，我们在课堂教学中应尽可能采用及时订正作业的订正方法。

二、练后评讲订正

这种订正方法主要是针对学生作业中普遍存在的错误而采取的。教师将巡视学生作业时发现的典型错例抄录（或指名板演）在黑板上，然后组织学生讨论评讲，引导学生找出错误、分析原因，讨论正确的解答方法，从而让学生及时订正作业中的错误。这种订正方法能有的放矢、对症下药。由于学生心理上急于想知道自己作业中错误的原因，因而教师在评析时，学生注意力高度集中，能很快订正错误，建立起清晰而正确的概念。

三、课后个别订正

这种订正方法主要针对少数基础较差、习惯不良的学生而采取的。教师针对这部分学生各自的错误，采取个别面批、耐心辅导的方法，使之能在教师的有效指导下，及时掌握和巩固新知识，订正错误的思路和方法。这种订正方法针对这部分学生的心理，通过个别订正能改变抄袭现象，对养成学生良好的学习习惯，培养学生独立思考、积极进取的精神起到一定的作用。

实践证明，恰当地采用以上几种订正作业的方法，符合学生的心理特点，能满足学生强烈的求知欲，对于开发学生的智力、培养学生的技能、提高教学质量是很有益处的。

（此文发表于《教育天地》1992年第3期）

对数学练习独立性的一点再认识

记得刚参加教学工作时，在教研活动时曾讨论过学生练习的独立性问题，不少有经验的教师提醒我们要切实注意学生练习的独立性，一些教学杂志上也有不少有关文章刊登，当时也确实重视过一阵儿。但随着时间的推移，这种呼声似乎逐渐不那么强烈了。那么是否学生练习的独立性问题已经基本解决了呢？事实并非如此，通过近年来对乡村学校进行“六认真”检查时发现，不少学生作业本颇佳，错处甚少，但考试成绩却不尽如人意，这是什么原因呢？通过进一步调查摸底，发现学生练习的独立性较差，平时不少练习大都是在课外进行的，学生之间相互抄袭的现象较为严重。有的学生虽然作业经常有错，但订正时却千篇一律地全做对了，有的老师往往只看表面现象，打钩了事，却偏偏忽视了学生练习的独立性，日积月累，严重影响了教学质量的全面提高。

诚然，影响学生学习成绩的因素很多，但从不少班级调查的情况来看，学生平时的练习缺乏独立性，也是一个不可忽视的重要原因。

笔者通过调查了解到，学生的练习之所以缺乏独立性，其原因大致有四：一是课堂练习中过多地采用指名板演，有些教师在授新课前的复习和授新课后的巩固中，常常要指名几位同学上台板演，让其余同学在下面看或做，一部分学习习惯较差的学生就不动脑筋地照抄了；二是在学生练习过程中，教师对作业题过多地加以提示，有的教师对例题中不曾出现过、难度稍大、形式变异的习题，唯恐学生做不出，或加以提示，或补充例题讲解，使许多学生失去了极好的思维训练的机会，部分练习不会做，就想方设法地抄袭；三是由于在课堂教学过程中，精讲多练没有较好地体现，把应有的课堂练习时间占用了，待到作业布置完毕，下课铃声随即也响了，一部分学习自觉性不强的学生课后就去抄袭别人的作业；四是在学生作业订正过程中，由于没有扎实得当的订正方式和措施，部分学生不愿自己寻找错误的原因后再订正，常常是将别人的作业本拿来一抄了事。

学生的练习缺乏独立性，使教学信息得不到正确的反馈，久而久之，必将严重影响教学质量的提高。鉴于以上情况，有必要再一次吁请我们的广大同行，必须继续重视学生练习的独立性，积极创设机会，多让学生独立完成作业。针对前面提到的问题，我们可采取适当措施加以克服。如教学过程中尽量少用上台板演，必要时可让板演学生先做在小黑板或投影片上，其余同学做在练习本上，待全部完成后再出示小黑板或投影片组织评讲，这样可以促使学生人人开动脑筋，个个独立答题；对学生的课堂练习题一般不要再事先给予提示，要启发引导学生独立思考，让他们先尝试一下，即使对稍有难度的习题，也不要过早把答案告诉学生，而应鼓励学生积极动脑思考；在课堂教学中，要努力改进教学方法，优化课堂教学结构，保证有充足的时间让学生独立完成作业；对学生作业中错误的订正，应加强个别辅导及学习目的性的教育，使学生逐步养成自觉订正作业的好习惯，真正使订正教学成为补救课堂教学的有效手段。

只要我们切实认识到学生独立练习的重要意义，致力于学生练习独立性的习惯培养，就一定能有效地提高数学教学的质量。这是当前小学数学教学中必须再一次引起重视的一个热点问题。

（此文发表于《教育天地》1995年第1期）

数学课要注重课堂提问的设计

在数学课堂教学中，提问是教师经常采用的一种教学手段，恰当的提问可以唤起和集中学生的注意力，激发学生的求知欲，开拓和引导学生的思路。我们必须切实注重课堂提问的设计，使课堂提问真正成为提高教学效率的有效手段。

课堂教学中可供提问的内容很多，但教师必须依据教材内容及学生实际设计好必要的课堂提问，在备课时尤其要重视设计好以下几种内容的课堂提问。

（1）设计好揭示概念本质属性的提问。

数学教材中的概念、定义一般都是正面叙述的，用词比较严密、精炼，学生有时在理解上会有一定的难度，因此，在教授有关概念时设计好必要的提问可以帮助学生正确地掌握概念的本质属性，从而加深对概念的理解。如，通过“质数都是奇数吗？为什么？”“扩大3倍与增加3倍一样吗？”“长方形包含正方形吗？”等提问，组织学生思考、讨论及答问，使学生牢固地、清晰地掌握有关的概念。

（2）设计好沟通新、旧知识内在联系的提问。

数学的新、旧知识具有紧密的联系，教师只要把握好时机，设计好有关提问，就能使学生认清知识之间的联系，从而达到融会贯通，有效地发展思维。例如，在学习了分数的基本性质后，让学生把整数除法$30\div2$写成分数$\frac{30}{2}$，再把$300\div20$改写成分数$\frac{300}{20}$，从结果看，$30\div2=300\div20$，即$\frac{30}{2}=\frac{300}{20}$，然后提问：分数的基本性质与除法里哪一个性质是相同的？请你再想一想，小数里也有类似的性质吗？通过这种训练，学生进一步加深了对三条性质内涵的理解。

（3）设计好指导学生进行有效练习的提问。

这类提问一般在布置课堂练习或作业讲评时进行，目的是使学生自觉地、正确地运用知识去解决问题，使练习收到更好的效果。

例如，在教“质数与合数”的概念时，课本上有一道习题，要求学生把2～50中凡是2、3、5、7的倍数全部划去（除2、3、5、7之外），让学生看到留下来的都是质数，编者编这道题是颇有用意的。如果不加指导就让学生练习，他们就不知道这样做的目的是什么，更不知道这样做的道理，所以在练习前应先设计提问：①2、3、5、7是什么数？它们的倍数分别是什么数？为什么？②根据这个道理，怎样把一群自然数中的合数筛掉而得到质数呢？这样的提问使学生明确了练习的目的，就能自觉地运用所学的知识去解决问题。在完成此题的练习后，还可以进一步提问学生：为什么只需划去2、3、5、7的倍数（本身留下），而不必划去11、13、17……的倍数，就能筛去合数呢？这样就能进一步引导学生观察、分析，不仅知其然，还能知其所以然了。

（此文发表于《继续教育》1997年第1期）

对钻研数学教材的一点再认识

教材是教师进行教学活动的重要载体，必须认真钻研、正确理解和把握，多年的教学实践使笔者认识到：要真正做到熟悉教材、把握教材，必须切实掌握正确的钻研教材的方法，尤其必须正确制订教学目标，正确确定和处理教材中的重难点。这里结合笔者的体会着重谈谈如何正确确定和处理好数学教材中的重难点问题。

一、根据数学知识的内在联系确定重点内容，并在教学过程中尽力使之突出

所谓教学重点，是针对教材内容而言的，它是指起支配作用的那些基础知识。重点有大有小，一册有一册的重点，一个单元有一个单元的重点，一课时有一课时的重点，准确确定并集中力量突出重点，可以保证教学的高效率。

小学数学教材的各部分是一个有着密切联系的知识系统，重点内容不可能按照某种固定方法去套，重要的是掌握它的特征，并根据特征，从教材的整体到部分，再从部分到整体的分析研究中把它悟出来。一般来说，重点内容的主要特征：一是应用广泛；二是与以后学习的知识关系最直接、最密切，也就是通常所说的新知识的生长点或新、旧知识的连结点。比如，一个数乘分数的意义，这一内容在日常生活和生产中有广泛的应用。由整数到分数，无论是数的概念、范围，还是运算及其意义都是一次重要的扩充，同

时，学生在分数乘整数中已形成的认知结构也要做相应的调整和完善，这一内容又是后面学习分数乘法应用题最直接的基础，是解答分数应用题组成判断的重要概念。由此可见，这一内容既是学生认识上的转折，又是数学知识中的质变。无疑，它在全册教材中有举足轻重、牵一发而动全身的地位和作用，是整册教材中的重点之一。

在准确确定重点内容以后，如何在教学过程中突出重点，以保证教学的高效率呢？笔者认为要注意做到以下几点。

（1）就课堂教学结构安排而言，必须做到讲解上抓重点，作业上练重点，时间上保重点。

（2）就数学知识本身而言，一般中有重点、重点中有关键。讲解时要善于抓住重点中起决定和支配作用的关键，讲解时以此切入，以此引路，重点内容就可以相对突出。

（3）就课堂教学的节奏而言，讲解重点内容时教师的语速要适当放慢些，教学节奏宜缓些。在这种给学生留有充分思考余地的教学节奏中，学生才可能听清重点、掌握重点。

二、根据学生理解、掌握知识的难度和心态来确定教学难点，并在教学过程中尽力使之突破

所谓教学难点，是针对学生的接受情况而言的。学生在学习中或难以理解，或难以辨认，或难以计算的，就是教材的难点，而且教材中的难点与重点往往不是各自孤立的，而是紧密联系的，有时同一教材内容既是重点又是难点，有时也不尽一致，必须具体内容具体分析。

小学数学教学不仅具有严密的逻辑性，而且还要考虑小学生认知、心理活动的形成与发展的规律性。因此，必须依据数学教材的特点，对来自学生方面可能妨碍和影响教学进展的种种因素进行客观全面的分析，从而准确地确定教学中的难点。一般说来，数学知识中的新概念、新公式、新法则、新性质等，固然是教学中常见的难点内容，但是不能只看知识中的“新”字，

而忽视了对学生认识过程的分析和研究，认知心理学告诉我们，学生的学习过程是以心理活动为基础的认知过程与情感过程的统一。因此，我们在确定教学难点时，必须注意两点：一是要在心理位置与思维水平上对学生进行换位思考，设身处地为学生着想，认真分析学生理解、掌握知识过程中的难处；二是要充分考虑学生认识和心理过程中可能出现的种种障碍。比如，小数点位置的移动引起小数大小的变化，这一内容学生在学习过程中的表现似乎是一听就懂，一看就会，而在应用时却不动则已，一动就错。试析原因大致有三：一是学生在理解这一内容时有许多概念易混易错，这成为学生理解知识的难点，如原数、数位、位数、扩大、缩小等；二是学生在掌握和应用这一知识的思维活动中需要把小数点移动的方向、位数、倍数的大小、0的处理等同步有序地进行，而学生的感知恰好缺乏目的性和精确性，这就在思维活动的起点上出现了障碍，这成为学生掌握、应用知识中的一个难点；三是学生对这一知识的学习，缺乏必要的心理准备，掌握应用知识时才知道看似容易用时难。因此，这一内容在教学时必须作为难点内容予以充分重视。那么，难点内容确定以后，如何在教学过程中尽力突破呢？笔者以为可从以下几方面加以努力：其一，预设铺垫，降低坡度；其二，适当分散，逐个突破；其三，加强直观感受，创设情景；其四，利用旧知识，促进迁移。此外，在处理难点内容时，还需注意两点：第一，教师确定的难点不宜预先告诉或暗示学生，这样容易造成学生的心理压力，比如，“这节课的内容很困难，不容易学懂，大家要专心听”“这个知识比较难，要认真听”这类“话与愿违”的不要说；第二，讲解难点内容时教学节奏宜缓慢，适当调整语速、语调和语气，同时，还应注意观察学生的表情，根据学生的反应适时调整教学节奏，并及时用适当的语气给予鼓励，帮助他们迎难而上，真正达到突破难点的目的。

（此文发表于《教育天地》1999年第1期）

培养学生阅读数学课本能力的实践和认识

数学课本是教师教学的工具书，更是学生学习数学知识的主要载体。充分利用数学课本，精心指导学生阅读，有利于进一步体现学生在学习过程中的主体地位，有利于加速学生从学会到会学的升华。笔者在平时的教学实践和课题研究中有意识地加强了这方面对学生的指导和训练，进行了一些探索，从而形成以下几点认识。

一、要提高学生阅读数学课本的能力，应充分激发学生阅读的兴趣

数学课本中没有曲折生动的情节，只有简洁精练的文字、抽象概括的法则，因此，学生对阅读数学课本的兴趣不浓。教师在教学中应运用各种手段让学生带着问题，带着悬念，带着急于找到解题方法的急切心情阅读课本，充分调动学生阅读课本的激情，为掌握知识做好心理准备。例如在教“三角形面积计算”时，教师出示一组面积相等，但形状、已知条件不同的三角形，让同学议一议谁的面积大，谁的面积小，学生的意见并不统一。此时教师指出，用面积计算公式可以算出这几个图形的面积是相等的，同学们想不想知道用什么方法求出它们的面积呢？这样，就使同学们满怀学习兴趣投入到阅读数学课本中去。

二、要提高学生阅读数学课本的能力，应加强对学生阅读方法的指导

培养和提高学生阅读数学课本的能力，是一个循序渐进的过程，期间教师应有目的、有计划地加强对学生阅读方法的指导。

（1）教师要指导同学逐渐学会对书上的内容提出问题。在阅读过程中反复地问为什么，边阅读边思考。比如在教“圆环面积的计算方法”时，就有同学在阅读中提出用$S=\pi(R^2-r^2)$的方法来计算。

（2）教师要指导学生对书中的概念、法则、方法等文字做到咬文嚼字，认真推敲。比如对“公约数只有1的两个数，叫作互质数”这个概念中的“只”字怎么理解？能不能从另一个角度用自己的语言来叙述一下？表述为“有公约数1的两个数叫作互质数”行不行？这样的训练，有利于提高学生阅读数学课本的质量。

（3）学会整理阅读过程中得到的各种信息。在初步阅读过后要对阅读的内容列出重点，并用自己的语言简明地叙述出来。对阅读过程中的疑点要做出标记，待在进一步的学习中得到解答。例如，在学习“求组合图形面积”时，阅读结束后让学生叙述一下自己的阅读情况；简洁地说出什么是组合图形；组合图形的面积是怎样计算的，一般分为哪两种情况；存在的疑点是什么。

（4）针对不同的教材内容，选择合适的阅读方式。例如，在阅读“梯形面积计算”时，首先要理解公式的推导过程，能用语言和字母正确表示出公式，再阅读公式如何应用，最后与其他平面图形的面积推导方法进行比较，使知识连成线，织成网。

三、要提高学生阅读数学课本的能力，应引导学生把阅读课本与完成思考题、尝试练习、分析讨论紧密结合

培养和提高学生阅读数学课本的能力，要求教师精心设计组织好思考题、尝试练习、分析讨论等环节的教学，使这几个环节紧密结合：

（1）教师精心设计的思考题要抓住教材的重难点，对学生的阅读能力发挥导向作用。学生带着思考题阅读，能提高阅读的针对性，使阅读有明确的目标。

（2）学生通过阅读，掌握了一定的知识和方法，让学生在准备题、例题的括号内、横线上做一些尝试练习，使刚刚获得的知识得到应用，使阅读有明确的目标。

（3）阅读数学课本的过程中，学生会碰到一些障碍，应让学生在一些疑难问题上展开讨论，在阅读课本、分析讨论这两种学习活动中，使学生的主观能动性得到充分的发挥。

培养学生良好的阅读习惯，提高学生阅读数学课本的能力，将为学生今后的进一步学习打开一片广阔的天地，无疑会使学生终身受益。

（此文与徐宝新合作，发表于《继续教育》1999年3月）

创设数学学习活动情境　促进学生学习能力提高

《现代教育论》告诉我们：任何教育都在于各种活动之中，并通过活动表现出来。小学数学作为基础教育的一门主要学科更不例外。荷兰教育家弗赖登塔尔认为："数学学习是一种活动，这种活动与游泳、骑自行车一样，不经过亲身体验，仅仅从看书本、听讲解、观察他人的演示是学不会的。"新颁布的《数学课程标准》(以下简称《标准》)明确提出："有效的数学学习活动不能单纯地依赖模仿与记忆，动手实践、自主探索与合作交流是学生学习数学的重要方式。"在数学教学活动过程中，《标准》同时指出：教师要激发学生的学习积极性，向学生提供充分从事数学活动的机会，帮助他们在自主探索和合作交流的过程中真正理解和掌握基本的数学知识与技能、数学思想和方法，获得广泛的数学经验。有鉴于此，在数学教学中，作为教师应该有目的地指导学生主动地从事观察、实验、猜测、验证、推理等活动，鼓励学生主动参与、主动探索、主动思考、主动实践，以实现学生多方面能力的综合发展，促进学生整体素质的全面提高。小学数学教学是培养学生数学学习活动能力的启蒙阶段，教师应努力创设活动情景，使学生最大限度地处于主体激发状态，促使他们积极主动地动脑、动眼、动手、动口，使教学活动真正成为学生自己的活动。

(1) 创设游戏情景，激发学生的学习兴趣。

《教育心理学》认为，儿童对任何事物都怀有好奇、求趣、善新的心理特征。小学生的思维特点以具体形象思维为主。在小学数学教学过程中，教师如能有意识、有目的地创设一种符合儿童心理特征的教学情境，以游戏活动的形式呈现教学内容，可有效地培养学生的兴趣爱好，激发学生的创造潜能，丰富学生的精神生活，从而使学生喜爱这门学科，促进课堂教学质量的提高。

例如，一位老师在教退位减法“十几减九”时，创设了这样一个游戏情景：

课前先准备四件标价都是9元的商品，在讲台上开设一个小货架，然后给四名学生分别发放17元、15元、12元、11元的学具纸币（均有一张整十元纸币），要求这四名学生依次到货架前买一件商品。师生依次完成购物过程，结束后，教师适时提问：“你们刚才看到小顾客各拿出多少元？找回多少元？”学生很容易回答出：“都是拿出10元，找回1元。”接着问：“四位小顾客各剩多少元？你们是怎么想的？”学生积极发言，如：第一个顾客原来有15元，拿出一张10元，用去9元，应找回1元，还剩6元。即：15−9=（　），而10−9=1、1+5=6，待几位同学依次发言完毕后让学生自己悟出规律：计算十几减九，先用10减9，再用差加上被减数个位上的数就可以得出结果。这一游戏情境分解了退位减法的难点，学生在轻松愉快的游戏情景中不仅获取了知识，还激发了学习数学的兴趣。

（2）创设操作情景，培养学生自主能力。

学生的学习活动是一种自身内部的活动过程，要教会学生学习，必须遵循学生的“动作思维—表象思维—抽象思维”的认知规律组织教学。《现代教学论》也强调，要让学生动手做科学，而不是让学生用耳朵听科学。因此，小学数学尤其是低中年级的数学课上，应该及时创设必要的操作情境，加强学生操作活动，从而使学生在“人人动手”的过程中展开思路，获取知识，学会自主学习，笔者在随堂听课活动中听到了这样一节课：一位一年级教师在教“得数是6的加法”这一课时，首先出示一道富有思考性且极具挑战性的题目，（　）+（　）=6，接着让学生拿出学具盒中的6个小圆片，自己动手进行操作，摆一次写一道算式，如摆出○○○○○　○，便写出5+1=6，然后把圆片依次从一边移到另一边，再写出算式1+5=6，直到全班学生把所有得数是6的6个加法算式都摆出来，教师再结合书上的示意图，组织学生讨论每道题的意义。这堂课在教师的引导下，通过创设操作情景，让学生自己操作、自己练习、自己讨论、自己归纳，充分体现了学生的主体地位，培养了学生的自主能力，取得了较好的学习效果。

（3）创设问题情境，培养学生探索能力。

学生学习活动过程实质是师生之间协同展开探索活动，共同发现问题、作出假设、验证假设、得出结论的过程。因此，在教学活动中，我们要善于把学习内容中的新知识转化为问题，隐含于教师创设的一系列情境中，让新、旧知识之间的矛盾或新、旧发展水平之间的矛盾构成学生认识活动的内部矛盾，使学生意识到问题的存在，感到自己需要问“为什么？”“是什么？”“怎么办”，从而激活学生的思维，以积极的态度和旺盛的精力参与到学习活动中，进而促使学生不断质疑问难，发现问题，再经过积极思维、热烈探讨去解决问题。

例如，笔者在教圆柱的侧面积计算时，在出示教具、学具让学生明确圆柱侧面积的意义后，通过层层设计问题，放手让学生去探索、研究：①怎样才能把圆柱的侧面展开？（揭下商标纸的方法由学生通过思考、讨论自己得出）②圆柱的侧面展开可以是哪些形状？（长方形、正方形）③展开的图形面积怎样求？④圆柱侧面积的计算方法是怎样的？最后让学生体验到：展开侧面只是为了推导计算方法，实际计算时并不都要把侧面展开。这样的教学过程，通过教师有意识地创设问题的情境，设计富有思考性的问题，留给学生思考的时间和探索的空间，学生在对问题的探讨和研究中，创新意识和探索能力将会逐步得到培养和提高。

（4）创设交流情境，培养合作精神。

新课程强调改革学生的学习方式，倡导动手实践、自主探索与合作交流的学习方式。实验证明：小组合作学习是数学学习活动中一种有效的方式，它既有利于学生的主动参与，使每个学生都有表现的机会，又有利于学生之间的多向交流，吸取别人的长处，还有利于培养学生的合作精神和集体意识，为他们提供思想摩擦与碰撞的环境，在独立思考的基础上集体合作，在集体合作中展示自己，创造个性。这样的例子在当今新课程改革的课堂教学中比比皆是。例如：一位教师在教两位数的口算加法“57+38”时，让学生在已有知识的启发引导下分成4人小组讨论计算的方法，由于启发引导、铺垫得当，学生在小组合作学习中，通过同学之间的相互启发，出现了许多种计算的方法：

A. 57+30=87　87+8=95　　B. 50+38=88　88+7=95

C. 57+40=97　97−2=95　　D. 60+38=98　98−3=95

E. 55+35=90　90+2+3=95　　F. 50+30=80　80+7+8=95

然后通过分析、比较、选优，让同学选出最优的算法，这种小组合作的学习形式，不仅促进个人的思维在集体智慧上的发展，而且同学之间的相互补充、借鉴、启发，形成了立体交互的思维网，有效地提高了学生的学习能力，培养了学生的合作精神。

（5）创设生活情境，培养实际能力。

数学来源于生活，生活中处处充满数学。因而，让“生活”走向课堂，让数学贴近生活，能使学生发现数学的价值，增强应用意识，培养实践能力。这也是新课程强调和倡导的基本理念之一，因此，在开展数学学习活动过程中，我们应尽可能地创设生活情境，采取让学生体验生活原型、再现生活事实、唤醒生活经验和解决生活问题的方式，使学生把理性知识转化为实践能力。在学习了“利息”这一内容后，我先让学生到附近的银行去查现在的利率是多少，并建议他们把自己储蓄罐的钱存入银行，当一次小小的存款员。课上，让学生各自汇报存款过程，学生们兴奋不已，因为这是他们自己通过实践学到的书本上没有的知识。在此基础上，我让他们通过讨论计算后，理解20%利息税的含义以及正常支取、提前支取、延后支取的不同的本息计算方法，我还让他们计算并比较把自己的压岁钱存定期三年的与连续三次存定期一年的（第二年起将前一年利息一起存）方法，哪种存法合算？学生通过参与解决这样的问题，就会觉得数学就在我们的身边。

这样的教学活动，能让学生亲自体验到课堂上学到的数学知识能在我们的生活中发挥作用，让学生了解到数学在现实生活中的广泛应用，培养学生用数学的眼光看问题，用数学知识和思维方法进行分析和思考，使学生体验到数学的实际价值，增强了学生用数学知识解决实际问题的意识，有效地培养了学生的实践能力。

（6）创设想象情境，培养多向思维。

想象是创造思维的重要表现形式，它不受现实原型的束缚，因而它是一种具有极大自由度和创造力的思维形式。对小学数学教学来说，创造想象是学生理解教材内容、学习数学知识、创造性学习数学必不可少的，小学生的想象力越丰富，对知识的理解与应用越有创见，思维方式就越独特。因此，我们在数学教学过程中应充分利用一切可供想象的空间，挖掘发展想象力的因素，引导学生由“单向思维”向“多向思维”发展。

例如，在教“乘法的初步认识”时，师生共同讨论后归纳得出：所有的加数都相同时可以用乘法计算，这种计算较简便。为了防止学生过早地形成思维定式造成思维僵化，有位教师设计了这样一道题：“8+8+8+7+8+8=？看谁能又快又准地说出答案？”学生通过积极思考，想出了8×5+7的方法，得到了大家的认可。这时又有一位学生提出了用8×6−1的计算方法，教师随即请他说出自己的思路，这种方法富有创造性，因为他经过独立思考在“7”的位置上想象出一个不存在的“8”，又依据乘法的意义把加法换成乘法，通过推理论证，从积中减去人为增加的“1”。创设这样的想象情境，为培养学生的多向思维、提高学生的创新能力提供了广阔的天地。

实践证明：小学数学教学重在为学生创设学习活动的情境，激发学生的好奇心，鼓励学生大胆尝试，丰富学生的想象。不仅把学生看作一个知识的学习者，而且还应把学生看作一个有丰富的内在世界、独立的人格尊严和重大生命潜能的鲜活的个体，让学生的生命潜能和创造精神在丰富多彩的自主活动中得以充分释放，最大限度地促进学生学习能力的提高。

（此文于2001年获苏州市优秀教育教学论文评比二等奖）

数学课堂教学与学生创新意识的培养刍议

创新是人类文明进步的动力。人类社会在不断的创新中得到发展，人类本身也通过创新不断地得以完善。创新是一个民族进步的灵魂，是一个国家兴旺发达的不竭动力。教育在培养民族创新精神和实践能力方面，肩负着特殊的使命。小学数学是基础教育的一门重要学科，在培养学生的创新能力，尤其是创新意识方面有着得天独厚的优势。对于小学生来说，培养创新能力必须依据其年龄特点、心理因素及认知特点，在唤起其创新意识上下功夫。那么，在小学数学课堂教学中如何培养学生的创新意识呢？笔者以为应着重在以下几个方面加以努力。

一、创设民主平等、多向交流的合作氛围，提供创新环境

《现代教学论》认为，宽松、和谐、合作、民主、平等的课堂氛围是学生树立学习信心、主动参与学习过程、体验成功喜悦的前提。陶行知先生曾经说过：“只有民主才能解放最大多数人的创造力，而且使最大多数人之创造力发挥到最高峰。”

因此，在课堂教学中，我们必须着力创设宽松、和谐的课堂氛围，让学生想说、敢说、敢做，敢于表达自己的真情实感。传统的课堂教学，习惯于教师讲、学生听，教师提问、学生回答，一对一的交流形式，把学生带进一个预定的圈子，求得统一的答案。这种教师主宰一切的教学模式阻碍了学生

创新精神和创新能力的培养，而多向交流的课堂教学模式既有师生之间的双边活动，又有学生之间的横向交流；这是一种融独立思考、团结合作、小组讨论等为一体的宽松、和谐、民主、平等的学习氛围，让每个学生在学习活动中既掌握知识，又学会质疑、争辩和评价，使他们能够在自信、成功、创新的体验中主动学习与发展，这是我们的课堂教学需要刻意追求的理想境界。

二、鼓励学生质疑问难，敢想敢问，萌发创新意识

质疑问难是一种良好的思维品质，学生在学习的过程中经常会遇到一些疑难问题，鼓励学生质疑问难，是调动学生学习积极性和主动性的有效手段，也是培养学生创新意识的重要途径。在数学课堂教学中，教师要大力倡导和鼓励学生奇思、异想，即使提出不恰当的问题，也不应遭到批评，而应从中找出合理的地方，给予积极的评价，以保护学生的自尊和自信。同时，教师要善于捕捉有利时机，对学生提出的难度较高的问题，一定要把握住，引导学生深入地进行探究，只有这样，才能不断激发和培养学生的创新意识。

例如，在教工程问题应用题时，教材中出现的例题是："一段公路长30千米，甲队单独修10天完成，乙队单独修15天完成，两队合修几天完成？"教师可先出示例题，让学生独立解答，大多数学生均能利用自己学习的知识很快列出算式：$30\div(30\div10+30\div15)=6$（天）。当学生说出算理后，教师可要求学生将题中的公路长30千米改换成其他千米数，再列式解答，并思考回答发现了什么问题。通过尝试、讨论，学生最后发现：不管将公路长换成多少千米，最终的结果都是6天。这时，学生感到困惑不解，为什么会出现这一结果呢？这说明了什么呢？（说明公路长度可以是任意的千米数，两队合修用的时间与之无关。）这时教师抓住时机，进行启发引导：能否用算式来证明这个结论呢？在教师的逐步点拨下，学生提出：可以假设公路长是X千米，列出算式$X\div(X\div10+X\div15)$，只要设法证明得出的结果与X无关就可以了，学生在教师的进一步启发引导下，经过思考推导出这样的结果：

$$x \div (x \div 10 + x \div 15) = x \div (\frac{x}{10} + \frac{x}{15})$$

$$= x \div [x \times (\frac{1}{10} + \frac{1}{15})]$$

$$= x \div x \div (\frac{1}{10} + \frac{1}{15})$$

$$=1 \div (\frac{1}{10} + \frac{1}{15})$$

这时，教师再因势利导，让学生思考：算式中的“1”表示什么？“$\frac{1}{10}$”和“$\frac{1}{15}$”又表示什么？如果去掉原题中的“公路长30千米”这个条件，能不能解答？怎样解答？经过一连串的提问及思考，学生基本能掌握这类工程问题的结构特点和解题方法。

这样的课堂教学，通过鼓励学生质疑，师生共同释疑，既深化了知识，又启迪了智慧，通过引导学生多方面、多角度地解决问题，有效地激发和培养了学生的创新意识。

三、设计开放性练习，开拓解题思路，培养创新能力

开放性习题的条件相对于结论而言不充分，结论未定或未知，从而包含多种结果，具有一定的神秘色彩。这种题可以促进学生积极思考，激发学生的求知欲，培养学生的探索、创新能力。

在设计开放性习题的练习时，应在加强基础知识、基本技能练习的同时，精心设计一些一题多解、一题多变、多余（缺少）条件的习题，以及一些形式新颖、解法灵活的开放题，以有效地开拓学生的解题思路，培养学生的创新能力。

例如，在教完分数乘法后，我设计了这样一道习题：有两瓶重量相等的果汁，第一瓶倒出了$\frac{3}{4}$千克，第二瓶倒出了$\frac{3}{4}$，哪一瓶剩下的多一些？

出示题目后，通过组织学生讨论，先后得出三种不同的结果：

①第一瓶剩下的多一些（每瓶果汁的重量大于1千克时）。

②两瓶剩下的同样多（每瓶果汁的重量等于1千克时）。

③第二瓶剩下的多一些（每瓶果汁的重量小于1千克时）。

又如，在中年级学“年、月、日”知识后，为了巩固“闰年”等概念，可设计一道开放题：海龟漫漫的生日是2月29日，它每次过生日时，它的爸爸妈妈都要邀请亲朋好友来开庆祝会，请问当它49岁时过了几次生日？

同学们读题后，已经有同学说：“它过了12次生日，算式为49÷4=12（次）……1（年）。”这时教师可引导：“只有一种答案吗？海龟的生日年份有没有确定？”同学们通过分组讨论，又得出了第二种答案：“它也可能只过了11个生日。”因为如果它所经历的年份是整百年但又不是400的倍数，那么，这个整百年就不是闰年，2月只有28天，漫漫那年就没有过生日。因此，它可能只过了11个生日。

通过这类习题的练习，使学生的发散思维得到有效的训练，同时通过讨论又使学生懂得当条件发生变化时，结果也会随之改变。这有利于训练学生思维的批判性，渗透事物发展变化的辩证唯物主义观点。

四、发展求异思维，鼓励标新立异，形成创新技能

求异思维是指对同一个问题从不同的角度去思考，既不限于一种思路，也不限于既定形式，而是寻求各种解决问题的思路和方法。同一个问题，通过寻求不同的解题思路使之有所发现、有所创新。在日常教学中，教师应不断给学生创设富有变化且能激发求异灵感的学习环境，启发学生从多角度、多层次思考问题，鼓励求异，鼓励创新，以促进学生创造性思维的发展。

在六年级总复习时，可以设计一些一题多解的练习，既可以开拓学生思路，培养创新精神，又能提高学生综合运用数学知识的能力，形成合理的知识结构。

例：六年级1班有学生55人，已知男、女生人数的比是6∶5，求女生有多少人？（你能想出几种不同的解法？）

出示题目后，教师先让学生独立思考、小组讨论，然后组织集体评讲，

结果学生从不同的角度提出了以下几种不同的解法：

①从份数的角度考虑：$55\div(5+6)\times5=25$（人）

②从按比例分配的角度考虑：$55\div(1+\frac{6}{5})=25$（人）

或 $55-55\div(1+x)=25$（人）

③从分数应用题的角度考虑：设女生为x人，

$$则\ \frac{x}{55}=\frac{5}{5+6}$$

$$x=25（人）$$

从比例的角度考虑：设女生为x人，

$$则\ \frac{x}{55}=\frac{5}{5+6}$$

$$x=25（人）$$

这种练习通过让学生思考和讨论，能充分暴露和展示思考问题的过程不拘一格，鼓励学生标新立异，发表独特见解，能有效地培养学生的创新意识，形成创新技能。

总之，在数学教学中，只要我们把握住课堂教学这个实施素质教育的主阵地，注重创设多向交流、民主平等的课堂氛围，注重鼓励学生质疑问难、求异思维，增强开放性习题的练习；注重鼓励学生发表独特的见解，提高解决实际问题的能力，就能培养出适应时代要求的具有创新意识和创新能力的高素养学生。

（此文发表于《教育论坛》2002年第3期）

构建数学模型，培养实践能力

我国著名数学家华罗庚曾经留下这么一段名言：“宇宙之大，粒子之微，火箭之速，化工之巧，地球之变，生物之谜，日用之繁，无处不用数学。”这充分说明了数学与实际生活的紧密联系。生活中处处充满着数学，而数学应用于实际的关键在于用数学语言描述出所要研究的问题，使之构成一个数学问题，这个数学式的问题称为研究对象的数学模型。“数学模型”，通俗地说就是实际问题的数学化。具备构建数学模型能力的人能把掌握的“数学事实与技能”转变为“解决问题的一般方法”，即“数学式地思考问题”。在数学学习过程中，学生常常通过自己已掌握的数学模型对需解决的某些问题进行分析、判断、抽象概括，抓住研究对象的本质特征，再借助数学模型进行推导，从而达到解决问题的目的。

新颁布的《数学课程标准》不仅强调基础知识与基本技能的获得，更强调学生经历数学知识的形成过程，了解数学的价值，增强应用数学的意识，充分发展学生的情感态度和一般能力。在数学教学过程中，从小培养学生构建数学模型的能力，将有助于学生形成良好的思维习惯，培养和发展他们的实践能力，增强其数学应用意识。感受和体验数学创造的乐趣，从而树立学好数学的自信心，为今后进一步学习数学、应用数学、研究数学、创造数学世界奠定良好的基础。

那么，怎样在教学过程中帮助和指导学生建构数学模型，培养和发展实践能力呢？下面结合《数学课程标准》的学习与数学课堂教学实践谈几点体会，与同行商讨。

一、创设生活情境，激发构建兴趣

《数学课程标准》中指出："教学中，要创设与学生生活环境、知识背景密切相关的，又是学生感兴趣的学习情景，让学生在观察、操作、猜测、交流、反思等活动中逐步体会数学知识的产生、形成和发展的过程，获取积极的情感体验，感受数学的力量，同时掌握必要的基础知识和基本技能。"这就要求我们要有机地将数学知识与学生生活实际紧密地联系起来，把社会生活中的题材引入数学课堂教学，让学生与生活中的数学零距离、全方位接触，努力创设一种数学情境，使学生置身于生活的氛围中，产生强烈的求知欲，激发构建数学模型的兴趣。

例如，在教"长方体、正方体的表面积"这一内容时，我创设了这样一个情景：先要求学生事先准备好长方体、正方体的物品，以及一些不同颜色的包装纸，然后要求学生："新年快到了，同学们之间喜欢用互送小礼物的方式来庆贺新年，那么这节课就请你们互相合作，将带来的礼物用漂亮的包装纸打扮一下吧！"同学们非常高兴，同桌之间、好朋友之间纷纷拿出包装纸边商量边认真操作起来。这时，我拿出一件包装好的物品问学生："要知道这个长方体物品用多少包装纸该怎么办？需要知道哪些条件呢？"我鼓励大家再次合作，借助测量工具测出有关的数据并尝试计算。最后，在大家动手参与的基础上一起总结归纳出表面积的概念及长方体、正方体表面积的计算方法。这节课上，因为借助于"包装纸"制作的这个模型，学生不仅直观地理解了长方体和正方体的表面积概念，而且还在实际操作中正确领会了表面积的计算方法。

又如，加减法简便运算中的"多减要加"是教学中的难点，学生往往不能理解算理。为了让学生体会到多减要加的道理，可以设计这样一个情景：小明有453元钱，到商店买东西，他看中了一台标价198元的复读机，从口袋里拿出（　）张一百元给营业员，营业员找回小明（　）元，这时，小明口袋里还有（　）元？要求学生除填出上面三个空格外，还要用算式表示出计算剩余多少元的算式。结果学生列出了这样几个算式：①453−198；②253+2；③200−198+253；④453−200+2。在此基础上引导学生进行观察比较，结果得出结论：这几个算式的结果均相同，但后两种算式算起来比较方便，从中学生体会到了为什么“多减要加”的道理。

这样的教学方法，与传统方法相比，虽然比较“麻烦”，但是它却能从学生生活实际出发，激发起学生学习的兴趣，让学生在具体形象的感知中，建立起正确的概念，建立了数学与生活实际的联系。

二、注重数形结合，指导构建方法

“数形结合”是一种重要的，也是常用的数学教学思想。这对于以具体形象思维为主的小学生来说，更能建立其数学模型与数学问题之间的联系。学生运用这一方法时一般需要通过作图。在教学过程中，通过适当地作图，使数与形及时沟通，往往能取得较为理想的效果。

例如，在数学课外兴趣小组辅导中有这样一道较复杂的分数应用题：

一批货物，已经运走了76吨，还剩下总数的$\frac{1}{4}$少1吨。这批货物原来有多少吨？

本题中数量之间的关系比较隐蔽，学生单从题面上看很难发现，但通过画线段图就“一目了然”了。

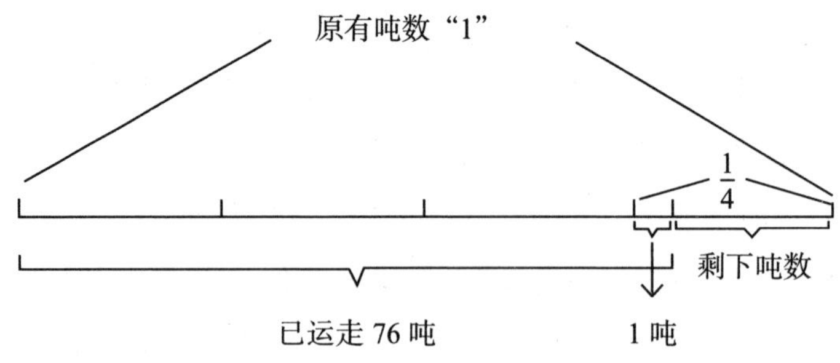

学生通过看图，很快可以找出数量关系：原有吨数的（$1-\frac{1}{4}$）等于（76–1）吨，从而正确列出算式（76–1）÷（$1-\frac{1}{4}$），或用列方程解答。

有了上面的作图基础，当把本题条件改为："还剩下总数的$\frac{1}{4}$多1吨"时，学生就能很快将线段图改动，并顺利找出数量关系：

原有吨数的（$1-\frac{1}{4}$）等于（76+1）吨，从而很快找到解题的方法。学生只要掌握了作图方法，解答相似的这类应用题就显得轻而易举了。这种示意图抽取了实际问题中的数量，并用简单的图形（也可用其他符号）表达这些数量之间的关系，为列出算式解决实际问题搭建了一座"桥"，这座"桥"实际上就是一个"数学模型"。

三、强化实践应用，提高构建意识

《数学课程标准》中指出："教师应该充分利用学生已有的生活经验，引导学生把所学的数学知识应用到现实中去，以体会数学在现实生活中的应用价值。"数学来源于生活，是人类认识世界和改造世界的工具。在当今时代，衡量一个学生数学水平的高低，不能只局限于书本中所掌握的知识，而更应重视其在实践中应用数学知识解决实际问题的能力。数学水平高的学生会自觉使用数学的思想方法去观察、分析生活现象，解决日常生活中的数学问题。

在教学过程中，教师应有目的、有计划地组织学生参与联系生活实际的数学实践活动，通过强化数学知识在实际生活中的应用，使学生进一步体验和感受数学知识与生活实际的密切联系。巩固所学知识，开阔数学视野，深化数学知识，培养实践能力，并提高他们自觉构建数学模型的意识。

例如，在教"利息"这一内容后，可以布置这样一道开放性实践题：以4人小组为单位去银行调查年利率，然后解答下面这道题：

已知当前银行年利率为：一年期 __ %，二年期 __ %，三年期 __ %。（学生自行填空）

今年你把自己的500元压岁钱存入银行，满3年后取出，请问哪种方法获得的利息最多？

①先存一年期的，到期后连本带息存一年，再到期后再连本带息存一年。

②先存一年期的，到期后连本带息存二年期的。

③先存二年期的，到期后连本带息再存一年。

④直接存三年期的。

学生拿到题目后表现得非常兴奋，跃跃欲试，课后纷纷结队去银行调查，并且在课堂上展开热烈的讨论，不少学生甚至还把题目带回家与家长共同商议，从而使数学与生活达到了完美的结合。同学们在学习中应用了知识，在应用中巩固了知识，更在活动中增强了构建意识。

建构数学模型是数学学习的一种新的方式。实践证明，这种方式为学生提供了自主学习的空间，有助于学生体验数学在解决实际问题中的价值和作用，体验数学与日常生活的联系；体验综合运用知识和方法解决实际问题的过程，增强应用意识；有助于激发学生学习数学的兴趣，培养和发展学生的创新精神和实践能力。

（此文发表于《教师教育》2003年第6期、2004年1月，入选《中华教育文丛》、2005年5月，获苏州市小学数学优秀教学论文评比三等奖）

“化归法”在小学数学教学中的应用略谈

化归法是数学教学中最常见、最基本的数学思想方法之一。所谓数学思想，是指人们对数学理论与内容的本质认识，它直接支配着人们的数学思维活动；所谓数学方法，是指某一数学活动过程的途径、程序和手段，它具有过程性、层次性和可操作性等特点。数学思想是数学方法的灵魂，数学方法是数学思想的表现形式。因此，人们往往把它们合称为数学思想方法。

众所周知，数学知识本身对提高学生的数学素养是非常重要的，但它并不是唯一的决定因素，真正对学生以后的学习、生活和工作长期起作用，并使其终身受益的是数学思想方法。因此，在小学阶段向学生渗透一些基本的数学思想方法，是数学教学改革的新视角，对提高数学教学质量具有十分重要的作用。

化归法的核心就是转化，即先把问题进行转化、归结到解题者所熟悉的结构或模式中去，最终使问题得以解决。其一般思维进程就是把困难的转化为容易的，生疏的转化为熟悉的，烦琐的转化为简单的，未知的转化为已知的。运用化归法要把握三个基本要素：对象、目标、方法。化归的对象是指要解决的问题中需变更的成分；目标就是所需要的熟悉的结构或模式；化归的方法就是转化的手段和途径。三要素中方法是关键，因为对一个用化归法待解决的问题，仍需选择恰当的手段和正确的途径。

小学数学中处处蕴含着化归思想，许多地方都可用化归的方法解决问题。我们在教学中应注重正确引用化归思想，引导学生进行学习和探究，充分发挥化归思想在数学教学中的作用。

一、化归法在计算教学中的应用

化归法在小学计算教学中的应用比比皆是，从一年级开始，教学中不少方法均渗透了化归的思想方法。如减法化归成加法；整数乘法化归成求相同加数的和；分数除法化归成分数乘法；等等。例如，一年级小朋友刚接触到减法时，是不容易理解减法的意义的，要想使之明了算理，老师们常常这样进行教学：7−4=□，变形为□+4=7，思维过程为7是由4和几组成的？这就把求差这个需解决的问题转化为加法，进而转化成“数的组成”这个学生所熟悉的知识结构。

又如，异分母分数加减法要通过通分才能进行计算，而通分的过程，实质上就是化归的过程。

由于应用化归法能化难为易，对一些较复杂的难题，运用化归法就显得轻而易举。

例如，计算 $\frac{1}{2}+\frac{1}{6}+\frac{1}{12}+\cdots+\frac{1}{n(n+1)}$，如果仅从异分母分数加法上考虑求和，可以说很难得出结果，只能从各项本身的特点和相邻两项的关系上去寻找规律，即把各项转化成分子是1，分母分别是相邻两个自然数的分数之差的形式。

即：$\frac{1}{2}=1-\frac{1}{2}$　$\frac{1}{6}=\frac{1}{2}-\frac{1}{3}$　$\frac{1}{12}=\frac{1}{3}-\frac{1}{4}\cdots-\frac{1}{n(n+1)}=\frac{1}{n}-\frac{1}{n+1}$

所以，原式 $=1-\frac{1}{2}+\frac{1}{2}-\frac{1}{3}+\frac{1}{3}-\cdots-\frac{1}{n}+\frac{1}{n}-\frac{1}{n+1}=1-\frac{1}{n+1}=\frac{n}{n+1}$

二、化归法在应用题教学中的应用

教学复合应用题时，无论用何种分析方法，都要先把较复杂的题分解成一道道简单的应用题，确定解题思路，把一个较复杂的问题转化成一个个学生熟悉的结构和解题模式。

例1，一年级有学生108人，二年级比一年级多8人，两个年级共有学生多少人?

这是一道两步计算的应用题，第一次转化为“求比一个数多几的数”的结构：一年级有学生108人，二年级比一年级多8人，二年级有多少人？求出二年级有多少人后，再将原题第二次转化为“求两数和”的结构：一年级有学生108人，二年级有学生116人，两个年级共有学生多少人？这样问题就迎刃而解了。

例2，甲、乙两车同时从两地相对开出，甲车每小时行驶38.5千米，乙车每小时行驶的路程比甲车多14千米，两车对开2.7小时后还相距25千米。两地间的路程是多少千米？这是一道复杂的相遇应用题，复杂在两处：其一，乙车速度未知；其二，并没有相遇。分析时，可引导学生进行三次转化：①转化为求“比一个数多几的数”的结构，求出乙车速度；②根据“速度之和 × 相遇时间 = 总路程”，求出假设两车相遇，两地间的路程应是多少千米；③转化为“把两个数合并成一个数”的结构。

用化归的思想方法去分析、解答一些较难的竞赛题，其优势更是不言而喻。

例3，小刚数一袋水果糖，3粒3粒地数多出1粒，吃掉这一粒；又4粒4粒地数，也多出1粒，就又吃掉这一粒；再5粒5粒地数，还多出1粒，把这粒也吃掉；当他6粒6粒地数时，仍多出1粒，如果这袋糖在100粒以上，至少有多少粒?

本题从第二次开始，每次多出1粒都基于前次吃掉1粒，那么，“换一种说法”可将原题条件表述成：3粒3粒地数多1粒，4粒4粒地数多2粒，5粒5粒地数多3粒，6粒6粒地数多4粒。如这样思考仍有难度，再“换一种说法”，即3粒3粒地数差2粒，4粒4粒地数差2粒，5粒5粒地数差2粒，6粒6粒地数仍差2粒。这样通过两次“换一种说法”，题目的实质就显而易见了，所求粒数是3、4、5、6在100以上的最小公倍数少2的数。至此，问题也就迎刃而解了，这里的“换一种说法”实质上就是化归的思想方法。

三、化归法在几何初步知识教学中的应用

在几何初步知识教学中，化归法的运用更为普遍，尤其在推导公式时大多用到了化归法。

平行四边形的面积计算公式，是通过割补法将平行四边形转化为长方形而推导出来的；三角形、梯形的面积计算公式的推导，一般是用两个完全一样的图形进行拼凑、转化拼成一个平行四边形而进行的；推导圆的面积计算公式，我们是把圆割拼成近似于长方形的图形，把求圆的面积转化为求长方形的面积。

求组合图形的面积，往往也离不开化归法的运用。一般都是先将这个组合图形划分为几个简单图形的和或差，把无法直接求出的组合图形面积转化为求几个简单图形的面积，然后再进行相加或相减组合。即先“化整为零”再“集零为整”，从而较顺利地求出组合图形的面积。

总之，化归法作为一种数学思想方法，在小学数学中有着极其广泛的应用。教师有意识地在教学过程中渗透和使用这种数学思想方法，就好比使用了一把金钥匙；而教会学生运用化归方法进行算式的转化、条件的转化、思路的转化、图形的转化，就等于让学生自己获取了一把学习数学的金钥匙，将使学生受益终身。

当然，除了化归法这种数学思想方法，小学阶段应渗透的数学思想方法还有很多，如数形结合思想、变换思想、组合思想、对应思想、集合思想、极限思想、符号化思想，我们应根据教学内容及学生的年龄特征，有目的、有选择、适时地加以渗透，为学生的进一步发展奠定良好的基础。

（此文发表于相城区教育局《教育论坛》2004年第1期）

浅议加强数学实践活动课教学的认识与实践

现代教育强调培养学生的创新精神和实践能力，新颁布的《数学课程标准》指出：学生的数学学习内容应当是现实的、有意义的、富有挑战性的。鉴于此，现行小学数学教材将实践活动作为学生数学学习的一个重要组成部分。其基本要求是：数学教学活动必须建立在学生的认知发展水平和已有的知识经验的基础上，教师应结合学生的实际经验和已有知识，设计富有情趣和意义的活动，向学生提供充分从事学习活动的机会，帮助他们在自主探索和合作交流的过程中，真正理解和掌握基本的数学知识和技能、必要的数学思想和方法，获得广泛的数学活动经验，使他们有更多的机会，从周围熟悉的事物中学习和理解数学，感受数学与现实生活的密切联系，提高学生运用数学知识分析和解决实际问题的能力，有效地培养学生的创新精神和实践能力。

结合教学实践，谈一谈对加强数学实践活动课教学的认识和做法，与同行商讨。

一、更新观念，提高对数学实践活动课的认识

《数学课程标准》强调数学课程应从学生已有的生活经验出发，让学生亲身经历将实际问题抽象成数学模型并进行解释与应用的过程，进而使学生获得对数学理解的同时，在思维能力、情感态度与价值观等多方面得到进步和发展。现行数学课本根据学生的年龄特征和知识经验，设计和安排了相应

的数学实践活动内容，正是贯彻新课程理念的具体体现之一。因此，作为教师，应切实更新教育观念，确立与新课程要求相吻合的教学理念，提高对数学实践活动课的认识。

（1）实践活动加强了对学生创新精神和实践能力的培养。

实践活动教学是指在教学过程中，以直接经验和综合信息为主要内容，以具有教育性、创造性、实践性、操作性的学生主体活动为主要形式，以激励学生主动参与、主动思考、主动探索、主动创造为基本特征，以促进学生整体素质全面提高为目的的一种新型的教学形式，数学实践活动课是培养学生主动探究和主动创新的自由天地，对培养学生的创新精神和实践能力具有不可替代的作用。

例如，低年级学生在初步认识了长方形、正方形、圆等简单的几何图形后，教材中设计了“拼出美丽的图画”的实践活动内容，让小朋友利用七巧板等学具，开展“折一折、拼一拼、剪一剪、画一画、说一说”等系列活动，使学生形象地看到当两个或几个图形拼起来会出现一个新的美丽的图形，教师抓住时机能有效地拓展学生的形象思维，培养学生的想象能力和动手实践能力。这时再鼓励学生拼出不同的图画，让学生在求异、求新中培养审美情趣和创新能力。

（2）实践活动关注“过程”的教育价值。

传统的教学方式往往让学生过多地记忆现成的知识。学生获取的知识以间接知识为主，一定程度上抑制了学生对新知识的认识过程，往往造成学生“知其然，不知其所以然”。实践活动倡导“让学生去经历”，强调学生活动对学习数学的重要性，认为学生的实践、探索和思考是学生理解数学的重要条件，学生在探索中不断发现，在交流中不断碰撞，在思考中不断获取，不仅能体验到进步的快乐、成功的喜悦，有时也能受到一定的挫折教育，实现智力与能力的共同发展。

（3）实践活动重视学生对知识的主动建构。

建构主义学习理论认为，数学学习不是一个被动的接受过程，而是一个主动建构的过程。即通过内部认识结构与周围环境之间的相互作用来建构知识，这就告诉我们，我们的教学必须建立在学生已有的知识和经验的基础上，创设条件使新的学习材料与学生原有的认知结构相互作用，让学生主动地建构新的数学认知结构。实践活动提倡“做中学”，就是要让学生在各种各样的操作探究和体验活动中，去主动参与知识的生成、发展过程，主动地发现知识，体会数学知识的来龙去脉，培养主动获取知识的能力。

例如，在教六年级“圆锥的体积”一课时，传统的教法一般是通过教师演示，师生共同讨论，得出公式$V=\frac{1}{3}sh$，然后应用公式进行计算。根据“做中学”的指导思想，可以采用小组合作探究、动手操作的方法。首先让学生通过操作学具（等底等高和不等底不等高的圆锥、圆柱装沙子）写出实验报告单，然后让学生分析报告单寻找规律，自己总结出圆锥的体积公式$V=\frac{1}{3}sh$；接着，在实际应用中，出示一堆圆锥形沙堆，让学生用不同的方法去测量，计算出体积，整个过程都是学生主体活动的过程。实践证明，其效果是传统教学所不能比拟的。

（4）实践活动使数学与生活更贴近。

传统的数学教学，教师特别重视知识的传授，而很少关注这些知识与实际生活有哪些联系。学生往往得了高分，学会了数学知识，却不会解决与之有关的简单的实际问题。学生在实际生活中也不善于用数学眼光去思考实际问题，造成了知识与生活、知识与能力的脱节，于是有些学生认为数学太抽象，不容易理解，也就对数学学习不感兴趣。

《数学课程标准》强调从学生的生活经验和生活情景中学习和理解数学。根据这一要求，教师可以组织学生到附近工厂、企业、农村参观、调查和实际测量，使学生充分感受到数学知识与实际生活紧密相连：数学来源于生活，生活中到处都有数学，有利于培养学生用数学眼光看待现实问题的意识和能力。

二、精心设计实践活动，着力培养学生的实践能力

数学教学中的实践活动一般分为课内实践活动和课外实践活动两种方式。课内实践活动以解决单一知识点为主，活动内容一般在课内完成，活动

时间较短；而课外实践活动范围相对较宽，多用于众多知识点的学习、实践及综合能力的训练等，而且活动时间相对较长。

教师设计实践活动时应紧密联系教材内容及学生实际和年龄特征，做到精心设计、讲求实效。就小学阶段而言，常用的实践活动一般可采用以下几种形式。

（1）动手操作实践活动。

苏联教育家苏霍姆林斯基曾经说过："手和脑之间有着千丝万缕的联系，手使脑得到发展，使它更明智；脑使手得到发展，使它变成思维的工具和镜子。"动手操作实践活动就是要把学生手的动作和脑的思维结合起来，以活动促思维，调动学生各种感官参与学习活动。这类实践活动在小学数学教学中应用较为普遍。

例如，教"数的认识"时，让学生通过操作学具，在数大量的具体事物中，抽象出数的概念；教"分数的初步认识"时，可以让学生利用学具自己创造出更多的分数；教"三角形的认识"后，让学生观摩生活中哪些物体利用了三角形的稳定性（如修理坏了的课桌椅、自行车的三角架等）；教"长方体、正方体的表面积"之后，让学生自己动手制作长方体、正方体纸盒等。这些教学活动改变了"耳听口说"的简单化教学模式，通过让学生动手动脑，各种感官参与学习，使学生对知识的学习和掌握更加牢固、深刻。

（2）游戏竞赛实践活动。

小学生尤其是低年级小朋友比较喜欢有一定主题和角色的游戏和竞赛。如果将数学学习内容与游戏、竞赛活动巧妙地结合起来，将会起到事半功倍的效果。

例如，教"人民币的认识"一课后，可设计开展"小商店"课内游戏。让学生分别扮演顾客和售货员，体验购物的步骤，掌握简单的人民币加减计算。有的老师还在游戏中设计了"为希望工程献爱心"捐款活动，使学生受到了一定的思想教育。这个实践活动的开展，比简单的人民币计算教学效果要好得多。

再如，为了提高一年级小学生口算"20以内加减法"的能力，可以设计一个玩“扑克牌”的游戏，让小朋友在玩扑克牌的过程中提高口算的速度和正确率。

（3）实际测量实践活动。

这类实践活动主要针对数学教学中有关“量与量的计算”的内容。

例如，在教“克、千克、吨”的认识时，根据以往的经验，学生一般都能正确地进行单位换算和简单的计算，但在实际运用这些单位时，如小明体重32（　）、一支铅笔15（　）、一节集装箱150（　），往往会闹出一些笑话。这说明学生对这些单位相应的表象是模糊的，这时可设计一节实践活动课，让学生实际称一称生活中常见的物品质量、同学的体重等，以帮助学生进一步建立好这些重量单位的表象。

再如，教“千米的认识”时，可带领学生通过目测、步测及实际测量，牢固掌握“千米”“米”这些长度单位的表象。

（4）观察、调查实践活动。

数学来源于生活、来源于实践，现实生活和生产实践中处处蕴含着数学问题。教师应尽量地创设条件，让学生走出校门、走向社会，了解和感受数学在实际生活中的应用，进一步体验数学的价值，树立学好数学的信心。

例如，“吸烟有害”一节实践活动，可让学生调查一下自己家庭中的吸烟人数、香烟品牌、香烟价钱，同时调查一名学生一年的学习费用。核算一下吸烟的钱可以资助多少失学儿童等，使学生利用数字的对比，进一步加深对吸烟危害的认识，增强社会责任感。

（5）课题研究实践活动。

当今时代是信息时代，学会收集、分析、处理信息显得越来越重要，教师要善于引导学生把发生在自己身边的一些问题抽象出来，转换成数学研究小课题，设计并开展实践活动。

例如，针对开学后学生“零花钱过多，乱花零用钱”的现象，可设计“手中的零花钱”的实践活动课。让学生确立一个小课题，调查零花钱的来源、支出情况，分析零花钱的利和弊，最后提出“勤俭节约、不乱花零用钱”的倡议和可行性方案。

再如，“春游中的数学问题”一节实践活动课，针对春游中线路的设计、乘车方案、购买门票等问题，让学生进行科学地规划、设计，从而培养学生解决实际问题的能力。

三、注重实效，解决好开展数学实践活动的几个问题

综上所述，显见开展数学实践活动对培养学生的创新精神和实践能力有着深远的现实意义。实践中我们体会到，在设计和开展这类活动时，必须注意解决好几个具体问题，方能收到实效。

（1）制订切实可行的计划。

开展数学实践活动前，必须制订切实可行的计划。教师要充分挖掘教材中可以利用的教育资源，紧密联系学生的学习、生活实际，以及学生的认知水平，努力做到计划周密、目的明确、讲求实效，除考虑教材和学生的因素外，还要考虑活动所需要的时间、安全等方面的因素。做到通盘考虑、心中有数、有的放矢，防止实践活动流于形式。

（2）符合学生的年龄特征。

低年级儿童掌握的数学知识比较少，接触社会的范围也比较狭窄，同时他们还具有好奇、好动、好胜、注意力易分散等特点，所以开展实践活动时，一般以游戏、竞赛、学具操作为主，还可以结合学生的日常活动，如跳绳、投掷、赛跑等，创造性地设计数学实践活动。

中、高年级的学生，主体意识逐渐增强，又积累了一定的数学知识和社会生活经验，所以开展实践活动时一般以学具操作、实地测量、参观调查、小课题实验等形式为主，进一步培养学生的发现、探究和应用的意识。

（3）突出学生的主体地位。

学生是学习的主体，也是活动的主体。实践活动课要求教师注意转变角色，把学习主动权和个性发展权还给学生，让学生唱主角。教师要由知识的传授者转变为教学活动的组织者、指导者和参与者，这也是新课程改革的基本理念之一。因此，教师要更多地关注活动目标的导向、动机的激发、情景

的创设、方法的指导和疑难的解答等。反之，如果教师对学生限制得过多、过死，将使学生兴趣索然，实践活动课也将失去其应有的价值，难以收到预期的效果。

（4）做好活动结束时的评价工作。

客观、正确地评价对搞好数学实践活动具有一定的导向性和激励性，所以每次实践活动结束时，应认真组织学生进行评价。通过自我评价、小组评价和教师评价交流活动体会、总结经验、升华认识。有时的实践活动效果不一定令人满意，这时教师不能草草收场，不了了之，要恰当地进行评价，找出活动中的闪光点，多鼓励、多表扬，实事求是又满含希望地指出存在的不足，树立下次参与实践活动的信心。

数学实践活动课解放了学生的头脑、眼睛、嘴巴、双手等，对于培养符合时代精神的一代新人，起到了十分重要的作用。它虽是新课程改革背景下的一个新课题，但必将逐步显现出它勃勃的生机，展示它迷人的魅力。

（此文于2005年获相城区第三届中小学教科研论文评比一等奖、
苏州市小学数学优秀教学论文评比一等奖）

新课程背景下小学数学课堂教学的冷思考

新一轮课程改革已进入第三个年头，在新的课改理念指引下，教师的教学思想、教学方式正在发生着潜移默化的变化。综观当前小学数学教坛，课改无疑是广大教师关注和倾注的焦点，《数学课程标准》的出台既为我们指明了努力的方向，同时也使课改更具操作性。近三年的摸索和实践，既使我们取得了不少可喜的成果，也使我们产生了不少困惑。我们在为取得的成绩感到欣喜的同时，也发现了一些值得深思的问题，觉得有必要对当前新课程背景下小学数学课堂教学中的某些现象作一点儿冷思考，与同行商榷。

一、教学内容：多一些现实意义

长期以来，作为教学活动主要载体的课本，一直是学生获取知识的重要来源，是教师备课的主要依据，在师生心目中具有至高无上的地位。当前的课程改革使得现在仍在中、高年级使用的九年义务教育教材相对滞后，虽然经过了适当的修订，但从整体上看，其教学内容与当今课改要求很不适应，教材中的例题、习题有许多与学生实际生活脱节，以至于在学生的头脑中数学与实际生活经验构成了两个互不相干的认知空间。有一位实验教师说得好：“教材仅仅是众多媒体的一种，教学就是教师与学生、学生与学生、学生与他人在交往和对话这种独特的情境中，对课程文本进行的再加工、再建构。在这种再加工和再建构的过程中，学生得到了某些情感的体验、生命的感受、性格的某些成熟。”如此说来，我们的教学光靠数学课本显然是远远不够的。

《数学课程标准》(以下简称《标准》)提出：“学生的数学学习内容应当是现实的、有意义的、富有挑战性的，这些内容要有利于学生主动地进行观察、实验、猜测、验证、推理与交流等数学活动。”这就要求我们教师在实际教学中要根据学生的认知规律和现有水平，在认真领会《标准》中对教材编写意图说明的同时，真正理解并消化教材。既让教材为我所用，又不受教材的约束和限制，学会灵活、能动地运用和处理教材，根据学生的实际增删和调整教学内容，对教学内容作综合化的拓展渗透，真正做到“用教材教，而不是教教材”。这样必将能从有限的教材中再生无限，于“滞后”的教材中开掘鲜活，在“片面”的教材中架构完整，从而激发起学生自主学习的热情和本领。

例如，有一位特级教师在教“求一个数是另一个数的几分之几”一课时，别出心裁地出示了这样一首古诗：“春水春池满，春时春草生。春人饮春酒，春鸟弄春色。”并随诗出示了以下几个问题组织学生讨论、交流：①哪一个字出现得最多？②“春”字共有几个？③“春”字出现的次数占全诗总字数的几分之几？除“春”以外的字数占全诗总字数的几分之几？④请你找出一首诗，诗中某一个字出现的字数至少占全诗总字数的十分之一。这样的教学内容与方式，不但整合了多学科知识，给学生以美的启迪和享受，更是大大拓宽了数学学习的视野，得到了事半功倍的教学效果。这样创造性地使用教材，才能真正体现新课程标准的基本理念。

二、合作形式：多一些实际效果

新一轮课程改革确立了一些全新的教育理念,《标准》积极倡导自主、合作、探究的学习方式。这无疑是正确的，对于改革过去那种死水一潭的学习方式、教学方式起到了积极的作用。可是，有的老师不顾实际情况，不管实际效果，一味地把小组合作学习、交流当成了法规，好像一节课如果没有合作，没有小组讨论便不是一节完整的课，就没有体现当今新课改的理念。于是，出现了小组合作“满堂飞”的现象。

比如，一位教师在教“平行四边形面积的计算”一课时，让学生沿一条高把平行四边形剪拼成长方形时也要求学生小组合作；有的低年级老师教“9的认识”时摆9根小棒、9个图片也要求小组合作。实际上这些数学活动学生个人完全能做好，也应该由个人独立完成，这样一味地组织小组合作，不仅没有让全体学生主动参与，反而让绝大多数学生失去了独立思考与自主操作的机会。因此，我们不能为了合作而合作，而应讲究合作的实际需要与效果，追求形式与效果的统一。

众所周知，合作探究有利于集思广益、优势互补，但如果不顾实际情况地频繁使用，就会适得其反，表面看来热闹非凡，实际上恰恰是这些“热闹”扼杀了学生独立思考问题、解决问题能力的形成。俗话说“好钢用在刀刃上”，合作讨论要在真正需要的时候用，讨论的问题应该有一定的思考价值，而且要根据学生的年龄特点、知识水平和接受能力来设计，不宜过多过滥。例如对于低年级同学来说，问题过多，往往连问题本身都记不住，更不用说合作探究了。那么在数学课堂教学中，究竟什么时候需要合作探究呢？笔者认为：第一，在新、旧知识的联结点，需要学生学会新知识、掌握新能力时，可以让学生在教师的引导点拨下合作探究；第二，在探究新知的过程中遇到了大家都希望解决的问题，而且有一定难度时，可以让学生合作探究；第三，当学生的意见不一致，而且有必要进行争辩时，可以让学生合作探究。另外，小组合作探究学习还应有明确分工，主持人、记录员等各负其责，每位组员既要会表达自己的见解，还要会倾听别人的意见，这样才能真正发挥小组合作的“整合”功效，收到预期的效果。

三、课堂训练：多一些问题解决

传统的数学课堂教学，在传授新知后，往往要安排一个巩固练习，也就是课堂训练的环节。这是学生对新知进行再认识的一种实践活动，对于学生巩固新知、掌握必要的技能起到了重要的作用，但训练的内容往往比较单一、机械、脱离实际，不利于学生创新能力的培养和解决实际问题能力的提高。

例如，某校四年级质量调测数学卷上有这样一道应用题：“有一本书共24000个字，按每页排300个字计算，这本书至少有多少张纸？”这是一个并不复杂的实际问题，但统计结果却只有20%的同学完全正确。仔细分析学生的试卷，做错的近80%的同学都将算式列成了24000 ÷ 300=80（张），而对于一张纸有2页这一十分简单的生活常识就是没有意识到，这在一定程度上说明我们的学生习惯于机械模仿地做题，缺乏对实际问题分析、解决的能力。

《标准》强调，我们的数学教学应从学生已有的生活经验出发，让学生亲身经历将实际问题抽象成数学模型并进行解释与应用。这就要求我们在平时的课堂训练中，应多从学生的生活实际出发，设计训练内容，有意识地提高学生联系实际、解决实际问题的能力，随着课改的不断深入，问题解决将成为课堂教学的主流，在实际教学中正被越来越多的教师应用。

如一位老师在教“乘数是一位数的乘法”后的巩固练习中，设计了这样一道习题：

妈妈叫小明去菜场买土豆，邻居叫小明代买一些，小明回来算账时，列出了三个竖式。你能帮小明算完吗？（土豆单价可从市场调查得到。）

①两家土豆数量。②小明家买土豆用钱（角）。③邻居家买土豆用钱（角）。

$$\begin{array}{r} (\quad) \\ +(\quad) \\ \hline 15 \end{array} \qquad \begin{array}{r} (\quad)(2) \\ \times \quad (8) \\ \hline (\quad)(\quad) \end{array} \qquad \begin{array}{r} (1)(\quad) \\ \times \quad (\quad) \\ \hline (\quad)(\quad) \end{array}$$

这些巩固练习的设计，让学生充分感受到数学的价值与乐趣，感受到我们的身边处处有数学，即新课标所要实现的“人人学有价值的数学，人人都能获得必需的数学”等课改理念。著名科学家杨振宁教授曾指出：“优秀的学生倒不在于他优秀的成绩，而在于它优秀的思维方式。”问题解决正是在训练学生发现创造的思维过程，在这一过程中，不同程度的学生都能得到不同的收获，即实现“不同的人在数学上得到不同的发展”。

四、课堂小结：多一些延伸拓展

课堂小结是课堂教学结尾的一种形式。在日常的课堂教学中一般在一节课将要结束时，教师总要习惯性地问学生：“今天你学到了什么？还有问题吗？”当学生回答没有问题时，教师就满意地笑了，课堂教学也随之结束。这样，学生带着问题走进教室，没有问题走出教室。这种教学是以学生学懂为目的，内容听懂了，问题解决了，就大功告成了，这似乎无可厚非。否则，教师下不来台，收不了场，岂不难堪？但学生仅以学懂为目的就完了吗？《标准》强调，要使“不同的人在数学上得到不同的发展”。学生的求知欲望和求知潜能往往存在着较大的差异，如果课堂教学仅以学生听懂、学懂为终极目标，这样的教学往往会扼杀学生与生俱来的学习天赋和创造潜能。

小学生总是充满着好奇心和疑问的，他们走进教室的时候往往带着满脑子的问题。但在我们传统的课堂教学观念中，教师承担的仅是“传道授业”的重任，扮演着“解惑”的角色，如果学生课前没有思考的空间，课后没有问题的延伸，就难以达到“不同的人在数学上得到不同的发展”的目标。有鉴于此，我们在课堂小结时，应该多考虑一点儿延伸拓展，给学生留有质疑问难的空间。提出问题表面上看是一种活动，实质上也是人的品质与能力的显露，反映了一个人在认识事物的过程中其思维的直觉、独立、批判、求异和概括的品质，体现了一个人的洞察、辨析、类比、推导和抽象的能力。因此，我们的课堂教学，应该既要切断“尾巴”——不能课内损失课外补，又要留有“尾巴”——让学生带着问题离开课堂，再去探索、钻研。那么，怎样培养学生的问题意识呢？

首先，在课堂小结时，我们不仅要关注学生已学会了什么？用什么方法学的？学的感觉怎么样？还要留有时间有意识地促使学生反思：我们还有什么疑问？打算怎么办？等等；其次，还要有意识地把数学知识的探索兴趣延伸到对数学文化的感受，如在学习“年、月、日”后提出问题：为什么闰年多出的一天会在二月份？你想知道吗？等等，从而把学生引向更为广阔的数学课外阅读；另外，我们还可以引导学生把学到的有关知识在生活实践中加以验证和完善。如把所学的几何形体知识、统计知识等在实践中加以应用，一方面可以使所学的知识得到巩固、深化和拓展延伸；另一方面也可以使学生进一步体会到数学与实际生活的紧密联系，从而进一步激发学生热爱数学的兴趣。

总之，在当前新课程背景下，我们对小学数学课堂教学所涉及的一些热点问题、热门话题既要有积极探索、勇于实践的开拓精神，又要能多一点儿科学态度，多一点儿理性思考，在实践中不断完善、不断充实、不断感悟，这样才能真正达到新课程所倡导的理想境界。

（此文获2005年江苏省中小学“师陶杯”
教育科研论文评比二等奖；2005年12月，入选《中国教师报》
编写的《中国当代教育思想宝库》一书）

当今数学情境教学现状之反思

情境学习理论在西方兴起于二十世纪八十年代后期，这种理论认为知识是具有情境性的，知识是活动背景和文化产品的一部分，并在活动中、在其丰富的情境中，不断被运用、被发现。而数学情境是专指从事数学活动的环境，是产生数学行为的外部条件。它从提供信息——联想、想象、反思——发现数量关系与空间形式的内在联系——提出问题、研究问题、解决问题的策略和方法等一系列活动中，伴随着一种积极的情感体验，其表现为对知识的渴求，对客观世界的探索欲望，对数学的热爱，等等。现代数学教学理论认为，创设数学教学情境，有助于激发学生的学习兴趣，使智力达到最佳激活状态，沟通生活实际与数学学习、具体形象与概括抽象的联系，使学生在解决问题中认识和理解数学。新课程背景下的现代素质教育观，要求教师创设情境、优化手段，让学生生动活泼地学习，在愉悦的身心交往中学习知识、发展人格，因为真正有效的学习必须是在积极地参与下进行并达成的。

基于上述理念，在新课程改革不断深入的今天，越来越多的教师开始重视教学情境的创设，这已经成为当今课堂教学中一个新的亮点。因为一个好的“情境设计”或有利于激发学生的学习愿望和参与动机，使学生主动思考，积极投入到自主探究、合作交流的氛围中；或能够突出教学重点，化解教学难点……这样的“情境设计”，我们都为之拍手叫好。在现实生活中，也有不少教师在课堂教学，尤其是公开课、观摩课中，煞费苦心创设的情境，但在课堂教学中只不过是“花架子”。它忽视了情境创设的目的性、实效性，这些形似而神离的“情境设计”，实际上是对情境教学理论和新课程理念的理解存在偏差的表现。这样的“情境设计”仅仅是给传统教学多了一个“包装”、加了一点儿“味精”，根本起不到其应有的作用，有时甚至是画蛇添足，我们应坚决摒弃，并加以切实反思、引以为戒。下面笔者结合某些公开课或观摩课中的案例对当今数学情境教学中的部分不当设计进行反思，与同行商讨。

（1）多了趣味、忘了目标。

案例：一位教师在教“三位数（整十整百数）的口算”时，为新课导入设计了如下的教学情境。

师：同学们，今天老师要带你们去美丽的大森林里走一遍，你们高兴吗？（生齐答：高兴！）你们看森林里有什么呀？（媒体出示画面）

生：有可爱的小白兔。

生：有蘑菇。

生：还有花草。

……

师：看到了小乌龟和小白兔，你想到了哪个故事？

生：龟兔赛跑。

师：最后谁赢了？

生：小乌龟。

师：为什么它会赢？

生：因为小乌龟很勤奋。

生：因为小兔子半路睡着了，它太轻敌了。

……

这节课的新课导入用了5分钟，创设的情境看似热闹非凡，学生趣味浓厚，但是这样的情境创设实在称不上真正意义上的“情境设计”，只能算是一幅供学生欣赏的美丽画面，而且在一定程度上，还可能成为分散学生思维的干扰因素。这样的情境创设，往往把学生的数学思考淹没在画面和童话所引起的其他想象中，更是把本节课的课题“三位数（整十整百数）的口算”之类的数学知识和教学目标抛在了一边。

建构主义认为，学习总是与一定的社会背景即“情境”相联系的，在实际情景中学习，有利于意义建构。但是，创设情境不能只图表面上的热闹，也不能拘泥于过多的非数学信息，不能干扰和弱化数学知识和技能的学习以及数学思维的发展。上述这节课的情景创设，已经游离了本节课的教学目标，与教学内容毫无联系，这样的情境创设实在是多此一举，得不偿失。

（2）多了激发，少了真实。

案例：一位教师在教“认识路线”这一内容时，为了激发学生的兴趣，编造了一段美丽的谎言作为情境创设的内容。

师：同学们，告诉大家一个好消息，下周我们学校将组织学生去苏州乐园春游。（顿时教室里爆发出一阵欢呼声）

师：（出示苏州乐园的游览图）这是乐园的游览图。从图上看，我们可以选择怎样的线路游览，既能游览所有的景点，又不走重复的线路呢？

……

整节课课堂气氛相当活跃，学生的学习积极性很高，教学进展也相当顺利。可是，下课后，许多同学围上来问：“老师，我们下周几去春游？”“老师，我们真的要去春游吗？”……这时教师的脸上一片茫然，无言以对，只能应付学生说：“刚才我是为了上课故意编造的情境。”这时学生脸上纷纷露出因感到上当受骗而不满的神情。

美丽的谎言终究要被揭穿，也终究要破灭，虽然这位教师创设这个情境的本意是为了使学生的学习更加积极、主动，但是学生是否真的能接受这种“欺骗式”的虚假情境呢？显然，当他们明白教师只不过是“说说而已”时，就产生了一种被愚弄的感觉。可以想象，他们今后面对教师创设的教学情境时，解决问题的积极性和主动性再也不会像今天这样充满激情，这种明显的“欺骗式”的虚假情境必将降低学生对老师的信赖感，也是教师不尊重学生的一种表现，是与“以人为本”的教学理念相违背的。因此，我们设计的教学情境要从生活实际出发，讲究真实性，以学生的发展为本，而千万不能“捡了芝麻，丢了西瓜”。

（3）多了生活，少了科学。

案例：一位教师在教认数“几和第几”时，创设了一个动物跑步比赛的动画情景，结果是小鸡第一、小鸭第二、小猫第三、小狗第四。许多同学当即表示不同意，认为在实际生活中，这四种动物中应该小狗跑得最快。

又比如在教“四则混合运算”片段中，教师设计了这样一道题：天气变冷了，老师想买一件棉衣。星期天，老师来到商场，看中两种款式。第一款标价：4件共456元；第二款标价：每件121元，哪种款式的棉衣便宜？便宜了多少元？审题后马上有同学提出疑问：“老师，我看到商场里的衣服标价都是标单价的，没有标4件一共多少元的。”

上述两个情景虽然都是假设的，但“虚拟”不等于虚假，我们的学生显然不能接受这种“杜撰式”的虚假情景，只注重问题的情景化、生活化，而忽视了数学问题的合理性、科学性。长此以往势必降低学生对教师的信赖，这样的情景教学又有何意义？

（4）多了媒体，少了体验。

随着学校教育现代化水平的不断提高，电教媒体逐步进入课堂，现代媒体的使用为数学课堂教学提供了一个呈现形式多样化的平台，为创设情境教学提供了极大的便捷。因而，有的教师把它当成了“万金油”，总是想方设法用媒体展示来创设教学情景，自认为只有这样，课堂教学才能体现档次、体现水平。

案例：在教“圆锥的体积计算”的一节公开课中，有位教师认为放手让学生通过动手实验、小组合作探究，得出圆锥的体积计算公式的教法，材料准备比较麻烦，课堂纪律难以控制，时间花费又多，还不如用课件演示来得简单、高效。于是他发挥自己的特长，制作了动态多媒体课件，向学生生动地展示了圆锥体积推导的全过程。多媒体的演示确实令人耳目一新，但是在整个教学过程中，学生只是被动地参与，思维活动明显受到了课件的束缚，学生的探究意识也被扼杀了。殊不知，这样的教学手段再先进，课件再精美，演示再生动，也永远无法替代学生的操作思维。毕竟“听到过会忘记，看到过会记得，做过了能理解”，情境的创设并不只局限于电教媒体，语言、实物、游戏，甚至教师的手势、体态等，都可以成为一种情境，关键是要能符合学生内在的发展需要，符合教学的要求。

《标准》在论述小学生的数学学习要求时，“强调从学生已有的生活经验出发，让学生亲身经历将实际问题抽象成数学模型并进行解释与应用的过程”，也十分强调数学与现实生活的联系，要求数学教学紧密联系学生的生活实际，从学生的已有知识和生活经验出发，创设生动有趣的教学情境。但是我们在具体落实的过程中切不可为了情境而创设情境，要切记情境只在为教学服务的时候才能叫作情境，否则只能是形式和杜撰。教师在创设情境时，要仔细推敲，做到切实有效，千万不能为追求时髦的“情境教学”而盲目地创设情境，这样做不但达不到预期的教学效果，反而会适得其反。愿我们的教师在创设情境时多一点儿理性，少一些浮躁，千万别让情境的创设成为课堂教学中的“点缀”和“累赘”。

（此文在2008年9月获相城区教育学会优秀教育论文评选三等奖）

新课程背景下指导帮助学习困难学生策略之初探

学习困难学生是指感官和智力正常而学习结果远未达到教学目标的学生。这部分学生在学习上出现了不同程度的障碍，使他（她）们无法适应正常的学习，以至于不能顺利地完成自己的学业。这种学习障碍，既不是耳聋、眼瞎等感官障碍造成的，多数也不是智力低下造成的，他们基本上都是智力正常的孩子，绝大多数人的智商可以使他们完成相应的学习任务，但实际上却远未达到。相关研究表明，造成学生学习困难的原因是多方面的，既有来自社会、家庭和学校教育等外部因素，也有来自学生自身的内部因素，只有充分创设有利于孩子学习和成长的外部环境，帮助和指导孩子充分调动自身的一切积极因素，孩子的不同学习需要才能有效实现。

新课程的核心理念是以人为本，促进每一个学生的发展。孩子几乎是一个家庭的希望，孩子成功了，这个家庭就充满了成功的希望；孩子失败了，也就意味着一个家庭希望的破灭。而且现代家庭绝大多数是独生子女，在孩子的身上往往寄托了几代人的希望，而孩子的成功与否同孩子的学业有着很大的关系。虽然不能说一个人读书读好了，他（她）就一定是成功的，可在当今这样一个知识经济的社会，如果一个人连最起码的文化知识要求都达不到的话，那么他（她）的个人发展必将受到极大的限制。因此，从这个意义上来说，作为教育工作者，我们有义务、有责任帮助和指导每一个孩子，尤其是学习有困难的孩子顺利完成自己的学业，为个体自身的发展，为家庭希望的实现，为民族整体素质的提高打下良好的基础。

那么，造成学生学习困难的因素究竟有哪些呢？据相关机构调查分析显示，除了17.1%的学生是由于智力原因造成学习困难、成绩不理想外，82.9%的学习困难学生是由于非智力因素造成的，通常可归纳为以下三种因素。

（1）学生自身素质差，能力低。其表现在学习态度差，不求上进；自控能力弱，常常管不住自己；上课不专心听讲，学习方法、习惯差，对学习上的事项往往无所适从，疲于应付；学习上存在惰性，没有明确的目的和要求，缺乏学习动力。

（2）家庭教育偏差的影响。从对部分家长的访谈了解中得知，相当一部分家长缺乏正确有效的家庭教育观念和方法，有的家长是忙于生计无暇顾及孩子的学习；有的家长是缺乏责任心将自己的孩子推给自己的父母隔代抚养；有的家长则无原则地溺爱孩子，从小使孩子养成了一些不良的行为习惯和道德品行，一切以自我为中心，缺乏责任感，缺乏意志力，缺乏明辨是非的能力，他们的心理年龄远远落后于他们的实际年龄，造成了学习上的困难和被动；有的家长由于自身文化水平较低，家庭条件艰苦，苦于缺乏良好的家庭教育环境和方法，对于孩子的学习束手无策，只能任其自然。

（3）孩子在学校缺乏宽松的学习环境。由于受片面追求升学率的影响，部分学校缺乏宽松、和谐的育人氛围，个别教师缺乏正确的教育理念，对学习困难的学生往往指责有加，甚至缺乏应有的耐心和爱心。学生一出现作业少做、漏做，或成绩不理想等现象时，不问青红皂白，一味地批评指责甚至体罚学生，造成师生关系紧张。久而久之，这部分学生便缺乏学习的信心，往往破罐子破摔，甚至与教师情绪对立，造成了教育的彻底失败。

后进生的形成，既有内部因素，又有外部因素，对于他们的转化，也应该从内部、外部两方面入手，充分调动内、外部的一切积极因素，针对每个学生的不同情况和不同需要，制订出切实可行的转化方案，帮助和指导他们取得理想的学习成绩。

在教学和学习活动中，学生是活动的主体，一切富有成效的教学活动都离不开学生主动、积极地参与。从这个意义上说，一方面，学生学习动机的激发是多种有效教学对策实施的前提；另一方面，教学活动又是师生双方互动的过程，学生的积极参与可以激发教师的教学热情，进而提高教学效率和教学质量。由此可见，在对后进生进行教学的过程中，学习动机激发居于十分重要的位置。

学习动机激发有多种途径，概括起来大致可分为外部动机激发和内部动机激发两类。外部动机激发着眼于创设各种有利的外部环境（如和谐宽松的学校教学环境，正确有效的家庭教育环境）来激发学生的学习动机；内部动机激发着眼于通过学生内部心理因素（如意志、兴趣、习惯和方法等）来激发起学习动机。

（1）创设轻松愉悦的在校学习环境。

在校学习环境是影响学生学习动机的一个重要的外部因素，目前学校教育的最大弊端是片面追求升学率。为此，有的学校不惜一而再，再而三地加重学生的课业负担，无形之中也加重了学生的竞争压力和心理负担。其实就目前而言，学习竞争中的优胜者始终只有一小部分，大多数学生都是竞争的“失败者”。因此，学习中过分的竞争更容易诱发后进生的自卑、自弃心理，这是因为学习上的竞争是以人际比较为前提的，在以竞争为导向的课堂里，人际比较给学生带来的压力较大，尤其对于后进生更是如此。为此，我们应根据新课程的理念，以人的发展为宗旨，积极倡导在学校里形成一种合作互助的学习气氛，为学生创设轻松愉悦的学习环境。因为轻松愉悦的学习环境淡化了人际比较，强调每个学生都有成功和发展的机会与可能，它旨在引导每个学生形成积极的动机模式，掌握学习的主动权。创设轻松愉悦的学习环境，可采用以下策略：

1）改进评分方法，淡化竞争气氛。分数是评价学生学习成绩好坏的主要工具，苏联合作教育学派认为，简单地用低分数对学生的学习加以“判决”，会直接挫伤他们学习的情绪和动机。因此，他们主张不要给学生打不及格分数，或者在学生作业完成得不好或考试成绩不及格时暂不打分，直到改正错误后再打个好分数。这种评分方法对后进生应该是可行的，尤其适合于平时的作业和测验，因为平时作业和测验是一种形成性评价。形成性评价的目的是发现学生学习的问题，及时反馈纠正，以提高他们的学习技能。鼓励性评价也可以采用暂不打分的方法，只要学生在原有基础上有进步就可以得到一个好分数。实践表明，以上两种评价对激发后进生的学习动机是有效的。另外，在实施素质教育和新课程理念的今天，我们还应该十分注意向学生宣布学习成绩的形式，更不能将学生的成绩张榜公布，这样的形式具有较强的人际比较色彩，不利于后进生的成长。

2）提供分层作业、优先面批的机会。传统的学习模式中，每个学生的作业都是千篇一律的，这对于学习困难的学生来说很不公平，同时也不利于各个层次水平学生的发展。因此在作业的设计和布置上，我们也应该大胆进行改革创新，根据学生的学习水平提供几个层次的作业内容，让学生根据自己的实际情况有充分选择的机会，让他们干他们愿干、能干、想干的事情，真正做学习的主人，这样的作业设计能使各个不同层次的学生都得到相应的训练和提高。事实证明，让学生选择作业比硬性规定学习任务更能激发他们的主动性。同时，在作业的批改上，应优先给后进生以面批的机会，以有利于教师对症下药，及时调整教学要求和教学内容，有利于后进生得到更多的帮助和辅导，从而有效地提高其学习成绩。

3）强调民主平等，提倡互助合作。新课程的核心理念是以人为本，以人的发展为本，注重每一个学生的发展，当然也包括学习困难的学生，这就要求我们在学校教学活动中注重强调教师与学生之间、学生与学生之间的互助与协作；强调教师与学生、学生与学生在人格上都是平等的；强调民主平等，提倡互助合作，这就有利于营造民主、和谐的课堂气氛，有利于创设轻松愉悦的学习环境，有利于激发学生积极的学习情绪。同学之间的互助与协作，不仅可以帮助后进生改进和提高自己的学业水平，同时也可使助人为乐的学业优良的学生进一步得到锻炼和提升。而且我们提倡的互助合作也不仅仅是学习方面的，应该扩展延伸到学习、生活的各个方面。因此，后进生并不完全是受助者，有时在某些方面也是助人者，在帮助别人的过程中自己也能得到快乐，形成积极的情感，反过来也能促进自己学习的发展。

（2）指导家长创设和谐、民主的家庭教育环境。

众所周知，父母是孩子的第一任教师，孩子能否健康成长，很大程度上取决于家庭教育。对于学习有困难的学生来说，父母的理解、关心和正确指导显得尤为重要。但是，如今在相当一部分家庭中，家长们往往缺乏正确有效的教育孩子的方法，这样的家庭环境影响了对孩子的教育，影响了孩子学习成绩的提高，久而久之必将使孩子成为学习困难者或品行不端者。因此，作为具有专业知识的教育工作者，我们有责任、有义务帮助和指导家长掌握正确、有效的家庭教育方法，而首要的是要指导和帮助家长学会创设和谐、民主的家庭教育环境。

1）倡导民主、平等的家庭氛围。从小生活在和谐、民主、平等的家庭环境的孩子，长大后往往表现出能学会正确地认识和评价自己，形成自尊、自信、自主、自控，赋有责任感等积极情感；相反，将会使孩子成为一个任性、冷酷、自私甚至具有反社会人格的人。孩子是父母的影子，父母的每一个言行举止将会成为孩子首先模仿和学习的标本。因此，从小为孩子创设一个和谐、民主、平等、自由的家庭环境是极其重要的。

2）真诚地欣赏孩子的优点。学会赏识，应该是每个教育者的座右铭，作为家长也不例外。每个人身上都有各自的闪光点，每个家长都应看到自己孩子的闪光点，经常欣赏他、赞美他，使之形成自信，让他学会欣赏自己，也能欣赏他人，并且愿意为社会做贡献，只有这样，孩子的自信心才能不断增强，才能通过自己的不断努力逐步取得理想的成绩。

3）用心倾听孩子的心声。家长如果能够经常注重倾听孩子的心声，可培养孩子从小学会以平等与尊重的心态与人建立联系，会使孩子觉得自己很重要，有利于孩子学会独立思考和提高自信。当孩子遇到挫折、困难时，他最需要的不是安慰，不是说理，更不是批判，而是一个值得信赖的人。听他说，然后了解他、接纳他，但家长的倾听不只是坐在那边静静地听孩子说，而是要把自己融合于孩子的内心世界，站在孩子的立场考虑问题，从而与孩子产生共鸣，帮助孩子解决学习和生活中的一个个困难。家庭是孩子的第一课堂，也同时是孩子的终身课堂，家庭中每一天的氛围，家庭中成员之间的关系，家庭生活习惯和家庭教育方式，所有这一切，都在塑造着孩子幼小的心灵，也在影响着孩子的学习。我们应当通过家访、家长与学校沟通、个别交流沟通等多种途径和方式，引导和帮助广大家长更新和掌握正确的家庭观念，努力为孩子创设一个和谐民主的家庭环境，为孩子的进一步成长和发展奠定良好的基础。

（3）帮助孩子养成良好的学习习惯。

教育心理学告诉我们：在学习活动中，外部动机激发与内部动机激发的作用有所不同。外部学习动机产生的激励效应维护时间较短，它依赖于情境刺激，一旦情境消失，人的心理感应也随之消退。如果想保持长久的学习兴趣，就必须激发学生的内部学习动机，只有当学生对学习感到有兴趣、有信心、有责任感时，他们才会为学习做出努力。因此，制定有效的教育教学对策，激发学生的内部动机是十分重要的一环，而据调查显示，后进生中，超过三分之二的学生起因于缺乏良好的学习习惯。因而，对这部分学习群体来说，帮助他们逐步养成良好的学习习惯是克服学习困难，提高学习成绩的重中之重。

1）培养孩子的良好学习习惯，首先要注意培养孩子的学习自觉性和主动性，要通过鼓励引导、榜样示范等手段，逐步教育和帮助孩子养成自觉学习的良好习惯，让孩子明白学习是他自己的事，而不是老师和家长的事。当孩子取得进步时，应及时予以表扬，并告知学无止境的道理；当孩子学习有困难、成绩不理想时，应耐心细致地帮助孩子一起分析问题所在，找到对策，助其成功。

其次，要帮助和指导孩子养成良好的学习规律，合理安排学习时间，使孩子养成守时、有序和讲求效率的好习惯，应指导孩子根据自己的实际情况制订自己的课外学习时间表，并认真执行。

2）要培养和激发孩子的学习兴趣，兴趣是个体积极探究某种事物或进行某种活动的倾向。学生的学习兴趣是推动其学习活动的内部动力因素，个体一旦对学习活动产生了兴趣，就能提高学习活动的效率，在教学活动中，要引导和鼓励孩子多提问题，保护孩子的学习积极性，尊重孩子的好奇心，引导孩子学会观察、发现问题，激发学习兴趣。

3）还应该根据年级特点和学生实际，逐步指导学生养成一些良好的学习习惯。例如，上课认真听讲，积极发言的习惯；课后及时独立地完成作业的习惯；自觉预习、复习的习惯；自己整理书包和学习用品的习惯；质疑问难的习惯；等等。一旦孩子通过努力逐步养成了一些好的习惯或取得了明显的进步，不管是教师还是家长，都应该及时加强表扬和鼓励，以逐步增强孩子的自信心。让孩子进一步明白，良好的学习习惯可以使自己取得进步，这样才能使孩子不断提高、不断进步。

教育是传道、授业、解惑、提高国民整体素质的伟大事业，我们的教育不仅要培养出类拔萃的人才，更应该着眼于全体学生，特别是后进生整体素质的提高上。在我们的教育实践中，后进生经过正确引导、耐心帮助，转化成优等生乃至杰出人才的例子并不少见。因此，我们要善于发现后进生的闪光点，加以精心呵护与引导，辅之以关心和帮助，让每一个后进生都能在原有基础上有新的提高；让每一个后进生都能享受学习的快乐，为整个社会的和谐进步和发展，做出我们应有的努力。

（此文发表于《苏州教育研究与实践》2008年第2期）

德育篇

教师应注重家庭教育的指导

现代教育日益强调“大教育观”的确立，所谓“大教育观”从时间上看应延伸人的一生，即终身教育；从空间上看是学校、家庭、社会诸方面有机配合协调的教育，它要求学校、家庭、社会各方面统一认识、密切配合，这样才能形成一种合力，取得最佳的教育效果。在这诸方面教育中，家庭对孩子的教育最直接、最频繁、最深刻，有着其他教育所不能替代的特殊作用，因而人们常说：“家庭是孩子的第一所学校，家长是孩子的第一任老师。”但由于传统教育观念的影响及部分家长自身素质的限制，目前的家庭教育问题颇多。一些家长望子（女）成龙（凤）心切，但苦于缺乏正确有效的方法，家庭教育往往收效甚微，甚至产生“5+2≤0”（即在学校5天受到的正面影响小于或等于孩子放假两天在家所受的负面影响）的疑惑。这一现象已越来越引起有识之士的关注，作为专门教育机构的学校，具有一批受过专业训练的教师，他们既懂一定的教育理论，又有一定的教育方法和技巧，在教育理论、教育经验等方面往往比家长胜出一筹。因而，我们应该主动承担起指导家庭教育的职责，加强与学生家长的交往和沟通，协调学校与家庭的关系，引导家长逐步掌握一些正确的教育孩子的方法。

要做好这方面的工作，笔者以为，教师要注意做到以下几点。

一、帮助家长树立正确的教育观念，使家长走出家庭教育的误区

由于种种原因，目前部分家长的教育思想、教育观念往往存在着这样或

那样的问题。据说，某校组织学生外出远足，有好几位家长不放心，特意请了假，骑车远远地跟在队伍的后面，直到活动结束。可见其用心是何等的良苦，但由于没有树立正确的教育观念，效果往往适得其反，反而不利于学生能力的培养及习惯的养成。前几年报上曾登载《夏令营中的较量》一文，反映中日两国孩子及其家长在学生夏令营活动中的不同表现，事实上已集中反映出我们不少家庭在教育孩子观念等方面的问题。作为教师，应该从提高民族素质的高度帮助家长树立正确的教育观。要做到这一点，教师首先要加强自身的学习和提高，不断接受新的教育思想和教育观念，树立正确的科学的育人观；其次，要通过家访、家校活动等各种途径，有目的地帮助家长逐步树立正确的家庭教育观念，当前应特别注重从素质教育的角度做好这方面的工作，让我们的下一代更健康、活泼地得到全面发展。

二、指导家长讲究教育艺术，努力提高教育水平

教育艺术不是刻板的生硬说教，而是结合日常生活，很自然地让孩子接受教育，是教育者有目的地把教育内容渗透在日常生活之中，让孩子在一种和谐、自然的氛围中潜移默化地接受教育。

现在，有的家长对孩子的教育还缺乏正确有效的方法，更谈不上教育艺术。作为教师，有责任通过适当的途径向家长介绍、传授一些教育方法和艺术，引导家长学会和掌握一些教育方法，提高教育孩子的水平。如要一分为二地看待自己的孩子，要多看到孩子的长处和闪光点，及时鼓励孩子，善于根据孩子的特点因材施教；要抓住时机，适时进行教育；要善于疏导，开渠引流，把疏与堵有机地结合起来；要晓之以理，动之以情，既要严格要求孩子，有时也要善于宽容孩子的过错，适当的宽容，有时也能起到意外的教育效果。

三、引导家长提高自身修养，注重“以身立教”

有部分家长在教育孩子时，不注意自身的“形象”，忽略了“身教”的

重要作用。有的家长自己整天沉湎于娱乐，疏于对孩子的教育和管理，却要求孩子怎样怎样，久而久之必将使自己的教育效果大打折扣，也会使孩子受到影响，形成一些不良的学习和行为习惯；有的家长在交谈和处事时，不考虑场合，有意无意地把自己一些不正确的思想、行为流露在孩子面前，无意中对孩子起到了负面影响，因而，教师必须注意引导家长认识到自身修养的重要性，逐渐引导家长不断提高自身修养，努力做到“以身立教”。当然，教师作为人类灵魂的工程师，更应该时时处处“以身立教”，以自己良好的形象和人格魅力感染和影响学生家长，只有这样，才能使家长感到可亲、可敬、可信，才能真正担当起家庭教育指导者的角色。

（此文发表于《教育天地》1999年第4期）

浅议教师个体性格在教育教学中的作用

教育是事业，是科学，也是艺术。事业的意义在于奉献，科学的价值在于求真，艺术的生命在于创新。教育大计，教师为本，造就一支乐于奉献、勇于探索，而又具有创新精神的高素质教师队伍，是新世纪对我们教育工作者提出的新要求，更是学校管理工作中永恒不变的主题之一。综观当今基层学校管理现状，我们的管理者往往考虑比较多的是如何制定学校规章制度，做到依法治教、依法治校；如何进一步加强学校民主管理，为教师创设一个宽松、和谐的工作环境，以增强学校的凝聚力，而往往忽视了教师个体性格在教育教学中的作用。因此，引导教师正确认识自我，努力塑造优良的个体性格，充分发挥教师个体性格在学校教育教学中的作用，是学校管理者不可忽视的一项重要工作。

一、正确认识教师个体性格对教育教学的影响

现代心理学认为：性格是指个体对现实的态度和行为方式中的比较稳定的独特的心理特征的总和。性格表现了一个人的品德和世界观，在个性中具有核心意义。例如，开朗豁达、乐于助人和诚实守信的性格有利于建立良好的人际关系，而狭窄、自私、虚伪的性格则为人唾弃。因此，不同的性格特征将对社会产生不同的影响。苏联著名教育家马卡连柯认为，所谓的培养一个人，实质就是培养一个人的性格。伟大的科学家爱因斯坦也曾经说过：“优秀的性格和钢铁的意志，比智慧和学说更为重要……智力上的成就

在很大程度上依赖于性格的伟大，这一点往往超出人们通常的认识。”教师作为塑造人、培养人的实施者被人们称为“人类灵魂的工程师”，在教育教学过程中，自身性格的优劣对作为教育对象的学生有着直接的影响。很难想象，一个缺少责任感，没有同情心，对人冷漠、自私、经不住困难和挫折的考验，情绪不稳定的教师能够对学生的成长产生好的影响。事实上，由于青少年尤其是小学生的模仿性强，普遍具有“向师性”，所以教师在课堂内外、学校内外乃至生活中的一言一行，无不对学生起着潜移默化的影响。因此，作为教师要时刻明确自身个体性格对学生产生的影响，而学生意志品质的好与坏、性格的优与劣又往往影响到教育教学的效果。理想的性格可以帮助和维持一种舒适而具有内动力的学习气氛。教师和学生的性格相互作用，将影响学生对教师、教师对所教学科及学校的态度，学生喜欢某教师往往学习积极性就高，教育教学的效果就好；反之则容易产生厌恶学习、抵触教育的情绪；教师有平易近人、没有偏见、充满爱心、教学认真、要求严格、言行一致、开朗活泼、品德高尚、知识面广等表现，学生才感到教师亲切、温暖。“亲其师，信其道”才能产生巨大的吸引力和感染力，我们的教育教学工作就会取得事半功倍的效果。

二、引导教师努力塑造优良的个体性格

教师的性格直接影响着学生性格的形成，影响着教育教学的效果。因此，作为一名称职的教师，应该树立努力塑造优良个体性格的意识，用自身优良的道德品质、人格魅力和个体性格去影响学生。每一位教师的个体性格必然存在优、劣两个方面，作为教师要正确认识自我，与时俱进，不断完善和发展个体性格，肯定自己性格中良好的一面，努力克服性格中不足的一面，使自己的个体性格起到应有的教育作用。作为学校管理者，要在平时工作中有意识地引导教师努力塑造、完善自己优良的个体性格：一是组织引导教师学习相关理论，使教师明确什么样的性格是理想的性格，帮助教师在树立正确的人生观、价值观的基础上，形成正确的人格理念和教育理念；二是引导教

师不断总结、不断反思，总结反思是为了更好地自我认识、自我剖析、自我调控，可以帮助自己发现不足，并及时改正，一个人的个体性格能修养到什么样的境界，往往取决于一个人自我调控的自觉程度；三是引导教师虚心求教、取长补短，尽管总结反思是一种自我完善的重要的方法，但仍有一定的局限性，这好比一个人总是难以看见自己的后脑勺一样，自我认识必定存在一定的盲区，以人为镜，相互借鉴，也是一种性格上自我完善的好途径，是塑造优良性格中不可或缺的好方法；四是引导教师在实践中磨炼提高，它是行与知结合的产物。如敬业爱岗、认真负责、精益求精等品格只有在长期的教育教学工作中才能形成和表现出来；热情乐观、真诚坦率和朴实诚信的个性特征，也只有在长期的交往中才能形成和表现出来；勇敢顽强、坚毅果断、持之以恒的优良品质也只有在困难和挫折的经历中才能磨炼和培养出来。

三、依据教师个体性格特征，调动教师工作积极性

学校管理归根到底是对人的管理，对教师的管理。学校管理工作的出发点和归宿就是要最大限度地调动教师工作的积极性，充分挖掘教师潜能，提高教育教学质量和学校办学水平。一所学校的教师队伍中，其性格往往各具特点，作为学校管理者，应该努力了解和掌握每一位教师的性格特征，知人善任，合理调配，最大限度地调动每一位教师的积极性和创造性。教师职业的特点决定了绝大多数教师具有较强的事业心和责任感，但这些特点能否充分发挥，取决于管理者对教师个体性格特点的理解和利用，这不仅包括他们的正当需求、动机、兴趣、理念应该尽可能得到满足，也包括学校管理者在进行人事组合时，能否考虑到每位教师自身的性格特点，将不同性格特征的人组合在一个部门或一个单元。这样做的好处，一是可以使每一位教师在具有不同性格的其他教师身上吸取长处，达到性格互补；二是可以使工作在一个部门或单元内的教师互相帮助、互相影响，为每一位教师寻找自身不足设立一面镜子。除此之外，在平时的工作和与教师的交往中，管理者应尽可能根据每一位教师的个体性格特征开展工作，因事而异，因人而异，对待不同

个体性格的人，采取不同的工作方法，其目的是为了充分调动每个教师的工作积极性，激发他们的工作热情，使其充分发挥各自的智慧和才能，扬其长处、避其短处、照顾个性、用其所能，使学校教育教学工作取得最佳效果，达到最佳管理效能。

学高为师、德高为范。现代社会对人才培养提出了新的要求，也对培养人才的教师提出了新的挑战，作为教师和学校管理者，要充分认识教师个体性格在教育教学中的作用，不断发展和完善自我，努力实现创造性人格的塑造，为培养具有良好素质、健全人格的新一代做出应有的贡献。

（此文发表于相城区教育局《教育论坛》2005年第1、2期）

新课程背景下提高德育实效的认识和实践略谈

新一轮课程改革已实施近四个年头，通过不断学习、不断实践和不断探索，新课改的一些基本理念已经深入人心，尤其在以课堂教学为中心的学科教学改革中，不少教师贯彻和运用新课改理念已得心应手、游刃有余。这次新课程改革是我国基础教育领域的一场深刻革命，它不仅涉及学科教学，而且应该涉及和深入到基础教育的各个方面。面对这次新课程改革，学校的德育工作究竟应该如何开展，以适应新课程改革的要求，从而切实提高学校德育工作的实效，保证和促进新课程的全面、正常、顺利的实施？这也是我们每一位教育工作者必须面对和研究的课题。

《基础教育课程改革纲要》指出："要依据各门课程的特点，结合具体内容，加强德育工作的针对性、实效性和主动性，对学生进行爱国主义、集体主义和社会主义教育，加强中华民族优良传统、革命传统教育和国防教育，加强思想品德和道德教育，引导学生树立正确的世界观、人生观和价值观；要倡导科学精神、科学态度和科学方法，引导学生创新与实践。"这一深刻的阐述为新课程背景下的学校德育工作指明了方向，我们应根据新课改的基本理念，结合德育工作的特点和学校工作的实际，进一步改进和加强学校德育工作，切实提高德育工作的实效。

一、与时俱进，更新德育观念

本次课改要求新课程的培养目标既符合素质教育的思想，又体现时代的要求，这就使我们明确意识到在培养学生的科学文化素养和创新精神、实践能力的同时，培养学生具有良好的思想道德品质同样是本次新课改的一大基本任务，而且它是素质教育的核心内容。素质教育提出以提高国民素质为根本宗旨，以培养学生的创新精神和实践能力为重点，以造就“有理想、有道德、有文化、有纪律”的德智体全面发展的社会主义事业的建设者和接班人为根本目标。完善学生的良好品德素养，促进学生良好的思想品德和行为习惯的形成，促使学生德智体全面发展，为学生的健康成长奠定基础是学校德育的根本任务。由此可见，学校德育是一个直接关系到培养什么样的人和怎样培养人的问题。作为基础教育工作者，首先就要与时俱进，更新德育观念，明确在新课程中德育的内涵。在新课程中，对德育、德育课程必须有一个新的认识，要改变一讲到德育，总是偏重于政治教育，甚至在政治教育与德育之间画上等号的陈旧观念。应该认识到：德育虽然不能离开政治教育，但是政治教育不能涵盖德育，更不能替代德育。德育是以育人为背景的比政治教育有着更丰富、更广阔内涵的一种教育活动。从根本上讲，德育和德育课程就是要教会受教育者怎样做人、做怎样的人。在此基础上，作为德育工作者，应该深刻领会新课程中“以人为本，以学生的发展为本”的基本理念，改变过去那种单一的、学生被动接受的空洞说教的德育形式，而应代之以让学生主动参与的、体现人文精神的、丰富多彩的德育实践活动。只有这样，我们的德育才有生命力，才有针对性，才能取得真正的实效。

二、加强领导，坚持德育为首

“学校工作坚持德育为首”，虽然已经喊了很多年，但在实际工作中，由于受应试教育和片面追求升学率的影响，许多地方和学校没有得到很好的落实，德育工作往往是“说说重要，做做次要，忙起来不要”，学校的相当一部分领导和教师缺乏德育为首的意识，也就难以真正将德育工作摆在应有的位置。

在新课程实施过程中，我们必须切实认识德育工作在学校工作中的重要地位和作用，首先从思想理念上改变，确实把德育工作放在学校工作的首位，切实加强对学校德育工作的管理和领导，建立健全以校长为首的德育工作领导小组及完善的德育工作网络；其次，要在人力、物力、财力上为德育工作提供扎实有效的保障，确保具体操作部门有职有权，大胆开展工作；再次，要根据新课程改革的要求，积极尝试改革评价体系，改变以教学质量一方面进行考核、评价的模式，坚持以人为本，以人的发展为本，强化对教师和学生德育素养的考核和评价，促使学校各方面工作都能体现以“德”育人，为学校德育工作创设一个良好的环境。只有这样，德育工作才能真正摆上首要的位置。

三、转变角色，创设德育氛围

我们广大教师既是学校德育工作者，又是新一轮课程改革的实施者。新课程标准提出，教师要切实转变教育观念，树立正确的德育观、人才观和学生观，要以平等民主的态度与学生进行交流、协商和沟通，做到尊重学生、信任学生、关心学生、欣赏学生。过去教师对学生进行德育教育主要是以说教为主，学生只能被动地接受教育，在新课程实施中，不仅要求教师的观念要更新，而且要求教师的角色要转变，教师要成为学生学习活动和其他教育活动的组织者、引导者、参与者、促进者，只有这样，才能为学校创设良好的德育氛围，取得良好的育人效果。

著名教育家陶行知先生提出的教育思想是“千教万教教人求真，千学万学学做真人”。教师要转变好自己的角色，一是要明确自己的角色位置，按照新课程理念，认真扮好这个角色，把自己融入学生之中；二是要以身立教，为人师表。这就要求教师不断加强学习，注重个人师德修养，在各方面给学生起到表率作用。

四、多维互动，构建德育网络

现在的孩子大多数是独生子女，家长对子女的期望值越来越高，“望子成龙、望女成凤”成了不少家长的迫切心情，岂不知孩子的教育成长是一项复杂的系统工程，不是一朝一夕能够一蹴而就的，也不是单靠学校就能实现的，必须多方面共同努力，才能取得教育实效。因此，在新课程实施的过程中，我们要整合学校、家庭、社会各方面的育人功能，发挥各自育人优势，多维互动，齐心协力，共同配合，构建立体化的德育网络，为孩子的健康成长创设良好的育人环境。

首先，要充分发挥学校教育的主导作用，如上文所述，学校和教师要为学生的成长、成才努力创设一个民主、平等、宽松、健康向上的育人环境；其次，要切实重视家庭教育，通过学校、家访、“路路通”平台等途径，加强家校联系和沟通，指导家长正确教育下一代，让家庭教育与学校教育有机地结合起来，达到双方教育的最大和谐统一，取得最大的教育效能；再次，要积极争取，为孩子的成长创设一个良好的社会环境，教育好下一代是全社会义不容辞的责任。作为学校，一是要积极呼吁、配合政府和有关职能部门，采取有效措施，坚决取缔严重危害下一代成长的黑网吧、游戏厅等不正当营业场所；二是要努力挖掘社会德育资源，充分利用德育基地、场馆等资源加强对少年儿童的思想道德教育；三是要充分调动社会各方面的力量，进一步关心和支持学校的教育工作，为学校教育工作的开展和少年儿童的健康成长献计献策，群策群力。

五、融于生活，注重德育实效

传统的德育活动主要是教师采取说教的方式，向学生灌输德育知识，学生只能被动地接受教育，这样的教育方式对于学生来说缺乏情感的体验和心灵的共鸣，难以收到教育实效。

教育家陶行知先生认为“生活即教育”，新课程标准亦要求教师要引导学生学会学习、学会合作、学会生活、学会做人，培养学生具有社会责任感、健全人格、创新精神和实践能力，具有终身学习的愿望和能力，以及良好的信息素养和环境意识等。道德教育的基础是人对人的理解，培养一个人的品德不在于告诉他多少道理，最根本的是要在长期的社会实践和生活中形成基本的待人处事的价值观念和思考问题的取向。因此，在新课程的实施中开展德育活动，必须改变以往说教、灌输的方式，要将德育活动融于学生的日常生活之中，倡导品德培养回归生活、回归真实，结合学生年龄特点、生活实际和地方特色，开展丰富多彩、寓教于乐、学生喜闻乐见的德育活动，使学生通过活动受到教育，受到熏陶，逐步形成正确的待人处事的价值观念和思考问题的价值取向，实现新课程倡导的德育目标。

六、抓实起步，提高德育素养

培养良好的行为习惯是德育的基础工程，小学阶段德育的基本任务，在于培养学生形成良好的道德品质和行为习惯，新课程计划也提出这样的要求："使学生初步养成关心他人、关心集体、认真负责、诚实、勤俭、勇敢、正直、合群、活泼向上等良好品质和个性品质，养成讲文明、讲礼貌、守纪律的行为习惯。"一年级是儿童初步走出家庭、接触社会、学习知识的新阶段，同时也是他们的基本道德观念、基本心理素质开始形成的起步阶段，这个时期注重对他们进行一系列良好习惯的培养，会促进他们个性心理的健康发育，形成良好的思想和道德品质。因此，抓实这一起步阶段的行为习惯的培养和训练，对于提高学生的德育素养，对于学生今后一阶段乃至一生的健康成长都将受益匪浅。本校在这方面做了一定的探索和尝试，取得了良好的效果，首先我们根据一年级新生的身心特点和发展规律，制订了一年级学生养成教育分段实施方案，分学期制订了学生通过自身努力能够达到的目标，如：做好课前准备，有正确的读写姿势，上课听清要求，尊敬国旗、国徽，使用礼貌用语，课间玩安全健康的游戏，讲究卫生，排队做到静、齐、快等；其次，班主任和其他任课教师通过课内外一系列的主题活动渗透养成教育训练，鼓励和引导学生逐步养成一系列良好的行为习惯；再次，运用多种评价方式鼓励和促进学生的发展，利用一年级学生好竞争、好比赛的特点，设计了个性化的评比方式，让学生在自我激励的过程中，巩固和强化各种良好习惯，每隔一个阶段，让学生根据自身表现做一个自我评价，促使学生在积极寻求自我目标的过程中，逐步养成良好的习惯；最后，我们还通过家校联系册请家长、朋友为孩子在家的行为习惯做出实事求是的评价，以利于孩子进一步养成良好的习惯。

经过一个学年的培养和训练，孩子们各方面的习惯较刚入学时有了一个质的飞跃，升旗仪式能安静、肃立；见到老师能主动问好；课间奔跑打闹少了；越来越多的孩子上课能认真听讲了；排队能又静又齐了……一年级这个入学的坎儿，他们已顺利跨过，为今后的学习、生活打下了良好的基础。

面向素质教育，基于信息技术的新课程改革是涉及我国教育的百年大计、千年大计的问题。因为，它所影响的不仅是一代新人的培养问题，它还将从深层次上影响我国的文化内涵与民族素质，并由此影响我国在新世纪的国际竞争力与生存力。因此，我们必须从战略的高度，不断创新新课程背景下学校德育工作的内容和形式、途径和方法，切实提高德育的针对性和实效性，为培养具有国际竞争力的一代新人奠定坚实的思想基础。

（此文获2006年相城区中小学德育论文评比二等奖）

当前社会转型期学校德育实效性之思考

随着我国计划经济向市场经济转型的不断深化，使我们也真正开始了一场具有变革意义的转型。所谓社会转型是指以市场经济体制的建立过程为先导，又不限于社会经济生活领域，而是由此引起的社会政治生活、文化生活乃至整个社会结构的变革。这种变革同时也促进了人们的思想意识、价值观念和伦理道德由传统向现代的转变，因而也不可避免地使我们的德育工作面临着种种新的挑战。其中，德育的实效性问题是教育界乃至整个社会十分关注的问题。德育实效性，是所有德育工作者为之困惑的问题，是学校德育改革的难点，也是所有社会人士抨击德育的焦点。

的确，在当前的德育工作中，我们常常遇到德育现状与社会客观环境变化不相适应的矛盾。可以说，现实中的德育工作远远没有达到社会对青少年教育的期望，没有达到教育者的预期目标。因此，对德育实效性的探索、研究和思考，不仅具有深远的历史意义，更具有迫切的现实意义。

长期以来，学校德育的实效性一直难以提高，成为教育者的一块心病，究其原因，主要是在传统的应试教育的大环境下，我们现行的学校德育工作存在着种种弊端，主要体现在以下几个方面。

其一，教育的指导思想上重智轻德，“德育为首”的理念尚未真正确立。受“应试教育”的影响，学校教育工作中乃至整个社会教育工作中普遍存在着严重的重智育、轻德育的现象，德育工作成了“说起来重要、干起来次要、忙起来不要”的软指标，“出事有德育、无事无德育”的现象盛行，家长对孩子的期望、社会对学校的评价考核，无一不打上“唯智”的烙印。一个学生成绩优秀了，就一好百好，就是人们心目中的佼佼者，就是父母的骄傲、家庭的希望和未来；一所学校的升学率名列前茅，就一俊遮百丑，就是社会上趋之若鹜的名校，就是政府及主管部门眼中的好学校。这样的评价考核标准，迫使学校和教师在指导思想上出现了严重的偏差，造成了当前学校工作中重智轻德现象的泛滥。

其二，德育目标和内容上过于理想空洞，缺乏时代性。当前的德育目标和内容往往对当代青少年的年龄特征和接受水平，以及当前社会转型期全体公民实际的思想觉悟现状和道德水平、文化素质等实际情况考虑不全、不准，以过于理想的人格标准作为德育的目标，传统的“假、大、空”的抽象的口号式的那一套德育内容过多，把理想与现实割裂开来，缺乏鲜明的时代特征，因而使当今的德育工作遇到鲜活的生命个体时往往显得苍白无力，难以取得实效。

其三，德育方法机械单调，说教仍占主导地位。传统的德育工作在方法上往往忽视受教育者的主观能动性，很少考虑他们的年龄特征和接受能力，把他们当作消极接受道德说教的“录音机”、没有自主和独立思想的教育对象，因而无法取得良好的德育效果。

其四，德育评价简单粗糙，往往是以“智”代“德”。多年来，在应试教育的大环境下，我们习惯于用应试教育的那一套模式来评定学生的思想品德，普遍缺乏对学生品德、对学校德育有一个比较客观的评价机制和标准。往往像前面所述，用智育代替德育的评价，许多学校把学生的品德评定归在机械单调的德育知识考核和千篇一律的操行鉴定上，因此，德育的效果可想而知。

由此可见，德育的实效性问题，说到底是教育者的德育观念、德育方法和德育素养问题，在当前社会转型期，我们的德育工作只有真正从社会发展需要和学生的生活实际出发，遵循德育发展规律和青少年身心发展规律，与时俱进、不断创新，才能真正取得实效。

一、尊重学生的主体需要，彰显德育的针对性

长期以来，在我们学校的德育工作中，习惯于抓规范、抓制度、抓养成教育，过分强调道德的外塑性：或者强调学生通过机械对照、模仿，矫正外塑行为；或者强调利用表扬、批评、惩罚等手段来强化规范行为。然而，我们多次发现，一旦脱离了制度、规范的约束，循规蹈矩的学生往往变得五花八门，甚至看不出平时德育的点滴痕迹。这就不得不引起我们的深思：我们的德育工作必须研究和考虑学生的所思所想，尊重学生的主体需要，进而激发学生的主体需要。只有这样，我们的德育才有针对性，也才有可能取得实效。那么学生究竟需要什么呢？

（1）学生需要宽松的健康的成长环境。这就需要我们切实落实新课程“以人为本”的核心理念，努力创设民主、平等、和谐的新型师生关系。教育重在师生之间的相互信赖，信赖取决于民主平等的沟通，教师要对学生倾注全部热情，和学生平等相处；教师要尊重学生的人格，让学生自由充分地发挥自己，体验到自己的一种尊严感和幸福感；教师要最大限度地理解、宽容和善待学生，才能真正达到“春风化雨、润物无声”的效果；教师要多登门家访，努力与家长达成共识，形成合力，真诚地帮助家长、指导家长，为学生的健康成长营造良好的环境和氛围，而不是互相埋怨、推卸责任。

（2）学生需要得到承认和肯定。这就要求我们用多元的观点去评价学生和欣赏学生，应该承认学生之间是有差异的，不能用一把尺子（成绩）去衡量和要求学生，成绩差的学生不一定不是人才，他们的人生也有可能大有作为。但是，在应试教育的重压下，我们的教师往往变得功利，变得失去耐心，不善于发现每个孩子尤其是所谓“差生”的闪光点，久而久之，许多孩子因为得不到承认和肯定而丧失了自信，丧失了方向和动力，从而造成了实效的丧失、教育的失败。

（3）学生需要适应社会。我们正处于知识经济迅猛发展的信息时代，学生必须了解社会，方能更好地适应社会，才能不断增强自信、提升自己的能力和水平。因此，我们要有目的、有意识地组织学生逐步融入社会、了解社

会，有意识地培养学生几方面的意识和能力：一是创新意识，即创新精神和开拓能力，它是现代人才的必备素质，我们应让敢于创新、勇于创新的人成为学生的偶像，让创新成为学生不懈的追求；二是开放意识，我们要帮助学生了解社会、了解世界，走出狭小的圈子，具有开阔的视野；三是耐挫意识，不少学生缺乏应有的耐挫能力，一遇到困难和挫折，就缺乏应有的勇气和能力，往往一筹莫展，甚至做出极端行为；四是合作交往意识，目前不少学生合作意识差，不善于与人沟通交往，不善于表情达意，甚至缺乏起码的礼仪，我们应该教学生学会与人合作，主动交往，使其能适应纷繁复杂的社会环境。

我们的德育工作只有真正了解学生的主体需要，才能有的放矢地进行，才能切实提高教育的针对性和实效性。

二、强化学科育人功能，讲求德育的渗透性

传统观点认为：教学过程不能成为学生道德提升和人格发展的过程，这是传统德育以学科为本的教学的最大失职，在当前全面推进新课程改革的社会转型期，就是要改变教学的学科本位，在教学中以学生的发展为本，服务于学生的全面健康发展。那么，如何才能真正有效地做到这一点呢？有人打了一个很恰当的比方——“盐与汤”：没人会否认盐在日常生活中的重要性，但是如果给每人发10克盐，请大家直接吃盐，相信是没人吃的。正确的做法应该是：用餐时请每人喝一碗汤，10克盐放进汤里，味道很鲜美，人人愿意喝；错误的做法是：因为盐很重要，所以可以直接吃。联想到我们学校的教育，也存在着不同程度的“盐”与“汤”分离的现象，这个是德育，那个是智育，分得很清楚，于是要么单吃“盐”，要么单喝“汤”。结果或者无法吃，或者淡而无味。其实德育和智育，状如“盐”和“汤”一样是不能分离的，德育要渗透于各学科教学和各项活动之中，教师要做到既教书又育人，只有这样，德育才能摆脱空洞说教、枯燥乏味的困境，德育的实效性才会有所改观。

其实，在我们各学科教材内容中，蕴含着许多德育因素，人文学科在这方面应首先发挥无可争辩的主渠道作用。例如：品德、政治学科中正确的政治方向，积极的人生价值取向，高尚的道德情操，科学的理想追求；语文、外语学科的课文内容所反映的人物的崇高形象、舍己为人的美德、深厚的革命情意、纯真丰富的爱国热情以及克服困难的毅力、不屈不挠的奋斗意志；历史学科所反映的古今伟人、爱国志士的事迹，祖国辽阔的地域和丰富的历史文化；地理学科中所反映的资源观、人口观、人地关系、全球观念等，都包含着丰富的德育因素。还应充分认识自然学科、技能学科中的德育功能，在数理化、科学、生物等学科中，充满着辩证法的光辉，是进行唯物辩证法教育的活教材，能促进学生形成科学的世界观。通过音乐、体育、美术等学科的教学，一方面，在提高审美情趣的同时能促进人的个性发展和思想成长，协调人与人之间的关系和情感，提高学生的身体素质，锻炼学生的意志品质；另一方面，我国在这方面的文明成果也是对学生进行爱国主义教育的重要内容。

当然，我们强调学科的育人功能，绝不是要生搬硬套地在学科教学中大谈德育，我们强调学科的育人功能，重在渗透、重在有机。作为教师要在认真钻研教材的基础上，积极挖掘教材中蕴藏的德育因素，有机渗透进自己的学科教学过程，让德育真正成为“随风潜入夜”的甘露，成为鲜美汤中的盐，只有这样，德育的实效性才能得以积极的体现。

三、深化德育评价改革，体现德育的发展性

评价是教育领域中一个至关重要的环节。德育评价，是德育管理过程的重要环节，也是德育管理的重要手段。它的目的不是给学生贴上一个“好”或“坏”的标签，而在于引导和促进学生思想道德素质的发展和完善。《基础教育课程改革纲要（试行）》要求：“建立促进学生全面发展的评价体系。评价不仅要关注学生的学业成绩，而且要发现和发展学生多方面的潜能，了解学生发展中的需求，帮助学生认识自我，建立自信要发挥评价的教育功

能，促进学生在原有水平上的发展。”这充分表明德育评价的目标正由过去鉴别学生的优劣好坏变为促进学生的发展，从而也决定了德育评价内容、主体、方式等方面都必须改革。

按照它的要求，对学生的评价内容应包括：道德品质、公民素养、学习能力、交流与合作能力、运动与健康、审美与表现。这就要求我们在德育评价工作中采用多元化的评价模式。在评价内容上，不仅要评价学生掌握基本道德规范的程序，还应评价个体的兴趣、态度、策略等在参与过程中的发展和改进；在评价主体上，变单一的教师评价为学校评价、教师评价、家庭评价、社会评价、学生自我评价和学生相互评价相结合，对学生的综合状况进行全面系统的评价，使评价由单向性转为交互性，成为管理者、教师、家长、社会、学生共同参与的交互活动，使学生由被动受评者变为主动参与者，尤其是培养学生评价的能力，有助于形成学生的自我教育能力，培养荣誉感和责任感；在评价标准上，既有以德育目标为参照的统一标准，又有以学生的纵向发展水平为参照的个人特点标准。

学校的一切德育活动都应时时、处处体现对学生的评价，而不是为活动而活动，为评价而评价。只重视德育的形式，而忽视学生个体参与时所应得的评价，这样的行为其实是忽视了教育引导，除了轰轰烈烈，大多数学生是无法获得成功的喜悦和情感的体验的。因此，作为教育者的教师，应该对学生作经常性的、多角度的观察，不以学生的学业成绩作为德育评价的唯一依据，还应包括学生在校内外的活动、态度和行为方式、学生群体的气氛和精神面貌等。用发展的眼光看待学生，更好地体现德育的发展性，这样才能切实提高德育评价在学生的发展中的作用。

四、创设社会良好育人环境，构建德育的系统性

学校德育要真正取得实效，仅靠学校教育一方面是远远不够的，应该看到青少年的活动离不开社会这个大环境。他们走出学校和家庭，面对的是缤纷而又充满诱惑的大千世界，社会大环境每时每刻都在通过各种方式和途径

对青少年施加有形与无形的影响和作用。因此，学校、家庭、社会几方面必须齐心协力，努力为青少年健康成长创设良好的育人环境。然而，令人遗憾的是，这个问题还没有在全社会真正形成共识，良好的有利于青少年成长的社会育人环境还没有完全形成。

事实表明，净化社会风气，为青少年创设一个良好的社会育人环境已刻不容缓，学校德育要真正取得实效，必须依靠全社会的力量，积极争取各方的支持，形成齐抓共管的综合治理局面。净化文化出版市场的社会风气；下大力气治理校园周边治安环境，以保障青少年的合法权益和健康成长；加大精神文明建设的力度，营造健康、向上、文明的社会风尚；博物馆、图书馆、纪念馆、文化活动中心等要免费向青少年开放，为他们的健康成长提供优良的服务；还要通过各种形式的学校活动，向广大家长提供优质的家庭教育指导。形成学校、家庭、社会齐心协力、互相配合、共同育人的良好局面，构建系统的德育工程，德育的实效性才能得到充分、有力的保证。

道德常常能填补智慧的缺陷，而智慧永远填补不了道德的缺陷。加强和提高学校德育工作的实效性是一项艰巨而复杂的系统工程，作为一名教育工作者，任重而道远。我们应锐意进取、不断探索，充分发挥自身优势，切实做到既教书又育人，协调发挥校内外各种积极因素，努力创设有利于青少年健康成长的教育环境，切实提高学生的道德素养，有效提升德育实效，逐步实现德育的终极目标。

（本文于2010年10月获苏州市教育学会优秀论文评比一等奖、
2010年12月获江苏省教育学会优秀教育论文评选二等奖，
并发表于《教育论坛》2011年第1、2期）

浅议当今社会转型期加强家校联系的途径和方法

苏联著名教育家苏霍姆林斯基曾经指出：“没有家庭教育的学校教育和没有学校教育的家庭教育都不可能完成培养人的这一极其细致而复杂的任务。”这就是说，教师和父母都是无可替代的孩子的教育者。学校教育要想取得成功，必须要有家庭教育的密切配合，良好的学校教育是建立在良好的家庭教育基础之上的。在新课程改革不断深入的今天，在社会价值观、家庭结构、人们的教育思想都发生了一系列变革的社会转型期，学生所接受的教育也更加主体化、多元化，“民主、平等、自主、合作、探究”等新课程理念也无时无刻不在冲击和影响着我们固有的教育理念和方法。在这样的大背景下，无论是教师还是家长，其原有的角色和权威在很大程度上被削弱，家校联系和合作显得比以往任何时候都更加重要和迫切。传统的家校联系模式也必须不断更新和变革，并赋予新的内容、途径和方法，只有这样，我们的家校联系才会有蓬勃的生命力，我们的教育才会不断发展。

（1）加强家校联系，必须保持家校双向沟通，做到畅通有效。

众所周知，加强家校联系和合作是行之有效的教育孩子的传统方法和途径。但是，一提到家校联系和合作，人们往往只想到开家长会和家访这些教师“一厢情愿”的单向联系模式，而在实际工作中，由于种种原因，对学生进行普遍家访的教师实在是少之又少，取而代之的往往是请家长到校告之孩子的有关情况，或者直接通过电话、短信告知。无论是难得一次的家访还是请家长到校等形式，往往又是向家长告状、要求家长配合管教的居多，久而久之，这些都使家校联系工作走上了歧路。

家庭、学校是孩子生活的两个最重要的场所，因此，保持和加强家校之间的联系和沟通，对孩子的健康成长至关重要。要做到这一点，首先，要保证家校之间的通信联系畅通便捷，教师尤其是班主任应该通过各种途径，争取多种方式，及时取得家长最便捷的通信联络信息，并通过情感沟通和交流取得家长的信任，以确保家校联系渠道的畅通有效；其次，在取得家长初步信任的基础上，从发挥教育的最大效果考虑，应鼓励和提倡家长与教师、学校之间进行互动，保持家校之间的双向沟通，具体可从以下两个方面加以引导。

1）鼓励家长进入学校、进入课堂。学校可以通过举办形式多样的家校联系等活动，向家长宣传新课程改革的背景、意义、理念以及学校取得的办学成果，对家长进行家庭教育的培训指导，也可以开展“教学开放日”活动，让家长参与新课程教学活动，参与子女的学校生活，直接感受学校教学活动，可以是完整的一天，也可以只参与某一学科或某一课时。既可以是单纯的听课，也可以让家长和孩子一起进入学习流程，参与互动。还可以聘请有一定特长和技能的家长协助教师完成某一方面的学习实践活动，家长参与课堂、参与活动，对孩子、对家长无疑都是一种极好的精神激励。除此之外，教师还应引导和鼓励家长到学校与教师加强联系和沟通，共同促进孩子的健康成长。

2）提倡教师进入学生家庭，现场指导家教。与现阶段流行的电话家访、网上信息沟通等方式相比，现场家访有着其独特的魅力和作用。其实，现代通信设备虽然方便快捷，但比之面对面的交流和沟通少了几分亲切和温暖，我们还应该以一种更自然、更直接的方式走近孩子、走近家长、走近他们的家庭，与他们进行个性化的有效沟通和合作。因为只有亲眼看到孩子家庭的情况，当面与家长交流沟通，才能对这个家庭有全面的认识，对这个家庭的经济、生活、家长的素质及孩子在家的表现等情况有较深入的了解，才有助于对孩子在校的表现进行分析，也才能对孩子实行“对症下药”、有的放矢的教育。家访更是体现了教师对学生的关爱、学校对学生家庭的关注，因而缩短了教师与学生及家长之间的心理距离，让教师更直接、多方面地去了解学生，更客观地去对待学生，体谅学生，走进学生的心灵，融洽与家长的关系，为今后教育工作的开展打下良好的基础。因而，真正有责任感的教师尤其是班主任，总会想方设法、见缝插针地利用一切机会和途径，亲自走访每一个学生的家庭，掌握第一手资料，只有这样，才能构建起良好的家校联系平台，才能为更好地教育孩子奠定基础。

教师进入学生家庭进行家访，切忌把家访当作告状的好时机，对孩子一贬到底，这对家长、对孩子的自尊都有百害而无一利，久而久之，家访也将会失去应有的作用，受到家长、学生的反感，甚至会逐渐被“淘汰出局”。正如教学要讲究艺术一样，家访也要讲究艺术，教师和家长的地位是平等的，教师在和家长谈话时要谦虚、讲礼貌，营造和谐的谈话气氛。只有这样，家长才能向你敞开心扉。对家长的教育方式也要报以理解的态度，并适时指出某些教育方式的不足和危害，使家长端正教育态度，主动配合学校对学生进行有针对性的教育。教师家访时，要通过观察，有效利用学生的家庭环境，与家长探讨和交流家教方法，提出改进意见，特别要帮助家长发现认识上的误区和方法上的不当，引导家长以开放的心态、正确的价值观和科学的教育方法指导孩子的学习和生活，这也是作为教师对家长现场指导家教的好时机。如果教师真能以这样的姿态面对家长，相信家长也一定会真诚接受，心存感激，这样的家访必将是有成效的。

（2）加强家校联系，必须注重方式的不断改进，做到形式多样。

随着社会的不断发展和进步，人们的生活节奏日益加快，思想观念也在发生不断的变化。作为家校联系的沟通方式，也应随着时代的变化不断加以改进和完善，以丰富多彩、生动有效的形式，顺应时代的发展，满足广大家长的不同要求。因此，除了前面所述的举办家校活动和进行家访这两项传统的联系方式外，我们还可以充分利用以下方式加强与家长的联系。

1）利用网络系统互动。随着电子、通信技术的日益普及和发展，不少地区已纷纷开通了用于家校联系的网络系统，以方便家校之间沟通和交流。如苏州市网上家校等部门联合开通的“家校路路通”。它为加强家校联系提供了方便快捷的沟通平台，学校和教师可以通过网络随时发送手机短信，与家长建立联系。既可以集中发布有关信息，也可以点评某个孩子的在校表现，指出需要家长配合的方面，家长也可以留言回复，与教师进行深入讨论。这种交流突破了时空限制，有利于教师和家长充分利用网络资源进行交流沟通，取得良好的教育效果。

2）电话交流沟通。遇到突发事件或者必须及时与家长进行沟通的情况时，教师可以通过搜集保存好的电话号码随时进行联系，这类沟通方式的优点是方便迅速、时效性强。但电话联系时教师必须注意口头表达交流的艺术，针对不同家长对象选择不同的语言表达方式，使家长感到亲切、可信，从而增强电话交流的作用和效果。

3）家校联系卡。对于个别有特殊情况的学生，为了便于家校之间加强经常性的沟通，同时方便了解督促孩子的在校、在家表现，还可以使用“家校联系本（卡）”。它的主要内容有学生在校完成作业、遵守纪律、团结同学、参加课外活动、学习成绩等方面的情况，附有教师对学生的适时评价、给学生及学生家长的指导建议。联系卡由学生带给家长，家长填写学生在家的表现情况并签名后，再由学生返回给老师。联系卡可以固定时间交换，如每周一次或几次，也可以针对特定情况，在有必要时与家长交换意见，如对“问题学生”的不定期交流等。它以书面的形式成为特定学生家校联系沟通的主要手段，让家长及时、有效地了解孩子在校的学习情况，也能让学校及时了解学生在家里的情况，达到协调配合教育的目的。

（3）加强家校联系，必须依据家长的不同特点，做到有的放矢。

与目前仍以班级授课制为主要方式的学校教育相比，家庭教育有一个显著的特点，那就是既有共性又“个性”突出。共性是指家长对子女的期望值与日俱增，许多家长以子女为中心，倾注了大量的财力和精力，但并不是所有的家长都是合格的家长。很多家长在家庭教育方面存在着许多误区，如不理解子女，不尊重子女，对子女无原则的溺爱；不懂教育方法，实行棍棒教育；甚至有个别家长以适应社会发展为由，用自己消极世俗的价值观“催熟”子女等，由于教育不当导致悲剧时有发生。“个性”突出是指家长的组成是比较复杂的，其知识结构、职业类型、性格气质、修养程度等参差不齐，没有哪一种家庭教育方法是万能的，某种方法在这个家庭有效，但到另外一家则可能不灵。作为教师和班主任，应对学生家庭进行细致分析，对家长的文化水平、职业状况、年龄结构、家教思想、家庭关系等做到心中有数，在与家长的联系沟通中，才能真正做到有的放矢，具有针对性和实效性。

1）对于有教养、有水平的家长：要尽可能将孩子的表现如实告知家长，主动请他们提出教育的方法和措施，认真听取他们的意见，充分肯定和采纳他们的合理化建议，并适时提出自己的看法和建议，与家长一起，齐心协力、共同做好学生的教育工作。

2）对于溺爱型的家长：沟通交流时，应先肯定学生的长处，对学生的良好表现予以真挚的表扬和赞赏，要充分尊重家长的感情，肯定家长热爱子女的正确性，使对方在心理上首先能够接纳自己；然后再适时指出学生的不足；同时，还要用恳切的语言指出溺爱对孩子成长的危害，耐心热情地帮助和说服家长采取正确的方式来教育子女，启发家长实事求是地反映孩子的情况，千万不要袒护自己的子女，因溺爱而隐瞒子女的过失，对孩子的成长造成干扰和负面影响。

3）对于放任型的家长：教师首先要从侧面了解形成家长教育方式的原因，在与家长沟通时，既要实事求是地肯定孩子的长处、闪光点以及存在的问题，使家长认识到孩子的发展前景，激发家长对孩子的爱心与期望心理，改变对子女放任不管的态度。同时，还要委婉地向家长指出放任不管对孩子的影响，使家长明白，孩子生长在一个缺乏关心和爱心的家庭中是很痛苦的，从而增强家长对子女的关心程度，加强家长与子女之间的情感沟通，对孩子的良好发展创造一个合适的环境。有名家言："（亲子）关系好坏决定教育的成败，改变教育要从改变关系开始。"意思就是，只有当父母与子女的关系改善了，情感融洽了，这时的家庭教育才是有效的。

4）对于"后进生"的家长：我们首先要让家长逐步树立对自己孩子的信心。教师最感头痛的是面对"后进生"的家长，面对孩子可怜的分数，无话可说；面对家长失望的叹息，无言以对。对于"后进生"的家长，我们不能用成绩、分数这一个标准来否定学生的所有，要尽量挖掘其闪光点，要让家长看到孩子的长处，看到孩子的进步（哪怕是微小的），看到孩子的希望，在表扬孩子的优点时，要热情、有力度；而在说到学生的缺点和不足时，语言要委婉，这样才能让家长对自己的孩子充满期待、存有希望。只有家长对自己的孩子有了信心和希望，他才会更主动地与教师交流，才会配合教师的工作，取得良好的教育效果。

5）对于“问题学生”的家长：首先要通过多种途径分析了解问题学生产生的原因。其实，许多问题学生的产生，与早期的家庭环境、父母的教育态度和方法，都有着密切的关系，父母缺乏爱心，孩子往往也冷酷无情；父母专制粗暴，孩子也往往横行霸道；孩子常常打别人，可能是因为父母常常打孩子；有的孩子家庭从小离异，得不到健全的亲子之爱，又没有及时的心理调适，极易形成孤僻、内向、不善交流、抑郁的心理倾向，这些都是导致问题学生产生的深层根源。因此，对于这类学生的家长，更要从产生的根源入手，充分发挥教师指导家庭教育的优势，与家长及时沟通交流，逐步使家长接受教师的指导，改变家庭教育的环境和对孩子的教育态度，从而逐步转变为“问题学生”。

6）对于外来民工子女的家长：随着经济、社会的不断发展，大量外来民工子女随自己的父母进入了发达地区，进入我们的学校，形成了一个越来越大的群体。这个群体的家庭，往往由于生活所迫，家长忙于生计，疏于对孩子的教育，更加缺乏与学校、教师的沟通交流。而且由于所处生活环境的不同，个别家长还存在着重男轻女、重养轻教的封建意识。由于种种因素，这个群体的教育现状几乎还没有真正得到社会各界的广泛关注，所以这个群体的家庭教育存在的问题愈加突出。作为教师，应该首先从实行教育公平、促进社会和谐发展的政治高度，更加关注这个群体的教育，通过多种方法和手段，想方设法与家长进行交流，向他们进行有的放矢的家庭教育指导，使他们充分认识到家庭教育的重要性、家校联系的必要性，从而切实加强和重视家校联系，增强教育的实效性。

7）对于蛮不讲理、气势汹汹的家长：遇到这种家长时，我们要坚持耐心沟通、以理服人。我们作为教师一定要沉得住气，最有效的办法就是面带微笑、克制自己，不要和家长争执，更不要讽刺挖苦学生而刺激家长。通过适当的方式先让家长冷静下来，然后再充满微笑地与家长进行沟通，充分体现自己的真诚与宽容，只要让家长真正体会到教师对学生的真挚之情、拳拳爱心，那么无论是在多么尴尬或困难的场合，最终都能消除误解和矛盾，赢得家长的好感和尊重。当然，对个别蓄意侮辱教师，甚至伤害教师的家长要充分利用法律武器，维护自己的尊严和权益。

父母是孩子的第一任老师，历史的经验告诉我们，父母的教养方式直接关系到孩子的成长，而在一部分家长的家教理念还比较陈旧、落后的情况下，作为学校、作为教师，应该充分发挥自身的教育优势，通过多种途径和方法，密切与家长建立联系和沟通，切实加强家校合作。我们要通过加强家校合作，提升我们的育人质量；我们要通过家校合作，提高家长的家教水平，帮助和指导家长掌握科学的方法更好地教育孩子；我们要通过家校合作，推动学校教育事业健康持续地发展，促进社会和谐进步。

（此文发表于《长三角教育》2010年第9期，并于2013年1月获相城区2012年度教科研论文评选一等奖、2016年度苏州市家庭教育优秀论文征集评选三等奖）

以“八个好”为抓手　夯实养成教育基石

养成教育是培养学生良好的行为习惯、语言习惯和思维习惯的教育，是小学阶段学校德育工作的重点之一。它是促进学生身心健康全面发展的重要条件，是教育学生从小学做人的基础教育，也是培养学生良好品德和文明行为习惯的重要手段。因此，《中共中央关于改革和加强中小学德育工作的通知》中明确指出：“德育对中小学生特别是小学生更多的是养成教育。”叶圣陶老先生也曾经说过：“教育是什么？说到底，教育就是培养习惯。”在新的社会环境和教育形势下，培养学生养成良好的行为习惯更具有现实意义。

我校是一所规模较大的乡镇中心小学，近年来一贯注重学生良好习惯的培养，在多方研讨交流的基础上，制订了各年级分阶段习惯培养的目标并加以实施。通过几年实践，在取得一定阶段性成果的基础上，2012年起，我们结合申报的市级德育立项课题《农村小学学生行为规范和道德礼仪养成教育的研究》，适时提出将学生行为习惯培养的重点放在基础文明行为习惯“八个好”的学习、宣传、教育、训练上，以期取得更为明显的实效。

“八个好”即读好书、写好字、说好话、走好路、排好队、做好操、扫好地、用好餐。在长期的学生行为习惯训练、研究过程中，我们时常在思考，如何真正有效地加强对学生日常行为习惯的养成教育训练？我们感到要抓好学生养成教育必须有抓手，训练必须要有实质内容，要从细微处入手，从最基础的抓起。因而，我们从学生实际情况出发，对照《中小学生守则》《小学生日常行为规范》的要求，从中归纳提炼出了最基础的八个好习惯，邀请课题组成员在研讨交流的基础上，撰写了我校《学生基础文明习惯“八个好”要求》初稿，通过反复多次研讨、征求意见、斟酌修改，形成了“八个好”的具体训练内容和要求，力争做到在要求上简明扼要，读起来朗朗上口，富有童趣，为学生易于接受。

我们所提出的学生基础文明行为习惯“八个好”，重在对学生良好习惯的培养。比如“写好字”，并不是强求学生人人能写一手好字，而是重在训练学生一个好的书写习惯，一个正确的书写姿势，若养成了书写的好习惯从而能写出一手好字，也是我们所乐见的。比如“读好书”，也是读书习惯方面的要求，练“四到”：眼到、口到、心到、手到，做到姿势正、用心读等，其他每一个“好”也都是重在培养学生良好的行为习惯所提出的相应要求。通过一个阶段的尝试实践，学生文明行为习惯的培养有了明确抓手，也取得了一定成效。“八个好”正逐渐成为我校学生养成教育乃至学校德育工作的名片。

（1）以学习宣传为先导。

为了使“八个好”真正深入人心，成为指导和规范学生日常行为的准则，在正式试行前，我们充分利用校内各个阵地，从多个层面进行全方位的学习宣传。从学校层面来说，利用国旗下讲话、红领巾广播、宣传橱窗等，对“八个好”进行宣传动员；从班级层面来说，通过晨会、班会、黑板报、红领巾角等组织对“八个好”的学习宣传和逐条解读；为了便于学习对照，我们将“八个好”的具体要求印发给每个学生，张贴到每个班级，力求学生在理解的基础上逐条熟记。各班班主任结合各年级具体要求对学生晓之以理，使学生加深理解、提高认识。学校还组织相关年级的学生开展“‘八个好’应知应会”知识竞赛，调动和激发学生学习、理解“八个好”具体要求的积极性和自觉性。

（2）以实施训练为重点。

冰冻三尺，非一日之寒，学生的养成教育是一项系统工程，需要持之以恒，坚持不懈地加以训练、指导、矫正。一个良好习惯的养成是一个长期、渐进的过程，是一个教育与实践相结合的过程，不可能靠几次宣传或说教就能完成的，必须在学生明理的基础上强化训练。为此，我们以一学年为一个循环，一个月为一个“好”的训练周期，将“八个好”分解落实到一学年的教育时段中。在实施训练过程中，我们着重要求强化对学生行为习惯的指导和训练。比如在“读好书”的行为训练中，着重为学生营造书香环境和氛围，帮助学生养成良好的正确的读书姿势，班主任与语文教师密切配合，加强检查、督促和指导，促使学生逐步养成正确的读书习惯；比如在“走好路”的行为训练方面，我们着重要求抓好出堂课、课间午休、进出餐厅等的走路训练，减少甚至杜绝奔跑现象，采取切实措施矫正学生不良的走路习惯，逐步达到目标要求。

（3）以考核评比为手段。

学生良好习惯的养成离不开以正面评价为主的激励评价机制。正确、及时的评价能激励学生奋发向上、不断进取，在“八个好”的实施过程中，我们充分发挥考核评比手段在学生习惯养成训练过程中的作用。利用张贴到各班的宣传版面，通过自评、互评、教师评定等环节，对每个学生遵守“八个好”的情况进行自我对照、自我评定、组内互评、教师审定，具体步骤为：①对照要求自我验收：哪些做得好，哪些基本做到，哪些尚未做到；②对照要求，互相交流：帮助每位同学正确认识自我，对每位同学的遵守情况逐一评定；③对照要求，教师、家长进行审定：根据自评、互评情况以及教师平时了解，对每个“好”的遵守情况进行审定，并通报家长，听取家长意见。

通过以上三个环节的评定，对做得较好的学生在班级宣传版面“看谁做得最棒”栏目中以张贴“小苹果”形式进行张榜公示，为全班树立榜样。“小苹果”记录和反映了学生的点滴进步，不仅激发了孩子们不断进取、奋勇向前的勇气，榜样的力量也时时鞭策和激励着其他同学前进的脚步。

（4）以表彰奖励为契机。

在分阶段、按计划、有步骤地组织行为习惯“八个好”的养成教育训练的基础上，我们除了通过自评、互评、教师审定等环节张榜公示表现突出学生名单外，还在全校范围内开展了“文明学生”“文明标兵”“文明之星”三个层面的评选表彰活动。根据“八个好”的实施、执行情况，拟定评选标准、条件和参考比例，对照条件进行评选，在全校范围内评选出了一批“文明学生”“文明标兵”“文明之星”，然后分层次进行宣传、表彰、奖励。让大多数同学通过努力都能得到表彰、奖励，同时又都有继续努力的新的目标。以此有效提升学生整体行为习惯与文明礼仪水准，进一步推动和促进学生良好行为习惯的养成。

养成教育是学生良好道德品质的基石，实践证明：学生的养成教育只有从细处着手、从小处着眼，才能找准德育的精髓，真正做到“润物细无声”。学生行为习惯的培养只有具有明确有效的抓手，并持之以恒、坚持不懈，才能收到真正实效。

（此文2012年7月获相城区教育学会优秀论文评比三等奖）

教师需要不断调适自己的心理

世界卫生组织专家断言，心理危机和精神健康问题，将给21世纪的人们带来持续而深刻的痛苦。据2009年中国疾病预防中心精神卫生中心公布的数据显示，我国各类精神疾病患者人数在1亿人以上。这是一个惊人的数字，当然，这里的精神疾病患者大多数是指由于工作、生活、环境等各种压力所造成的精神障碍，真正对公众造成威胁和危害的比例只占其中的一小部分。教师作为公众当中一个比较典型的人群，虽然社会地位和待遇有了较大的提升，但是，因为家长、社会的期待所造成的压力，也给教师带来了不小的精神负担，所以在教师这个群体中，或多或少存在着这样或那样的心理问题，已经成为精神焦虑和抑郁的高危人群。据北京市的一份调查显示，这个比例高达66.16%，在社会竞争日趋激烈的新形势下，作为我们教师自身，也很有必要加强自我修养，提高自身内涵，不断调适自己的各种心理问题。这无论是对于自己的身心健康，还是对于自己的工作成效，都是很有必要的。

傅宏教授的作品《为心灵解压》，是一本专门写给教师的心理自助书。此书通过列举一些教师在生活和工作中最常见的困扰，渗透现代心理科学知识，组织讨论，帮助我们更好地理解问题，找到自我心理调适的方法和途径，确实是一本不可多得的好书，建议同行们都应该好好读一读，一定会有所启迪。作为教师，应该清醒地认识到当今社会各方面的压力对自己的身体、心理和专业发展、职业成就的影响。从树立正确的自我认知开始，关注自身心理健康，不断调适自己的心理，才能让自己的心态更阳光，让自己的工作更顺利、更有效。作为上级主管部门和学校管理者，也应该充分认识到教师心理健康的重要性，积极为教师创设良好的工作环境和氛围，只有这样，才能让教育之花更鲜艳，让教育之果更丰硕。

一、牢固树立正确的自我认知

从心理学的角度来讲，教师这一职业，是如今最“开放”的职业。我们的工作得接受许多人直接或间接的检查和监督——学生、家长、学校领导、上级主管部门等，乃至整个社会。这些人和社会团体都认为自己对教师的工作有评价的权利。对于教师应该怎么做，应该是什么样的人，他们都有自己不同的观念和想法。并且，教师自己心里也有“一杆秤”，随时随地都在监督着自己的工作，甚至比别人更严格、更苛刻。

因此，教师应该树立正确而且稳定的自我认知。自我认知是个人心目中对自己的印象，包括对身体、能力、性格、态度、思想等方面的认识，是一系列态度、信念和价值标准所组成的有组织的认知结构。把一个人的各种习惯、能力、观念、思想和情感组织联结在一起，贯穿于经验和行为的一切方面。个体只有树立正确而稳定的自我认知，才能正确认识自己，客观评价自己，合理要求自己，认识并愉悦地接受自己的优点和缺点，不给自己设定高不可攀的目标。同时，个体因为对自己更加了解，由己及人，也就能够客观地评价别人，理解并接纳别人的错误和缺点，对世事中的不平、不满、不尽善尽美之处能处之泰然。要淡泊名利，随遇而安，不要斤斤计较，愤愤不平，这样的心态对保持心理健康是非常有利的。

二、积极创设良好的工作氛围

教师的心理健康事关教育工作的成效和教育事业的成败，因此，教育行政部门和学校领导应充分认识到教师心理健康的重要性，要坚持以人为本，不断改进领导方式，推进人性化管理，并采取有效的措施加以落实，努力为教师营造和谐的内在环境。如学校领导要转变管理理念，发扬民主，关心教师，为教师创设宽松、和谐的工作环境，建立良好的人际关系；要提高教师的业务能力，使教师在学生的成长中体验工作的成就感；尽可能为教师解决生活困难，解除教师的后顾之忧；配备心理保健工作者，定期举办心理健康讲座，指导教师掌握心理健康的理论知识，促进教师的心理健康。在学校管理工作中，领导要善于鼓励教师。林肯说，人人都喜欢受人称赞；美国著名的心理学家威廉·詹姆斯说，人类本质中最殷切的需求是渴望被肯定。教师也一样，一切的辛勤工作同样希望得到领导的肯定、鼓励。只有在一个充满和谐、友情、宽松的环境里工作，教师才最有可能保持良好的情绪和心态，才能最大限度地发挥工作热情。

三、不断调适自己的心理状态

教师应了解自己，善待自己，帮助自己，要掌握必要的心理调适方法，努力维护自身心理健康。第一，了解自己，确认自我价值，并接受自己。古人早有明训：“人贵有自知之明”“天生我才必有用”等。很多教师由于自我认知偏差，不能正确认识自己，由此带来诸多心理问题，甚至形成心理疾病。因此，如果一个教师能正确认识自我，接受自我，扬长避短地发展自我、完善自我，就能提高自己的心理成熟度，并体现自身的价值。第二，调节情绪，保持心理平衡。现代心理学研究认为，情绪在心理疾病中具有核心作用。积极的情绪对健康有增力作用，而消极的情绪不仅对健康有减力作用，而且容易导致人的心理障碍。而教师面对繁重的工作，复杂多变的教育对象，变幻莫测的世界，难免会产生各种各样的消极情绪，如不及时疏导，不仅影响自身，更会投射到学生身上。当教师怀有不良情绪时，应该清醒地认识到自己的不良情绪对学生的影响，及时、努力地进行调节，以保持心理平衡。第三，加强沟通，完善人际交往。心理学家早就指出，人类的心理适应就是对人际关系的适应，具有良好人际关系的个体心理健康水平愈高，对挫折的承受和社会适应能力就愈强，在社会生活中也就愈成功。因此，教师要学会与人交际，善于与人沟通，将自己和谐地融入社会之中，保障健康的心理。成功的教师往往是乐于和学生及他人交往的，尤其善于与学生打交道的教师，能够真正成为学生的良师益友。第四，积极进取，认真、努力工作。心理健康水平较高的个体，其重要特点是具有积极的进取精神。他们在工作中能够尽可能发挥自己的个性和聪明才智，并从工作的成果中获得满足和激励。也只有热爱自己的教育工作，把工作当作乐事而不是负担的教师，才能够始终保持健康的心理。第五，换位思考，调整认识角度。换位思考问题，从积极的角度出发，多看主流的和正面的事物，避免以偏概全，尽量让自己保持积极、良好的心态。

大树是有根的，而根应该深深地扎在土壤里。如果没有了根，这棵树就活不下去，就算是有根的树，如果根扎得不够深，那么狂风暴雨袭来的时候，这树也许就会轰然倒下，教师的心理就是一棵树，那“根”在哪里呢？就扎在“自我调适”这片肥沃的土壤中。学会了自我调适，我们的心理会更健康，心态会更阳光，工作会更顺手，生活会更美好。

（此文发表于《教育论坛》2014年第1、2期）

浅议家庭教育与学校教育、社会教育的结合点

学校教育、家庭教育和社会教育被称为现代教育的三大支柱，它们共同构成了现代教育的完整体系。学校、家庭、社会在未成年人的教育中是相互制约、相互促进、缺一不可的有机整体。家庭教育是基础，学校教育是关键，社会教育是保证，三者具有目标一致性、内容相融性、资料整合性、教育途径多样性等特征，在促进未成年人健康成长的过程中各有优势和特点，发挥着各自不可或缺的作用。因此，三者之间没有统一的有机的联系是不完整的，只要缺少任意一个环节，就会形成教育“失效”的可能。只有将三者结合起来，互相配合，互相渗透，互相促进，协调一致，形成合力，才能在未成年人的教育中取得良好的效果，达到教育的终极目标。

但是，由于历史的原因、社会条件的限制以及错误思想的影响，目前在未成年人的教育问题上存在的问题仍然比较突出，学校、家庭、社会三方面互相联系不够，配合不力，出现了脱节的现象，如教育口径不统一，教育责任不清，工作机制不完善，价值导向扭曲等，严重影响了教育效果。在三者之间，作为教育孩子摇篮和基础的家庭教育，存在的问题尤其不容忽视，相当一部分家庭在教育孩子的问题上出现了偏差，导致学校教育、社会教育的严重失效，许多“问题孩子”的出现首先是“问题家庭”存在所导致的。因此，从某种意义上来说，现代教育的真正潜力关键还是取决于家庭的因素，取决于家庭教育的成效，取决于家庭教育与学校教育、社会教育的同频程度。但是，就客观地说，家庭教育、学校教育与社会教育均存在着不同程度的问题，主要表现在以下三点。

（1）家庭教育基础薄弱。

家庭是以婚姻、血缘关系为基础而建立起来的社会基本单位，家庭教育是影响孩子成长的最基础也是最重要的因素。家庭是孩子的第一所学校，父母是孩子的第一任老师，父母的人生态度、道德观念对孩子的影响是可以“渗透”到血液里的。家长的言行会对孩子的思想品德、行为习惯等产生一定的导向作用和潜移默化的影响。因此，家庭教育对未成年人的成长具有奠基的作用，对人的社会化有着十分重要的意义。但是，在现实生活中，目前的许多家庭教育是蹩脚的，甚至是失败的，不仅没有发挥教育的基础作用，甚至还给学校教育、社会教育带来副作用。由于部分家长的认知水平低，他们不知道研究自己的孩子，不了解孩子成长的规律，也不考虑社会对孩子内心世界的影响，不懂教育规律，因而缺乏正确的教育孩子的方法。要么一味宠爱、放任自流，要么棍棒教育、简单粗暴，由此给子女健康成长带来种种不良影响。许多家长缺乏与学校、老师配合教育的意识，只是凭自己的价值观去教育、影响孩子。例如：学校教育学生要德、智、体、美全面发展，而家长认为只要考出好成绩就是好孩子，将来就是人才；老师教育孩子要大公无私、乐于助人，家长却告诫孩子在别人面前不能吃亏。这种出于爱心的错误引导和教育，使孩子失去了许多优秀品质和善良的本性，造就了孩子的平庸自私、唯利是图，也给学校教育、社会教育造成了许多负面影响甚至反作用。

（2）学校教育独木难支。

学校是学生学习和生活的主要场所，是对未成年人进行思想道德教育的主战场，也是主渠道，担负着对学生进行系统教育的神圣使命。但是，在目前形势下，学校不能真正实施素质教育，不能真正落实“德育为首”的理念，学校在育人方面还存在着较大的问题，主要表现在以下四点。

1）德育工作未能真正做到学生心里。德育工作仍然处于“说起来重要，做起来次要，忙起来不要”的尴尬境地，德育活动往往是流于形式，不仅收效甚微，而且加重了学生对德育不以为然的敷衍心理。有的学校和教师对学生的思想道德教育习惯地采用空洞的说教的方式，而不注意利用灵活的方式启迪和感动学生；相当一部分科任老师只管教学，很少有意识地通过课堂主渠道对学生渗透思想道德教育。

2）“德育为首”的理念没有得到真正的贯彻落实。质量几乎是（说得直白一点儿就是成绩）是学校的生命线，社会评价学校、学校评价教师、教师评价学生，都是以升学率、教学成绩和学习成绩为标尺，而德育工作却成了难以量化的、无关紧要的陪衬物。学校和教师并没有真正从思想上、行为上重视德育工作，使“德育为首”的理念成了一句空话。

3）教师职业道德滑坡对学生思想道德产生负面影响。有的教师奉献精神萎缩，名利之心膨胀，丧失了教育工作者应有的品格和胸怀，他们不能公正公平地对待每一个学生；还有的教师见利忘义、唯利是图，使教师的社会形象受到严重损害。

4）社会、家庭对学生的教育与学校教育不尽统一，甚至相左。改革开放三十多年来，随着商品经济的不断发展，人们的思想、道德观念和行为准则乃至人生观、价值观均发生了极大的改变。许多家庭在教育孩子的问题上，往往急功近利，只顾眼前，与学校对学生的教育目标、教育思想不相吻合甚至背道而驰。整个社会大环境对学生的影响，往往有许多也是消极的、负面的。这些都严重影响着孩子的健康成长，消耗着学校教育的正能量，使得学校教育难以发挥应有的主导作用，处于独木难支、勉为其难的境地。

（3）社会教育问题众多。

现实是最有力的教育，青少年的思想观念往往是社会现实影响的产物。改革开放以来，先进的科学技术与腐朽的生活方式等同时涌入国门，对人们的人生观、价值观不断腐蚀、冲击。丑恶的社会现象腐蚀着青少年的心灵，严峻的社会现实割裂着青少年正在形成的世界观、人生观和价值观，社会的教育功能明显弱化，各行各业都不同程度地丢弃了社会道德文明的辐射传播功能，能够转化为生产力的自然科学成为人们关注的焦点，而指导社会文明进步的哲学和社会科学却备受冷落，缺少冷静客观的判断能力的青少年往往在现实生活中迷失方向。

综上所述，对孩子的成长而言，家庭教育、学校教育、社会教育均有着不可替代的作用，三者之间都应从各自的特点出发，发挥各自不同的教育功能。同时，三者之间又应该紧密结合，互相渗透、互相促进、协调一致，方能取得教育的最大成功。笔者认为，具体的对策可以从以下几个方面加以思考和落实。

1）强化家庭教育力度。家庭教育是国民教育的重要组成部分，是孩子接受学校教育的基础，也是孩子接受社会教育的媒介。良好的家庭教育为孩子的身心发展打下了良好的基础；不良的家庭教育则容易使孩子心灵扭曲、性格畸形，往往成为“问题孩子”。父母与孩子之间有着亲密的关系，孩子在独立走上社会之前，由于经济上对家庭的依附，情感上对父母的依恋，思想上对父母的信赖，在父母面前往往可以无所保留，这使父母比老师更深切地了解自己的孩子。父母的素养和对子女的正确而得当的教育引导，是孩子健康成长的摇篮和基础。因此，全社会应该充分认识家庭教育的重要性，政府应首先对家庭教育予以充分重视，加大对家庭教育的重视程度和投入力度，动员和号召全社会充分重视家庭教育，同时通过学校、社会机构等各种途径加强对家长的家庭教育指导，主动指导家长对孩子进行正确的教育引导和监护，提高家长“重视孩子思想道德教育，为孩子健康成长创造良好家庭环境”的意识，训练家长逐步掌握一些教育孩子的方法和技巧，全面提升家长的整体素养，提升家长的家教理念、能力和水平。

从这个意义上来说，苏州市教育局这次推出的“家庭教育课程化”项目作为政府实事工程加以实施，无疑是具有战略眼光的重大举措，必将对全市的家庭教育、学校教育乃至整个城市的文明建设起到深远的影响。

2）优化学校教育功能。学校教育是一个人一生中所受教育最重要的组成部分，学生在学校里接受有目的、有计划的教育和指导，系统地学习文化知识、社会规范、道德准则和价值观念，具有高度的目的性、计划性和系统性，优良的校风和过硬的教师队伍，对于学生的成长和成才起着至关重要的作用。因此，学校应具备先进的教育理念，着眼于学生的全面发展和健全人格的培养，大胆创新、勇于担当，制定和完善一整套适应新课标和社会发展新形势的评价体系，彻底从片面追求升学率的应试教育中解放出来；优化学校各种教育资源，强化师资队伍建设，尤其要强化师德建设，不仅要增强教师的敬业意识、乐业意识和职业规范意识，还要切实转变传统的教育思想和观念，彻底摒弃以分数、成绩作为衡量学生是否优秀和教育是否成功的唯一标准的错误观念；尊重每一个学生，关心每一个学生，相信每一个学生，切实采取因材施教的教育方法，让每一个学生在原有基础上都能尽力得到最好的发展；特别要关注和关心品德、行为、习惯及学业有偏差或者特殊家庭的学生，给予它们更多的关爱和关心，更多的指导和帮助，让这部分学生也能树立自信、扬起风帆、勇敢前行。与此同时，学校应该经常与家庭进行联系、沟通，加强家校协同配合，加强对家长的家庭教育指导，不断提升家长的家教理念和水平。当然，学校还应该尽力争取社会各界对学校工作的理解、支持和配合，共同努力，为孩子的健康成长创设良好的社会环境，这是优化学校教育功能的必由之路。

3）净化社会教育环境。学生的健康成长是一个庞大的社会系统工程，除了学校教育、家庭教育外，社会环境对学生的成长也起着潜移默化的重要作用。在这方面，政府及社会各方需要共同努力，尽力净化社会教育环境，为学生的健康成长创设一个良好的社会环境和氛围。首先，党和政府应该更加重视和关注未成年人的健康成长，扎实推进《未成年人保护法》《预防未成年人犯罪法》等相关法律法规的宣传贯彻落实，积极营造未成年人权益保护和预防青少年犯罪的浓厚氛围，从法制层面确保未成年人有一个良好的成长环境；其次，要动员和组织政府机关和社会各界、各部门协同配合，明确职责，共同承担起培养、教育未成年人的责任，对严重影响未成年人健康成长的有关场所坚决依法依规取缔，要在净化社会环境、营造良好风尚，为青少年健康成长创造良好条件上下功夫；再次，政府部门要加大对青少年文化设施建设的投入和监管力度，要将青少年公共文化设施建设纳入财政预算，足额下拨，按标准建设文化馆、体育馆、图书馆、少年宫、青少年活动中心等场所，让青少年学生在课余时间和节假日有健康、休闲、娱乐、学习的场所。

总之，未成年人的健康成长以及全面发展是在科学的学校教育、家庭教育和社会教育的合力下逐渐完成的。未成年人的教育起始于家庭教育，贯穿于学校教育，体现于社会教育。因此，只有建设健全学校、家庭、社会相结合的完整的教育体系，实现教育在时空上的紧密衔接和内容、方法、途径上的有效结合，才能促进未成年人的健康成长，实现教育的终极目标。

（此文获2016年度苏州市家庭教育优秀论文征集评选优秀奖）

德育实效低下呼唤教师德育专业化

“德育为先，育人为本”“人人都是德育工作者”是我们耳熟能详的德育口号，可是在现实生活中，学校德育的实效性却总不尽如人意。

一、当前学校德育实效低下的原因分析

从实际来看，导致当前德育实效不高的原因是多方面的，主要因素可归结为两个方面。一是社会方面的因素。当前社会处于转型时期，一些原有的、传统的文化、道德观念和德育模式已越来越不能适应时代发展的新要求，经验的、落后的德育举措和方法也已经不能满足当代学生的心理需求，现代社会文化和价值多元化亦猛烈冲击着学校德育，青少年接受新事物迅速，对新的价值观念敏感的特点，也使得其常常在外界诱惑或内部不正当需求的推动下，产生了不少与学校德育初衷相违背的行为。如自觉性差、自制力弱、行为失范、心理失衡，个别甚至道德沦丧，上述种种现象的出现，不仅给学校德育的实效造成了客观影响，同时也给目前的学校德育工作提出了新的挑战。二是学校方面的因素。首先，目前学校德育工作中不同程度的存在着形式主义倾向，没有真正考虑过对学生品德形成及发展的要求，这样的活动出发点必然导致活动实效低下；其次，德育脱离生活，脱离实际的现象比比皆是，由于对德育缺乏真正足够的认识和研究，学校提出的德育要求往往脱离生活实际和思想实际，使得学校德育与现实生活之间存在着较大的差距，学生很难形成有益的道德体验，因而往往表现出对德育的厌倦，很难

产生兴趣和共鸣。由于许多活动纯粹是为了应付而活动，没有注意到把德育同家庭教育结合起来，没有把德育同社会评价结合起来，没有把德育同学生的日常生活结合起来，这样的德育不可能形成真正意义上的教育合力，因而便不可能取得真正的实效。当我们把目光放到更多的德育活动时，我们会更深切地感受到，现实生活中我们有多少德育活动是经过研讨和精心设计后达到专业水准的活动呢？事实上，作为全员育人实施者的教师来说，在任教之前和任教之后，很少有机会对德育工作有关的知识、技能有足够的了解和掌握。这也是导致当前德育实效低下的重要原因之一，因此，要提高学校德育的实效性，除了减少不必要的干预之外，从学校内部来讲，切实提高教师的德育专业化水平迫在眉睫，德育实效低下呼唤教师的德育专业化。

二、教师德育专业化的途径和方法

所谓教师的德育专业化，就是指教师应具备起码的从事德育工作的专业素养。教师的德育专业素养主要是指：教师对教育对象的品德发展特点与规律性的理解，教师对德育的目的、过程、途径、策略、方法与技巧等问题的认识，以及对相关事务的实际处理能力等。可以说，教师的德育专业素养直接影响到教育活动的具体开展及其效果，教师德育专业化所应具备的专业素养，如德育观念与技能等，一方面要靠教师对教育理论知识的研修中获得，另一方面要在实际工作中培养和提高。教师的德育专业化呼唤教师德育意识的生成和觉醒，教师的德育意识是指教师作为德育过程的主体，对自己言行的德育意义及德育活动的性质、结构、内容始终保持清醒认知的意识。教师德育意识的生成和觉醒，源于教师与他人的交往实践。如，通过观摩其他教师的德育活动，通过与同事的热烈研讨、合作探究等途径，教师的德育意识逐渐被唤醒。因为在与他人的交往实践中，教师能体会到他人的教育主张、立场及教育行为背后的内在观念，通过对话的过程，达到反思自己的教育观念与教育行为的目的，进而促进自我德育意识的澄清与增强，在不断的交往实践过程中，教师德育意识的水平才能得到提高，德育意识的科学性与正确性才能得到检验。

教师的德育专业化呼唤教师德育能力和水平的提高，教师的德育能力是指教师有效完成德育、达成德育目标的能力。完善的德育知识、先进的德育理念、强烈的德育意识、合适的德育时机、多样的德育方法、优化的德育评价方式是教师提高德育能力的重要方面。教师德育能力是影响学生品德发展的重要因素，时代呼唤教师德育能力的提高，需要教师德育能力的专业化，要有效提高教师的德育能力，不仅需要学校等相关部门做好培训，更需要教师自身的努力与实践。

（1）教师要加强德育知识的学习研究。

丰富的相关知识是形成基本能力的基础，只有具备完善的德育知识和理论，才能形成相应的德育能力。教师应该具备的德育知识包括两个方面：一是“本体性知识”，即德育的相关概念、内容、原则、规律等知识；二是“工具性知识”，即德育途径、德育模式等相关知识。如德育途径包括直接途径和间接途径，德育模式包括认识发展模式、价值澄清模式、体谅模式、集体教育模式、社会学习模式等，本体性知识和工具性知识共同发挥作用才能完成德育过程。通常情况下，教师对于学科专业素养方面的要求认识比较清楚，参加的专业培训也比较多，而相对忽视了德育专业素养的培训和提升。其实这两方面的素养是有严格区别的，教师要实践和达到德育专业化，就必须关注和提高自身的德育专业素养，作为一名教师，要履行好教书育人的职责，那就必须在学习掌握相关专业知识的同时，注重加强德育知识的学习和研究。只有这样，才能为完成育人的任务、成为德育专业化的教师奠定良好的基础。

（2）教师要更新德育观念，强化德育意识。

教育的本质应该是促进学生的成长，赫尔巴特的著名论述“道德是教育的最高目的”已经得到越来越多有识之士的认可。历史的经验和无数的现实也告诉我们，想要获得真正的成功，得到社会的认可，必然是道德高尚的人。所以现在德育中的生命教育、情感教育已经越来越受到人们的关注和重视。从这个意义上说，德育不仅仅是德育专员的任务，每一位教师都应该承担起德育的职责。这就需要教师及时更新德育观念，强化自己的育人意识，切实树立起德育为先、育人为本的理念。

（3）教师要善于抓住德育契机。

合适的德育契机能够达到事半功倍的教育效果，课堂教学是德育的主渠道、主阵地，为德育提供了许多合适的教育契机。学生在学习教材内容时，会有心灵的震荡，会有情感的共鸣，教师抓住这样的时机进行德育教育是促进学生品德成长的关键点，捕捉恰当的教育时机，有针对性地进行德育教育，能够达到理想的教育效果。

（4）教师要优化德育方法。

长期以来，我们在德育方法上过于简单，其主要表现是注重单向灌输，弱化主体作用。这样的德育方式势必会造成学生主体性的丧失，不会产生独立的情感体验，而且往往使学生反感，影响了学生道德自觉性的发展、道德自主判断与选择能力的培养。德育专业化要求教师能够很好地掌握各种方法的设置，德育方法包括情感陶冶法、说服教育法、实践锻炼法、榜样示范法等。因此，教师要努力优化德育方法，有针对性地选取并合理使用德育方法，才能最大限度地取得德育效果。

（5）教师要改变德育评价方式。

普通的学科课程可以通过考试进行评价，但是德育的特殊性决定了不能通过考试和分数来评价学生的品德素养。这就需要教师通过多方面、多角度去了解学生，通过细致到位的工作，抓住学生的思想动向，掌握学生品德表现，在具体的情景和行动中对学生做出指导和恰如其分的评价，切忌以智育成绩推断学生的品德发展。因为那样是对学生极不负责的表现，也势必失去德育应有的功效和魅力。

教师的德育专业化不仅仅是德育教师、班主任的专业化，更是学校全体教育工作者都应当掌握现代化的德育知识和技能，实现其德育素养的专业化发展，如果我们每一位教师都能够提高自己的德育专业化水平，那么，“人人都是德育工作者”就能从良好的初衷落地成为现实。

（此文发表于《苏州德育》2017年第1期）

管理篇

激发参赛兴趣，培养参赛能力

学校教育的根本任务是培养德、智、体、美、劳全面发展的合格人才，而组织和指导学生参加校内、外各类竞赛，对于全面贯彻方针，开阔学生视野，扩大学生知识面，培养多方面能力具有重要的意义。正是本着这样的认识，我们在具体工作中进行了探索，在探索过程中获得了启示，收到了效果。

一、健全组织，加强领导，是搞好参赛工作的必要措施

为了组织和指导全校同学参加竞赛活动，我们首先建立、健全了学校、班级两级竞赛活动小组。先由各班推荐各方面能力较强的同学组成班级竞赛活动小组，再由各班竞赛活动小组组长组成学校竞赛活动小组，这样从上到下形成了组织、指导竞赛的网络。为了加强领导，我们指定一名教导主任具体负责，坚持组织好每周一次的竞赛组活动，及时为全校同学提供竞赛信息，进行竞赛辅导，从而为参加各类竞赛活动做准备，提高了参赛的质量。

二、大胆鼓励，激发兴趣，是调动参赛积极性的有效手段

为了使更多的同学参加各类竞赛活动，我们从少年儿童的心理特点出发，对积极参赛的同学予以鼓励，对获奖同学进行大力表彰奖励。在校会或班会中分享他们的经验，使同学们看到了自己的潜力，极大地调动了同学们

参赛的自觉性和积极性，参赛的同学逐次增多，参赛水平逐步提高。现在，全校已初步形成踊跃参赛的良好风尚。

三、精心辅导，及时总结，是提高参赛成绩的有力保证

在组织学生参赛过程中，我们除了鼓励学生踊跃参赛外，还注重组织有关教师做好对各类竞赛的辅导工作。首先，每次竞赛前，我们都要求参赛同学明确竞赛的目的和要求；其次，要求参赛同学独立思考，教师则提供有关材料进行辅导；最后，及时总结、表扬和推广学生中一些较好的参赛经验和方法。由于采取了以上措施，一年多来，先后有4位同学在全国性竞赛中获奖；1个中队获全国红领巾小建设竞赛优秀奖；1位同学被评为“全国好少年”；6位同学的文章、文摘在县内外少儿报刊上发表；3名同学在县级竞赛中获奖。尤其可喜的是，同学们的参赛积极性得到空前提升，形成了积极参赛、踊跃参赛的良好氛围。

这既为学校争得了荣誉，又使参赛同学从中得到了锻炼，增长了才干，对培养全面发展的一代新人，起到了一定的作用。我们将继续建立和完善竞赛奖励制度，为更好地开展竞赛活动、提高学生全面发展素养而努力。

（此文发表于《教育天地》1989年第2期）

重视合同制教师的管理，促进教育质量的提高

我们黄埭中心辅导区现有合同制教师64人，占全辅导区专任教师总数的三分之一。这些教师绝大多数是30岁以下的青年人，且担任班主任及中、低年级教学的居多。如何尽快提高这部分教师的教育教学水平，使他们较好地胜任各自的工作，直接关系到教育质量的全面提高。为此，学校领导经过多次调查研究，决定针对这部分教师年纪轻、精力足，但教学水平普遍不高的现状，采取一系列措施，加强管理，切实提高他们的政治素质和业务素质。

一、加强思想教育，及时树立典型

合同制教师普遍年轻，上进心较强。我们根据这一特点，注重加强对他们的思想教育，根据各校反映及中心校领导在视导过程中了解到的情况，在每月召开的教师辅导会上，对工作认真负责、积极上进、教学成绩显著的合同制教师及时加以表扬和鼓励。例如，倪汇小学的4位合同制教师，在老教师的带领指导下，通过自己的努力，在教育教学方面取得了显著的进步，受到领导、同行的一致好评。在合同制教师课堂教学“评课定格”活动中他们的课效果较好，中心校就及时总结推广他们的经验，号召全体合同制教师向他们学习，从而有力地调动了全体合同制教师的工作积极性。

二、加强常规检查，及时督促指导

合同制教师虽然年轻、精力足、上进心强，但毕竟未经过正规的专业训练，教学实践锻炼的时间又短，故迫切需要帮助他们提高教学水平，使他们逐步胜任教学工作。为此，中心校领导会同各村校领导，根据县局教师工作"六认真"常规要求，对合同制教师加强了常规检查指导。通过听课、检查备课、作业、谈心，逐个了解他们的"六认真"情况，好的及时鼓励；普遍存在的问题，除了个别交换意见外，还利用辅导会进行辅导纠正；对于少数教学确实困难的教师，及时予以面对面指导，并进行重点帮助。例如，中心校领导视导时，发现某小学一名合同制教师上课水平低下，"六认真"常规执行较差，便及时与其交换意见，提出改进措施，明确努力的方向。过了一段时间，中心校领导又专程去该校，再次听该老师的课，又一次进行了具体的指导，使这位教师的水平有了较大的提升，对其他合同制教师也起到了一定的推动作用。

三、加强制度建设，及时鼓励推动

为进一步调动合同制教师的积极性，全面提高教育质量，我们从调查摸底入手，采取了一系列措施，建立健全必要的奖励制度，推动和促进了全乡教育质量的提高。首先，从本学期起，我们在全乡合同制教师中，开展了"评课定格"活动，对全乡64名合同制教师的教育教学工作逐一进行全面评估考核。这项活动的开展，一方面使中心校领导及时了解每一位合同制教师的教学现状，便于有的放矢地做好指导工作；另一方面极大地调动了这些合同制教师教书育人的积极性，涌现了不少教学成绩显著、教学水准较高的青年合同制教师。如中心校的陈老师、卫星小学的钱老师、斜桥小学的顾老师、倪汇小学的杨老师等，均是合同制教师中的佼佼者。其次，在全乡合同制教师"评课定格"的基础上，我们准备举办合同制教师优质课汇报活动，及时推广和介绍先进的经验，供大家学习。再次，我们还设想在乡政府的支持下，对全乡合同制教师试行工龄、教龄津贴，以鼓励他们长期安心从事教育工作；对评课定格中成绩优异的合同制教师要嘉奖晋级，从制度上保护这些教师教书育人的积极性。

以上这些措施的落实，从一定程度上较好地调动了合同制教师的工作积极性和责任感，为全乡教育工作的正常开展、教学质量的全面提高打下了基础，取得了较好的效果。

（此文发表于《教育天地》1992年第1期）

全面贯彻教育方针，着力抓好艺术教育

艺术教育是学校实施素质教育的一个重要方面，深入开展艺术教育，是学校全面贯彻方针，深化素质教育，促进学生全面发展，培养和造就高素质人才的有效途径。近年来，我校从全面、完整地认识素质教育的高度出发，进一步提高了对艺术教育重要性的认识，加大了开展艺术教育的力度，有效地促进了学生的全面发展和素质教育的不断深化，取得了一定的成绩，也摸索出了一些有益的经验。

一、更新观念，明确学校艺术教育的指导思想

我校是一所普通的农村中心小学，长期以来，由于受“应试教育”的影响以及师资水平的制约，艺术教育一度处于可有可无的状态。随着素质教育的不断深化，我们对全面贯彻方针、实施素质教育有了更深、更全面的认识。我们充分认识到加强学校艺术教育已成为深化教育改革、实施素质教育的刻不容缓的任务，也认识到没有良好的艺术教育的教育，是不完整、不健全的教育。在提高认识的基础上，我们根据实施素质教育的要求，明确提出学校教育的培养目标是“合格加特长”。所谓“合格”，就是要求全体学生的德、智、体、美、劳等诸方面的素质得到全面和谐的发展和提高，达到一定的标准；所谓“特长”，就是针对学生实际，实行因材施教，使学生的个性、特长得到充分发展。这一要求，体现在学校艺术教育上，就较好地解决

了“普及与提高”的问题，解决了提高整体艺术素质与培养艺术特长生的问题。本着这样的思路，我们在近几年的艺术教育工作中，一方面致力于抓好艺术类课程的课堂教学；另一方面着重抓好各类艺术兴趣小组的活动，切实提高其活动实效，使学校艺术教育得到健康发展和整体提高。

二、多方努力，加强艺术师资队伍建设

多年来，像我校这样的农村中心小学艺术教育师资严重缺乏，已成为制约学校艺术教育的关键因素。为此，我们在调查分析的基础上，进一步摸清了本校艺术教育师资的现状及需求，把逐步建设好一支有一定素质的、校内外结合的艺术教育师资队伍作为抓好艺术教育的首要环节，通过多方面的争取和努力来达到这一目标。一是积极向上级争取艺术类师范毕业生到校任教；二是从多余的幼师毕业生中选拔有艺术才能的教师充实小学艺术教育师资队伍；三是对原有艺术教师通过多种途径组织培训、外出参观学习，不断提高其自身艺术素养及教学水平；四是充分挖掘社会上的艺术师资因素，聘请有丰富经验和艺术才能的人员充实课外兴趣小组辅导老师队伍。通过几年来的努力，我校已初步建立起一支有一定数量和质量的艺术教育师资队伍，基本保证了艺术教育的需求，有力地促进了学校艺术教育水平的提高。

三、深化改革，切实提高学校艺术教育质量

多年来的教育实践使我们深切体会到，提高学校教育质量的根本出路在于深化教育改革，作为学校全面发展教育重要内容的艺术教育亦是如此。为此，我们采取了多种有效的措施，通过深化改革来切实提高学校艺术教育的质量。一是抓课堂教学水准的提高。在确保各艺术类课程按计划开齐上足的基础上，注重抓好艺术类课程的课堂教学质量，通过统一备课要求组织各种教研活动、观摩公开教学、组织专题培训、外出参观学习等形式，努力提高课堂教学水准。二是开展多种形式的有一定覆盖面的课外兴趣小组活动。学

校成立了各种学生艺术兴趣小组，有书法、美术、绘画、民乐、合唱、舞蹈等十多个小组，有目的、有重点地培养学生的兴趣，发展学生的特长。如每年组织一届校园艺术节，已连续成功组织了九届，取得了可喜的成果，为高一级学校及社会输送了“三朵花”（三姐妹）等一批艺术人才，提高了学校的知名度，中心校近年来参加艺术兴趣小组活动的同学空前增多，在社会上有了较好的反响。三是组织学生积极参加各类艺术比赛及活动，展示艺术教育的成果，培养学生的艺术兴趣。如中心校民乐队成立时间虽仅几个月，但在老师的精心组织和指导下，已取得明显的成效，不久前在市中小学艺术节分片区预赛中获片区第二名，与学校舞蹈节目双双进入市决赛并分获二等奖，为学校争得了荣誉。

几年来，通过各方的努力，我校的艺术教育正方兴未艾，为全面贯彻教育方针、促进学生全面发展奠定了扎实的基础。今后，我们设想进一步加强对艺术教育的领导，加大对艺术教育的投入力度，积极创造条件，在继续着力提高艺术教育教学质量的同时，组建好少儿艺术团，为创造学校艺术教育更辉煌的明天而努力。

（此文发表于《吴中教学》1999年第2期）

试论暗示在学校教师管理中的作用

学校公关学认为：所谓暗示是指人或环境在有意或无意的情况下，以含蓄、间接的方式向他人发出某种信息，以期对他人的心理和行为产生影响的过程。一般认为暗示是观念的传播，它可以使人自觉地接受特定的观念或意见，并以此为出发点规范自己的行为。正因为如此，暗示作为学校公共关系活动中经常使用的基本方法之一，在学校管理工作尤其是教师管理中，有着独特的意义和作用。

有经验的学校管理者或教育者在自己的工作中，往往会恰当、合理地利用暗示这一心理机制对人的心理或行为产生影响，使其产生与暗示者期望相一致的结果，从而收到意想不到的教育效果。在学校管理活动中，作为学校管理者，应该充分认识到教师工作的特殊性，理解和把握教师的心理特点，恰当地利用暗示这一心理机制，使其发挥应有的作用。

一、正确认识暗示的独特意义和作用

（1）从教师的心理特征看，教师作为知识分子的一部分，他们经常受为人师表的暗示和约束，这也锻炼和培养了他们较强的自尊心。他们一方面感知到自身在社会生活中地位的重要，另一方面也希望得到全社会的重视和尊重，对于生活上的清苦和工作上的艰难具有较强的忍受能力。大多数教师能甘于清贫、乐于奉献，但却受不了自尊心的伤害，容不得他人对自己人格的损害。一部分教师性格比较内向，即使情绪有起伏、心理有障碍，总是尽可能加以掩饰，在同事或学生面前表现出一副若无其事的样子。现实生活中往往有这样的现象：有的教师对校长或学校有意见或要求，宁可采用书面形式加以反映，也不愿与领导面对面的接触；有的教师工作中出现了失误，领导或同事几句宽慰的话就可以使他陷入深深的自责，而声色俱厉的批评指责反而会触发他强烈的抵触情绪。作为学校管理者，应当清醒地意识到教师的自尊心一旦受到伤害，所形成的心理对抗状态往往很难缓解，甚至会发展为逆反心理。暗示，恰恰适用于教师的这一心理特征，可以充分发挥教师自我调节、自我矫正的心理功能，满足教师自尊、自重的心理需要。因此，对教师的某些方面的失误进行批评教育时，一般可以采用暗示或旁敲侧击的方式，往往会收到较好的效果。

（2）从教师的职业特点看，教师劳动既不像物质生产那样有固定的工艺流程，也不像一般科学研究那样规范有序。教师劳动是一种饱含着自身丰富情感，溶入了自身创造才能，以活生生的各具个性且不断发展变化的人为对象的复杂劳动。因此，学校管理者对教师的管理就不能局限于单一的行政命令，也不能停留于机械的程序安排，而更多地需要一种以情感沟通为基础的心理效应场，以激活和调动教师内在的积极的创造因素。美国近代心理学家勒温曾提出著名的“场论”理论，认为个体行为是被场内的全部情况决定的，而每一个整体都有其特定的心理空间，即“场”，也就是在特定时间内影响个体的心理因素的总体。暗示恰恰以含蓄的方式，为教师创设了心理相容的整体环境，从而也就为其提供了广阔的思维空间。教师在揣摩、领悟的过程中，会触发出丰富的联想，正如美国教育家杜威所说：“某一问题吸引了他，以这个问题为起点，各种问题的情况会自然而然地展现在他面前。暗示的潮流不断向他流去，新的探明和新的解释不断涌现。”这样的效果是一般的行政指令和空洞说教所无法达到的。

二、全面理解和掌握暗示的基本特征

暗示基本上属于心理学范畴，其前提条件是“无对抗态度”，双方情感格格不入，自然是话不投机半句多，只有双方心理相容才能心有灵犀一点通。这就要求学校管理者把握人的情感机制，深入到教师的情感世界中，留心每一位教师的个性心理特征，在与教师交往中，努力做到“宽而不僈，廉而不刿，辩而不争，察而不激，寡立而不胜，坚强而不暴，柔从而不流，恭敬谨慎而容”（《荀子·不苟》，努力增加与教师思想上的切合点。

暗示的基本特征之一是含蓄。含蓄不是含糊，含蓄必须以洞察、明晰为基础，必须有特定的思想内涵，如果做不到这些，会使对方如堕五里雾中，甚至会发生误会，非但收不到积极的效果，反而会产生许多负面影响。因此，学校管理者必须深入实际，注重调查研究，尽可能地掌握第一手资料，并且要有敏锐的洞察力，善于从教师的举动、神情、言谈中准确把握其思想动态，从而恰当而有效地进行暗示。

暗示的又一基本特征是间接。正因为间接才更讲究“度”的把握，过于直露就不称其为暗示；过于暗含又不得要领；过于典雅令人费解；过于粗俗又不免显得轻佻、要噱头。暗示完全靠暗示者根据具体对象、场合、时机灵活把握，不可能有固定的模式和套路，也正因为其间接，才更讲究艺术，措辞、语调、神情、姿态都要发乎自然，形成整体性的气质和风度。这就要求管理者要有丰富的知识积累，要有良好的思维品质，还要有健康的心理素质。广闻博记，纵横捭阖，这本身就有很强的感染力，能像磁石一样将教师吸引进预设的心理氛围，这时的暗示就有了坚实的思想基础。

三、充分发挥暗示在教师管理中的作用

暗示作为学校管理工作中的一种有效方法，其方式是多种多样的。在学校的教师管理工作中，我们主要应正确运用以下几种方式，充分发挥其独特的作用。

（1）语言暗示。

语言是人类进行沟通交流的主要工具，因此，语言暗示也是教师管理中常用的暗示方式。用作暗示的语言，应当是一种高度艺术化了的具有特定含义的语言，或双关，或移就，或“顾左右而言他”，都要“引而不发，跃如也”。言简意赅、含蓄隽永固然是暗示；娓娓道来，不显山不露水，同样是一种暗示。可以用口头语暗示，也可以用书面语暗示。据说“一战”时某国有一新兵营曾招进一批没有文化，又有不良的生活习惯的新兵。训练营的军官给新兵印发了一些家信，内容很普通，都是说他们在军营里已养成了新的生活习惯，如每天早起刷牙，睡前洗脚，衣服鞋袜放得有条不紊等，并让新兵学着阅读和抄写。说也奇怪，一段时间之后，这些新兵竟真的逐渐克服了这些不良习气。这就是语言暗示的结果，对于学校管理者和教育者是很有启发，很值得借鉴的。

（2）神态暗示。

英国当代著名哲学家波兰尼认为，人类的知识既有言传的，也有意会的。对每个个体而言，“意会知识比言传知识更基本。我们能够知道的比我们能说出来的东西多，而不依靠不能言传的了解，我们就什么也说不出来”。正因为如此，校长必须十分重视神态的不可言传、只可意会的暗示功能。一个手势，一种姿态，都会引发教师相应的情感体验和心理活动。二十世纪三十年代初，已在海外取得博士学位的王力在清华大学任教，一两年后，他没能按常规晋升职务，当时的系主任朱自清教授向前来询问原因的王力报之一笑。这一笑使王力一下子意识到：自己在所教专业上还缺少学术成果。在此，王力的睿智、顿悟得到了充分的体现。后来，朱自清的这一“笑”成为鞭策王力专注语言学学术研究的不懈动力，一代名师由此而诞生。

（3）环境暗示。

一位教育界人士曾多次说过，要让学校的每一寸地、每一面墙、每一幢楼都会说话，都能成为一首无声的诗、一幅立体的画。这实际上是强调了环境的熏陶作用。熏陶也是一种暗示。教育家朱小蔓在《情感教育论纲》中指出：“外部自然中的无数形式和现象都是与我们的内心世界息息相通的。审美知觉经过培养，自然外物崇高、细腻、优美、曲折、变化等特定外在形式便容易与人的特定内在心理状态形成同形同构关系，从而产生一种特定的感受。”孟母三迁，就是因为她懂得环境对人的影响十分重要。一所学校，整洁、优美、怡人的环境有教化作用，良好的校风、教风、学风同样具有潜移默化的作用。我们的管理者如能有意识地组织教师为学校出谋划策建设校园环境，就更能陶冶他们的情操，促进他们迈向崇高的精神境界。

（4）人格暗示。

学校管理者尤其是校长应该是一所学校的灵魂，是最重要的学校管理者，是教师的教师，其言行举止对教师是一种无声的暗示。作为校长，应当努力按照自身角色的规范要求和行为准则塑造自己的人格，因为这种人格形象本身具有很强的影响力，这也是古代教育家孔子所推崇的“无言之教”。暗示是一种特殊的信息传递方式，许多不能直接表达的，不能公开表达的，不能用确切的概念表达的，一经暗示，思想沟通的渠道便都豁然通畅。然后，暗示又与双方的修养、风度、阅历、性格、心境等密切相关。尤其对于暗示者来说，更是学说、经验、境界的自然体现，一时模仿和刻意追求都是难奏效的。

暗示的根本目的在于“示”，在于给对方以疏导，以启迪，以激发。因此，暗示必须有明确的指向和目的。从这个意义上看，暗示多是善意的、积极的。因此，作为学校管理者，首先必须充分认识暗示的独特意义和作用，恰当而有效地运用好暗示这一心理机制，使其发挥有益的管理功能；其次必须要有宽广的胸怀和崇高的境界，“贤而能容罢，知而能容愚，博而能容浅，粹而能容杂”（《荀子·非相》），坚定不移地引导教师充实自己、完善自己、发展自己，只有这样，才能收到事半功倍的管理效能。

（此文发表于《教育论坛》2001年第1期，获中华教育文丛全国优秀论文评比二等奖、江苏省教育学会优秀教育论文三等奖、苏州市教育学会优秀教育论文评选二等奖）

对新课程改革的一点理性审视和反思

基础教育课程改革实施至今已将近六年，对于这次课改，从教育部，以及各级教育行政部门到基层的学校和老师，都倾注了极大的热情，花费了大量的人力、物力和财力。实验的范围从小学、初中延伸至高中，从实验区扩展到全国，范围之广、力度之大是史无前例的，堪称是教育领域的一场深刻“革命”，既然是一场“革命”。那就势必要有大动作，要有新气象，要与传统的教育思想和教育观念泾渭分明。于是乎，课改在“革”了传统的“命”的同时，出现了矫枉过正的问题，一时间，课改领域可以说是百花齐放，各种观念、思想纷纷登场，着实热闹了一番，但是激情过后，一部分观点中存在的问题也逐渐开始暴露。比如，对接受式学习的全面否定；在注重过程和方法、情感态度与价值观的同时，忽视了“双基”的培养和训练；在注重发展学生的主体作用的同时，削弱了教师的主导地位；在注重以人为本的同时，抛弃了必要的惩罚教育。经过近六年的实践和思考，面对新课改，我们应该而且能够以一种更加冷静的心态对此进行反思和审视，知道在新课改中真正应该舍弃什么，保留什么，只有这样，才能保证新课改的航船乘风破浪，勇往直前。近日，教育部已宣布将对已实施近六年的新课程标准进行全面修订，正是顺应了这一历史潮流的一项重大举措，必将对新课改的实施起到正确的导向和推动作用。

有鉴于此，笔者认为，在当今新旧体制、新旧理念不断交替之时，我们更应该保持清醒的头脑，以理性的态度审视当今新课改中出现的某些理念，坚守住正确的东西。

（1）传授知识依然是我们教师的一项神圣职责。

韩愈《师说》云："师者，所以传道授业解惑也。"可见传授知识是我们教师的基本职能之一，这也是历经教育理论论证和教育实践检验过的我国广大教师的共识。令人不可思议的是，随着新课改的实施和不断深入，贬低知识传授价值的声音此起彼伏，有人认为只要教会学生学习的方法，学生自己学会学习就可以了。这种论调认为：在知识经济社会，学会学习远比掌握知识重要得多，授人以鱼，不如授人以渔嘛！应当承认，掌握某一具体知识的重要性确实比学会学习要小得多，但是必须清楚的是，学习能力的提高，只有在掌握知识的过程中才能不断得以实现。难以想象，一个脱离了学习知识的人，能够掌握什么学习的方法。在新课标中，知识被摆在三维目标中的首位，只有实现了这个目标，才谈得上情感态度和价值观的培养，才谈得上让学生学会学习。还有一种论调认为，让学生掌握知识是重要的，但不能靠传授，主张让学生在自主探究中掌握知识，而不能由教师来传授，其实，这里我们必须首先搞清楚的一个概念是：传授并不等同于灌输。新课改提倡教学目标的多元化和教学形式的多样化，但并不反对"传授"，更不反对"知识"，只是认为"知识"不再是教学的唯一目标和终极目标；也不再局限于书本知识，传授的途径更是不能局限于灌输。因此，我们在教学过程中不能一味地追求标新立异，追求让学生自主探究而不考虑具体的教学内容和学生的实际情况。这样的课改是注定要走入死胡同的，不可能有真正的生命活力，也是与新课改精神相背离的。

（2）教师依然是课堂教学的核心。

新课改强调学生是学习的主人，教师是学习的组织者、引导者和参与者，要求打破传统课堂教学中"教师是权威"，教师主宰课堂的陈规陋习，突出学生的主体地位。有人据此认为，现在的新课改就是要让教师主动隐退，从幕前走到幕后，让学生走上讲台。于是乎，课堂上出现了教师该讲的不敢讲，该导的不敢导，放任学生"自主探究""合作学习"的局面，其结果只能是教学效率低下，教学秩序失控。

我们认为，强调学生的主体性和在教学中的主体地位，并不等于排斥教师的主导作用和否定教师对于教学所应承担的责任，相反更应注重发挥好作为组织者、引导者、参与者的作用。因而，在实施过程中不能矫枉过正，片面扩大学生的自主性，把教师挤到教学舞台的幕后，使教学处于放任自流的状态，更不能让教师完全放弃自己的责任，变成课堂上无所事事的人。教师依然是课堂教学的核心，而且应该是实实在在的核心，没有这个核心，我们的教学终将一事无成。当然这样的核心不再是拿着一本教材和教参让学生接受灌输的人，而是真正的引导者、组织者、点拨者。如同导游，他将游客引入胜境观赏时，真正优秀的导游不会置身事外，当游客面对巍然高耸的雪城高原美景，依然不解时，他一定会适时出面做精彩解说。教师的核心作用还应该体现在他在讲解时还要像仙人指路，在学生的思路出现闭塞时轻灵而高妙地一“点”，即收到“柳暗花明又一村”的奇效，这样的讲解不再是灌输，而是点拨、启迪；这样的课堂才充满灵性、和谐。在这样的课堂上，教师还要对课堂教学秩序适时进行组织调控，以保证教学活动的正常开展，以提高教学的实效。

（3）考试依然具有重要的价值。

新课程的核心理念是以人为本，一切为了学生的发展，注重培养学生的创新精神和实践能力。因而，有一种观点据此认为，在新课程实施的今天应该逐步取消和废除考试，认为考试是对学生个性和创造力的扼杀，只有取消了考试，学生的创造力才能真正得到锻炼和提高。结果是考试的功能被削弱了，学生的能力却不见提高，而对“双基”的掌握也随之削弱，受到了社会及家长的质疑。实践证明，新课程改革虽然是以培养学生的学习能力和创造能力为宗旨的，但在目前形势下仍然不能离开考试这一有效的评价、检测和调控手段。在没有更科学、合理的考核评价手段代替考试的今天，在高考依然存在，依然是选拔人才的最公平、最公正的主要方法的今天，考试依然具有重要的价值。试问：没有了考试我们如何准确地了解学情，如何科学地据此调整和改进我们的教学。可以预见，在今后一个相当长的时期内，考试必将与新课改形影相随，仍有其存在的合理性和重要的价值。

那么，肯定考试存在的合理性，肯定考试的重要价值是否在走“应试教育”的回头路呢？应该明确的是，新课改与“应试教育”的本质区别不在于要不要考试，而在于考评视角与方法的多层次、多样化。新课改强调的是要建立评价目标多元、评价方法多样的评价体系，对学生学习的评价不仅要关注他们学习的结果，更要关注他们学习的过程。因此，新课改并不等于不要考试，而是期望通过评价和考试内容及方式的改革，更好地发挥评价促进学生发展的功能，使评价与考试更具科学性，更加客观、公正、合理。

（4）表扬和必要的惩罚依然是相辅相成的有效的教育手段。

新课程提倡以人为本，强调尊重学生作为“人”的人格和尊严，要求教师摈弃训斥、命令、控制、束缚乃至体罚的简单、粗暴的行为方式，而代之以尊重、理解、激励、引导等更加人性化的教育方式。据此，有的教师就认为今后对学生只能表扬、赏识，而再也不能批评，更不能进行惩罚。于是乎，教育的方法只有单一的表扬、激励，抑或是赏识，即使学生做了错事，也不敢批评，更不敢进行必要的惩罚。这在一定程度上削弱了教育的功能，增加了教育的难度，持这种观点的教师似乎还没有真正理解教育的内涵，没有认识到教育的艰巨性和复杂性。其实，表扬和惩罚是一对矛盾，两者彼此相依，不可分割，放弃惩罚而滥用表扬和奖励，不仅不能对学生起到积极的作用，反而会导致骄纵、溺爱、自私等负面效果，如果没有必要的教育性的惩罚以制止某些不良的行为，那么学生在许多事情上将只能通过成本更大的社会惩罚去学习，去接受教育。美国现代教育家杜威也说过：“凡是需要惩罚的地方，教师就没有权利不惩罚，在必须惩罚的情况下，惩罚不仅是一种权利，而且是一种义务。”

那么，对学生的惩罚是否就意味着对学生的不尊重、不人道呢？苏联教育家马卡连柯说过：“对我们不尊重的人，我们不能提出更多的要求。当我们对一个人提出很多要求的时候，在这种要求里也就包含着我们对这个人的尊重。”历史的经验也告诉我们，合理的惩罚有助于形成学生的坚强性格，能培养学生的责任感，能锻炼学生的意志，有利于学生的健康成长和终身发展。因此，必要的合理的惩罚也是对学生的尊重和负责。

当然，这里所说的对学生保留必要的惩罚是有一定条件的，惩罚的目的是为了教育，不能为惩罚而惩罚，通过惩罚必须让学生认识到问题或错误所在，认识到惩罚寄托着教师的爱心与尊重。惩罚针对的是学生错误的行为，而不是学生本身，任何指向学生的身体、尊严、人格，以及心灵的惩罚都是错误的。另外还需特别注意的是，运用惩罚手段时必须依据对象的不同而灵活实施不同的惩罚方式。

新课程改革确实称得上是基础教育领域的一场革命，改革的过程中有许多方面必须在实践中不断探索、不断总结、不断反思。因此，我们在用心实施新课程的过程中，必须用理性的态度，冷静地看待课改中出现的矛盾和问题，才能确保新课程改革不断走向成功。

（此文获2007年江苏省中小学“师陶杯”教育科研论文评选二等奖，
发表于《苏州教育研究》2007年第5期）

以人为本，促进人的和谐发展是创建和谐校园的核心

以人为本，创建和谐校园是全面落实党中央提出的科学发展观和十六届六中全会提出的构建社会主义和谐社会重大战略思想在学校的具体体现。科学发展观把“以人为本”作为自己的本质和核心，将人的全面发展与社会全面进步的有机结合作为自己的出发点和归宿。学校是培养人才的场所，同时又是引领社会发展与文明进步的重要机构，是社会的重要组成部分。没有和谐的校园，就不会有和谐的社会，因此，创建和谐校园是构建和谐社会的基础，而以人为本、促进人的和谐发展则是创建和谐校园的核心所在。

有鉴于此，学校管理工作应以全体师生员工的和谐发展为核心，为此，应正确处理好刚性制度约束与人性化的人文管理之间的关系。有的学校过分追求刚性制度约束，把外资企业的一套管理模式引入学校管理，自上而下制定了完善、严密的规章制度来强化对教职工的控制监督。虽然表面上看取得了一定的效果，但仅仅靠这样的管理制度，而忽视以人为本的人性化管理是远远不够的。因为这样做并没有真正激发起教职工的工作积极性和创造性，教职工不会真心实意地为学校着想，不会随时随地自觉维护学校的形象和利益，而大多是事不关己的态度，这样一来，学校还有真正的和谐可言吗?

因此，要真正创建和谐校园，学校管理者必须切实转变观念，树立正确的治校理念。在建立健全必要的规章制度的同时，努力创设和谐、真诚的校园人际环境，使领导成员之间、领导与教师之间、教师与教师之间，都能真

正做到坦诚相见、真诚相处。教育是育人的事业，如果没有了教职工负责任的态度，没有了教职工积极地参与，没有了教职工创造性的发挥，单靠几位领导的力量，那是什么也干不成的。因此，在当今构建和谐社会、创建和谐校园的大背景下，我们的各级学校管理者更应该懂得这一道理。在平时的管理工作中，要努力改变单靠“硬性”的行政指令、领导权威要求教师完成教育教学任务的做法；把各种工作任务和要求与教师的工作态度、感情、利益、发展的需要有机地结合起来；以公平的信念创造各尽所能、各得其所的激励机制；全力营造融洽、和谐的人际关系和民主平等、团结尊重的校园环境。不可否认，目前大多数学校的管理者关注的主要是学校工作的结果，注重学校管理的效率，出现了对管理主体——教职工和学生的忽视，对人的创造潜能的忽视。

管理主要是对人、财、物的管理，而核心是管“人”。人是具有主观能力性的，如果把具有思想、情趣、个性的人当作一般的“物”，见物不见人，过分强调制度的严格，势必造成人的创造欲微弱，出现人际关系紧张、气氛压抑的不良局面。因此，学校管理应体现人文精神，充分理解人、尊重人、相信人，让每个人都意识到自己的重要，要通过沟通交流、换位思考、校园活动等各种方式，实现从“量化”向“能动”的转变，努力构建“以人为本，追求人和”的学校管理模式。

以人为本是管理学的核心思想，坚持以人为本的管理思想，能充分调动人的积极性、主动性和创造性，更好地发挥人的才能，促进绩效的提高，这是学校人力资源管理的重要内容，也是创建和谐校园的关键所在。坚持以人为本的管理思想，最重要的是要在全校范围内形成一种人理解人、人关心人、人尊重人的良好氛围。

（1）理解人才能使我们的工作具有针对性。

众所周知，人是社会存在物，随着时代的进步，人与社会的矛盾较之人与自然的矛盾更突出，人的心理活动又往往隐而不显，嘴上讲的与心里想的、言论与行动不相吻合的情况在现实生活中客观存在，这在一定程度上增加了管理工作的难度。因此，只有透过言行深入到本质中去理解人，才能有针对性地做好我们的工作。事实上，广大教职工十分关心领导对自己工作的理解和支持，据有关调查表明，领导对教师的理解、关心、尊重被列于激励教师工作积极性诸多方法中的第二位，仅次于提高工资水平和福利待遇。因此，作为各级管理者，要多从教师的角度去理解他们，学会换位思考，只有这样，我们的管理工作才能更具有针对性，做到对症下药、有的放矢，达到事半功倍的效果。

（2）关心人才能使我们的工作具有可接受性。

关心人才能有效地缩短领导与教师、领导与下属的心理距离，得到教职工的理解和认同。这就要求我们的管理者切实改变工作作风，深入到教职工中间，倾听他们的呼声、关心他们的疾苦，为他们排忧解难、多做实事。只有这样，才能使教职工深切感受到领导的关心和集体的温暖，这往往比领导在台上喊几十遍口号要管用得多。一个只会布置工作而不懂得关心人的领导不是一个称职的好领导，我们的各级管理者要真正使自己的管理工作卓有成效，必须深深懂得这个道理。在自己的日常管理工作中，要善于耳听四面、眼观八方，及时掌握和了解教职工的信息动态，高瞻远瞩，掌握一切工作的主动权，使关心人成为调动、激发教职工工作积极性、主动性的有力法宝。

（3）尊重人才能使我们的工作具有可行性。

尊重人是人与人交往的基石，不管对待年长的还是年轻的，尊重人是人的一种基本素养，也是获得别人尊重的前提，教职工的尊重需要十分强烈与普遍，他们渴望同行的尊重，更渴望领导的尊重。尊重就是把学校中的每个人都当成学校的主人，虚心听取他们的意见，重视他们的劳动成果。只有在工作中真正创设起互相关心、互相尊重的良好氛围，我们的管理工作才能顺畅、可行、有效。

综上所述，实施以人为本的管理思想，与当今倡导的创建和谐校园、构建和谐社会是一脉相承的。这里需要再一次强调说明的是，强调以人为本，促进人的和谐发展，创建和谐社会，强调理解人、关心人、尊重人，并不是说学校管理只要考虑人的因素。以人为本，构建和谐校园必须首先建立在依法治校、建立健全必要的规章制度的基础上，如果只讲以人为本，只讲和谐，没有依法治校，学校什么规章制度都没有，一味强调宽松的环境，一味强调和谐、平衡、稳定，这就势必会造成纪律松弛、秩序混乱、优劣难分、良莠不辨，甚至捣糨糊成风，人的积极性只能被压抑，也就谈不上以人为本，不可能有真正的平衡和稳定，更谈不上促进人的和谐发展，创建和谐校园、构建和谐社会也就成了一句空话。因此，强调以人为本，创建和谐校园，必须正确处理好与依法治校之间的辩证关系，只有这样，以人为本的管理思想才能健康、有序地得到贯彻落实，人的发展才能真正和谐。

（此文发表于《教育论坛》2007年第1、2期）

“谜”一样的学校给我们什么样的启示

近日从杂志《人民教育》上看到一篇介绍杭州第二中学（以下简称“杭州二中”）叶校长办学理念及实践的文章，颇有感触。

这是一所知名的重点高中，又是一所“谜”一样的学校：这里的学生从不补课，课余时间全由自己安排，下午四点以后，操场上打球的打球，跑步的跑步，教室里几乎看不到人；这里的教师从不加班加点，每天按时上下班，在上班时间健身还能得到学校的奖励……

就是这样一所从不补课、从不加班加点的学校，学生的高考成绩却连年提高，稳居浙江省第一。

是什么让这所普通的重点高中能够成为社会公认、家长师生向往的“谜”一样的学校的呢？我想，除了与其他众多的重点高中雷同的优质的生源、雄厚的师资与先进的设施之外，最重要的也是最成功的一点，就是叶校长独特而大胆的办学理念。

对于一所重点高中来说，高考成绩突出本不足为奇，也可以说是极其应该，问题在于靠什么取得这样好的高考成绩。在我们普通人眼里，许多重点高中为了取得令人满意的升学率，除了硬件建设之外，在管理方式上采用的大多是严格的甚至是军事化、封闭式的管理，加上令人难以忍受甚至窒息的加班加点、题海战术，而这些东西在杭州二中没有出现。这是被人们认为这所学校所以成“谜”的重要原因，而这一切，都是因为有了叶校长。

“一个好校长就是一所好学校”，我们从叶校长身上再一次印证了这句教育领域的至理名言。在当今时代，能够坚守住自己的教育理想和办学理念，不为世俗所动，并为之矢志奋斗的校长，实在是需要莫大的勇气和胆魄的，从这所学校走向成功的案例中，给了我们不少的启示。

启示之一，学校究竟需要什么样的校长？众所周知，校长是学校之魂，有什么样的校长，就有什么样的学校，这是被教育实践反复证明了的。校长这个“当家人”，在学校有着至高无上的地位和权力，他的一言一行、一举一动都将影响到师生，影响到学校的走向，因此，作为一校之长，良好的政治素质是重要的。但是，要真正办好一所学校，校长仅仅具有良好的政治素质是远远不够的，还必须具有强烈的民主意识、高超的组织协调能力，更重要的是还必须具有作为一名教育改革家的探索创新的勇气和胆识，敢为人先，勤于思考，善于学习，勇于创新。只有这样，才能办出具有鲜明个性的学校，否则，至多只能成为一个平庸、只会守“摊子”的“好好校长”。当然，像叶校长那样，是需要非凡的勇气和魄力的，也需要自身不断学习、不断思考、不断积累，才能具有这样的胆识。因此，从这个意义上来说，校长首先应该是个教育家，不然，有再好的政治素质、领导能力和改革的魄力，也不可能取得真正的成功。

启示之二，我们的教育究竟怎样才算是成功的教育？一直以来，一所学校办得成功与否，主要是看这所学校的升学率有多高（尤其是中学），有多少学生考取了一流的名校，久而久之，在社会价值观的引导和重压下，我们的教育行政部门在评价学校时，升学率也是一个极其重要的标准。诚然，一所学校没有过硬的升学率，几乎不会得到各方认可，也很难生存下去。正因为如此，学校的校长、教师们几乎把提高升学率作为工作的唯一目标，在这样的思想指导下，封闭管理、加班加点、题海战术应运而生，最后如果达到了升学率的目标要求，就会得到上级部门、政府领导和社会各界的表彰赞誉，而不会有人去质疑取得这些成绩的方式方法以及背后所牺牲的其他方面的代价。一旦没有达到目标要求，那么只能来年对学生、教师进行更大的加码重压，殊不知这样压出来的高升学率，对于一个民族、一代青年学子，损失的代价意味着什么？因此，在这方面，杭州二中可以说为我们走出了一条成功的新路，轻负担，高质量，生动活泼，全面发展，这样的教育才是我们要追求的真正意义上的成功教育。叶校长曾经被北京大学邀请参加2007年北京大学本科生毕业典礼，全国仅有10位中学校长参加，而他是浙江省唯一的一位，他在谈到被邀请参加毕业典礼这件事时对大家说："这不是因为我有多大本领，而是因为我们的学生在北大成长得非常好，北大对他们的可持续发展能力特别欣赏。"能够培养出有这样潜能的学生才是我们教育的终极目标。

启示之三，学校办学成功的突破口究竟在哪里？虽然许多校长也许都思考过这样的问题，但是真正像叶校长那样能够悟出真经的并不多见，从杭州二中的办学实践中，我们也许可以得到启发和借鉴。2000年叶老师出任杭州二中校长后，就明确提出："高中三年，要扎扎实实地给学生打好三个基础。一是身体基础，健康第一；二是品德基础，做人要宽容、向上、阳光；三是学习基础，知识要扎实，思维要敏捷。"他把对学生的三个方面的要求调整成这样的顺序，确实有其独到之处，在他的学校里，身体健康摆到了第一的位置，并为此采取了一系列具体的措施：每天下午4—6点，学校一律不安排课，让学生们在沸腾的操场上度过一天中最快乐的时光，每年春暖花开的时节，学校要举行一年一度的篮球联赛，每个班级必须组队参加，先是淘汰赛，再是循环赛，激烈的比赛要持续一个月左右；而在每年的秋天，学校还要举行足球联赛和排球联赛，加上学生体育社团组织的羽毛球、乒乓球、网球等各类比赛，校园里一年到头赛事不断。

叶校长对老师们提出：健康第一，家庭第二，工作第三。这样的三个要求完全是在以人为本基础上充分体现人性化的对教师的真正关心，为此，学校还专门拨出一笔"教师健康资金"，用于"老师出汗，学校买单"。因而，在学校的推动鼓励下，教师的课余生活也同样丰富多彩，十分红火。

在叶校长看来，他心目中的理想学校，应该是一所让师生回归健康和快乐的"本色学校"，而不是对学生考试成绩洋洋得意的"功利学校"。这样的学校，需要的是"校长真心爱教师，教师真心爱学生"，真正以师生的健康快乐、持续发展为办学目标。

在杭州二中，以体育为突破口带动其他丰富多彩的课余活动所取得的效果十分明显！师生们体质好了，精力充沛了，思维敏捷了，工作、学习的效率自然也就高了！当然，除此之外，我想杭州二中在教育教学管理方面，肯定也和所有的知名学校一样，有着相应的适合自己实际的严谨而有效的管理方式，缺少了这一点，只会搞体育搞活动，那也绝对不可能取得现在这样的骄人成绩的，最终也不可能受到社会公认和钦佩。虽然，各个学校的实际不尽相同，采取的办学突破口也不可能放之四海而皆准，但是，叶校长提出的对学生的三个要求的完美组合，无疑是杭州二中取得成功的最大法宝，对我们其他学校一定会有许多的借鉴和启发。试想，一个拥有健康体魄、精力充沛、积极向上的学生，不就是我们的教育要培养达到的目标吗？具有这些素质的学生，难道还能在学业上不具有明显的优势吗？

但愿“谜”一样的学校能够真正帮助我们解开教育的谜，但愿我们的教育能够真正多一点儿像叶老师那样的校长。

（此文发表于2008年8月《苏州市相城区中小学校大家学堂研修班学员论文汇编》、2009年6月获相城区教育学会论文评比二等奖、2010年4月获全国“学科教学与教育科研论文大赛”二等奖）

也谈教师的人格魅力

不久前，笔者有幸参加了区教育局委托华东师范大学组织的“中小学德育校长高级研修班”活动，先后聆听了六位专家、教授和特级教师的讲座，最后还参观了两所闻名遐迩的中、小学校。短短的三天，虽然紧张而繁忙，但得益颇多。尤其让我感动的是老一辈著名教育家、上海市首批特级教师于漪老师的讲座“谈教师的人格魅力”，这位年近八旬的老人，精神依然那么矍铄。整整三个小时的讲座，没有讲稿的老人思如泉涌、滔滔不绝，中间没有一次休息，让我们这些所谓的年轻人都自叹不如。最让人感动的是她对事业的执着追求，对学生的拳拳爱心，充分显示了她作为一代师表所特有的人格魅力。她在开场白中的那句至理名言“选择教师，就是选择高尚”，让我们无不为之动容，正是这句话，让这位老人倾其一生，在五十多年的教育生涯中，在年已古稀的今天始终耕耘不息。这是何等的一种境界，一种感染，一种魅力啊！

只要稍为年长的教育人也许谁也不会忘记，二十世纪八十年代电视直播于漪老师的公开课《海燕》曾引起大上海万人空巷的场面，人们纷纷守在电视机前一睹她大家师者的风采。谁也不会忘记于漪老师长达五十多年的教学生涯所留下的语文教学经典思想和闪烁着智慧与人格魅力的博大、无私、执着地对学生对事业的爱。所有这一切都来源于于老师的人格魅力，她用自己五十多年的教育生涯为教师的人格魅力做出了最好的诠释。尤其是在今天，这样的人格魅力更是难能可贵。对于我们当代教师来说，这笔精神财富更应该代代传承与发展，成为我们中华民族不竭的精神动力，成为我们广大教师修身养性、成就事业的法宝。

苏联教育家乌申斯基曾经说过：“在教育工作中，一切都应以教师的人格为依据，因为教育力量只能从人格的活的源泉中产生出来。”可见，教师的人格魅力在教学工作中，在对学生的教育中具有何等重要的作用。在于漪老师身上，我们看到的正是她那光芒四射的人格魅力，要学习继承的也正是她那万世师表的人格魅力。

于老师的人格魅力来源于她高尚的政治品格和执着的敬业精神。她在回顾自己五十多年的教育生涯时，满怀深情地说：“我无怨无悔，因为选择了教师，我就选择了高尚，我一辈子的生命，是和肩负着的历史使命结伴而行，如果下辈子还叫我选择职业，我仍然选择教育这多情的土地，选择我们可爱的学生，选择这永远光辉灿烂、青枝绿叶的教育事业。”这是何等高尚的政治品格啊！也只有这样的品格才能成就我们所从事的伟大事业。因为在人格因素中，政治品格总是居于首位，它体现在人的一切言论和行动中，而教师个人的言行举止，对于青少年来说，是任何东西都不可能代替的最美的阳光。作为一名教师，为人师表是人格魅力的基础和核心，凡是要求学生做到的，自己首先要做到。教师要求学生要树立远大的理想，自己却不思进取；要求学生诚实守信，自己却极其虚伪；要求学生遵纪守法，自己却常常迟到早退，这样的教师给学生留下的是什么可想而知。作为教师，只有以身作则，学生才会有法可效，在当前时期，我们教师更应该用自己的浩然正气影响学生，面对喧嚣的拜金主义、享乐主义，坚守住一片宁静，不被世俗尘埃所染，不为金钱物欲所动。一身正气，两袖清风，这才是我们教师人格魅力的核心所在。

于老师的人格魅力来源于她渊博的学识和扎实的基础。于老师早年毕业于复旦大学教育系，参加工作后，先是教历史，后又服从需要改教语文。为了尽快适应自己的教学工作，她虚心好学，刻苦钻研业务，每天晚上坚持自学，不到凌晨一两点钟不睡觉，曾经用不到三年的时间自学完了大学语文的全部课程，为后来成为中学语文教学一代大师奠定了扎实的基础。即使是在成为众人公认的教育名家后，她仍然孜孜不倦，精益求精，不断反思，不断进取。她曾经在反思自己一生的教育生涯时说道：“我上了一辈子课，教了一辈子语文，但还是感觉上了一辈子深感遗憾的课。”这种永不满足、不断进取的精神对我们是何等的感慨啊！当今世界科学技术突飞猛进，知识更新换代异常迅速，在这样的大背景下，我们教师必须善于接受和消化新观念、新知识，不断提高自身素质；必须积极探索教学方法和教学艺术，活跃课堂气氛，激发学生学习兴趣；必须勤奋好学，努力做到学识渊博、业务精良，既有精深的专业知识，又有广博的相关知识，还要有坚实的理论功底和业务能力，只有这样，我们才能像于老师那样，讲起课来深入浅出，旁征博引，成竹在胸，得心应手；我们才能像于老师那样，受到学生的敬重和爱戴，学生才会自觉接受我们的教育和引导。

于老师的人格魅力还来源于她对学生博大、无私的挚爱之情。“感人者，莫过于情”，感情是人格力量的基础，教育心理学认为，情感在学习过程中起着十分重要的作用。它是信念的催化剂，热爱学生、尊重学生、信任学生，同时又严格要求学生是教师道德威信和人格魅力形成的根本保证，只有用崇高的道德去关爱学生，才会激发学生积极向上的力量，受到学生的尊敬和爱戴；只有用发自内心的真情去感化学生，学生才会在情感上与教师产生共鸣，才会“亲其师，信其道”。在这方面，于老师用她毕生的精力为我们树立了光辉的榜样，在五十多年的教育生涯中，她用自己博大、无私的爱一次次超越自我：不顾自己腹部刚动过手术，在茫茫黑夜里背着一位高烧不退的学生走了十几里山路去医院；多次临危受命，接手一个个全校闻名的乱班，把不愿读书的学生一个个动员回到课堂，最后成为一个个先进班——而支撑她的始终是充盈胸怀的爱。她常常对人说：“你对孩子是全心全意，还是三心二意，孩子心中清清楚楚，只有把爱播撒到学生的心中，他们心中才有你的位置。”

在我们的教育工作中，关心学生、热爱学生是对一个教师职业道德最基本的要求，但是真的像于老师那样对待学生，不是一般人能够做到的。她对学生的爱是发自肺腑的，是真心实意的，正因为如此，她才能真正赢得学生的尊敬和爱戴，才能取得教育上真正的成功。这不是一般的境界能达到的，也许对我们来说，倾尽一生的修炼也未必能够达到这样的境界，但我们会一直为此而努力，因为有了于老师这样的前辈。

（此文2008年8月获相城区德育论文评比二等奖，并发表于《苏州德育研究》2008年第4期、《苏州德育》2011年第3期，2010年4月获全国“学科教学与教育科研论文大赛”一等奖）

培养良好习惯　展现教育公平　促进社会进步

改革开放以来，特别是近几年来，随着我国经济社会的迅速发展和城市化进程的不断加快，越来越多的人口由农村流向城市，由不发达地区流向发达地区，越来越多的外来民工子女像一群候鸟，随自己的家长漂泊在不同的城市和乡镇之间。对学习的向往、对知识的渴求，使得他们千方百计地寻找适合自己就读的学校。尤其是近年来，随着社会的不断关注，越来越多的外来民工子女得以进入本地公办学校就读，享受与本地孩子一样的教育机会，形成了部分公办学校一道亮丽的风景线，同时也给我们的教育带来了新的挑战。

我们黄埭中心小学分部现有教学班18个，学生700余人，其中近90%为外地民工子女。由于家庭背景、成长环境、生活习惯的不同，大量民工子女的流入，给学校教育带来了一系列的问题。一般来说，由于历史和区域的原因，这些外来民工的文化程度较低，工作和生活环境较差，且流动性大，大部分家长往往缺乏教育孩子的正确方法，甚至限于生存，往往没有时间和精力去顾及孩子的教育问题，况且这些流动民工在劳动方式、生活方式、思维方式、生活习惯等方面，无不潜移默化地影响着自己的孩子，使他们从小表现出与本地孩子不同的一些特点。在品德、行为习惯方面，他们往往不愿接受纪律的约束，比较散漫，但同时在集体生活和劳动中表现出吃苦耐劳的精神和较强的挫折承受能力；在学习习惯方面，他们往往不能认真专心听讲，作业马虎且常常不能按时完成，学习基础较为薄弱，尤其是外语基础往往是一片空白，对他们的后续学习带来了不少的困难和压力；在生活习惯方面，他们限于条件和环境，往往不讲卫生、不爱整洁、随地乱扔杂物、办事无条理、随意性较大。基于上述种种表现，外来民工子女的各方面习惯存在着很多问题，矫正和改变他们的不良习惯，使他们逐步养成一些良好的行为习惯和学习习惯，是提高他们的学习成绩和文明素养的首要任务，也是体现教育公平，促进社会进步，构建和谐社会的需要。

党的十七大指出：教育是民族振兴的基石，教育公平是社会公平的重要基础。同时还特别强调要坚持教育的公益性，加大对教育的投入，规范教育收费，健全学生资助制度，保障经济困难家庭、进城务工人员子女平等接受义务教育。在公平教育、平民教育思想的指导下，近年来党和政府关注着外来民工子女的教育问题，社会各界也倾注了更多的关爱。中央电视台“东方时空”栏目曾做过一个调查，在“外来民工最担心的问题是什么”这个问题中，34%的人回答最担心子女的就读问题，排在社会保障、就业岗位及社会歧视的前面，居于首位。

毫无疑问，现代社会受教育的程度与一个人的就业、收入有着密切的联系，特别是在如今这个生存压力越来越大、就业竞争越来越激烈的大背景下，教育机会的均等是最根本性的均等。它不但关系着中国未来的发展和命运，也关系着千家万户的荣辱观甚至影响着社会和谐稳定和进步。因此，民工子女能否公平地享有义务教育的权利，将是近阶段社会发展的一个不容忽视的重点。有了教育机会的均等，有了教育过程的公平，有了教育质量的公平，这部分社会群体才有可能与其他人站在同一起跑线上，才会有通过知识改变自己命运的可能，社会各阶层才有正常流动、分化的可能，全社会也才能真正充满活力、安全有序。

作为主要接收外地民工子女就读的公办学校，必须从思想上提高认识，从政治的高度，真正认识到自己肩上的责任和压力。其次，必须从外来民工子女的实际出发，通过不断探索，尽可能采取适合他们健康成长的教育方法和手段，使这些孩子能够真正享受到“同在蓝天下”的快乐，尽快融入我们的校园生活，这就是我们基层教育工作者对社会进步和发展所能做出的最大努力。

纵观外地民工子女教育的现状，要有效地提高他们的学业成绩和文明素养，使他们较好地融入当地社会生活和学校生活的各个方面，为他们今后的健康成长和发展奠定良好的基础，首要的任务应该是尽快矫正其不良习惯，逐步养成良好的学习习惯和行为习惯。对一个小学生来说，养成良好的习惯是其小学六年教育最有益的东西，也是对今后一生成长和发展最有效的东西，对于尚未养成各方面良好习惯的绝大多数外来民工子女来说，更是如此。

那么，如何有效地培养这部分学生的良好习惯呢？针对外地民工子女的现状和特点，笔者通过观察、分析，认为可以着重从以下几个方面加以努力。

（1）依据特点制定行为规范要点，培养良好的行为习惯。

外来民工子女由于诸多客观因素的影响，各方面习惯较差，必须逐步加以矫正训练。在此过程中，必须依据这部分学生的特点，从最基本的最突出的方面入手，制定行为规范要点，实施有针对性的教育，从最细微处入手进行指导和训练，给予他们最基本的教育和人文关怀。如可先从卫生习惯、文明守纪等方面制定如下要点：①饭前便后要洗手；②坚持每天早晚刷牙，饭后漱口；③勤剪指甲，勤理发；④勤洗澡换衣；⑤不随地吐痰，不乱扔杂物；⑥不喝生水，不吃不洁食物；⑦见到老师要行礼，见到同学要问好；⑧课间、午间不奔跑，不追逐打闹；⑨不说粗话、脏话不打架；⑩按时上学，不随便缺课。在此基础上，通过学习、宣传、督促、评比，强化上述行为规范要点的训练和指导，逐步达到训练的目标和要求，养成良好的行为习惯。

（2）组织开展学习竞赛，调动激发学习积极性，促进学习习惯的养成。

小学生集中注意持续时间短，而民工子女由于种种原因，学习上缺漏较多，又大多没有养成良好的学习习惯，有些孩子自暴自弃，还有部分学生生性胆怯，学习上没有主动积极的态度。长此以往，这些学生的知识缺漏日积月累，形成了恶性循环。要改变这种不利的局面，首先必须努力创设和谐向上的良好班级氛围，调动和激发每一个孩子的学习积极性和主动性。根据以往的经验，可根据小学生好胜心强、喜欢比赛的特点，组织开展相关学习竞赛，将班级小组改为学习竞赛小队，每队选出队长，经过小队集体讨论，为自己小队取一个响亮动听、催人上进的名字，并制定相应的队训，如创新小队的队训是：勇往直前，敢想敢干，勇于创新；拼搏小队的队训为：团结拼搏、再接再厉、更创辉煌；奋发小队的队训为：齐心协力、互帮互学、比学赶超；等等。组织学习竞赛的方法为：每堂课进行学习竞赛，看哪一队主动参与学习活动的人员多，并制定相应的评分细则，每周一小结，评议本周课堂学习竞赛中各队员的表现情况，鼓励先进带动后进。在集体氛围的感染下，为了小队集体的荣誉，不少同学开始上课集中注意力、专心听讲、积极动脑、大胆发言，争做课堂主人。每堂课充满了竞争和活力，许多同学在充满趣味的竞赛活动中获取知识、锻炼能力，潜移默化地逐步养成了良好的学习习惯。

（3）加强家校联系，创设良好的家庭教育氛围。

苏联著名教育家苏霍姆林斯基曾经说过："只有学校教育而没有家庭教育，或者只有家庭教育而无学校教育，都不能完成培养人这一极其艰巨而复杂的任务。"可见，家庭教育是整个教育的一个重要组成部分，在孩子成长的过程中，有着学校教育不可替代的作用。家庭教育具有广泛的社会性、天然的血缘性与早期性、全程的连续性与及时性、针对性，这些特点决定了家庭教育在孩子教育过程中的明显优势。但是对于外来民工这样一批特殊的人群，由于客观的和历史的原因，他们之中家庭教育缺失的现象相当普遍。一些外来民工只顾埋头赚钱，很少关心子女的教育问题，即使关心也大多只是关心孩子的成绩和分数；另有一些外来民工由于自身文化素养的局限性，缺乏正确的家庭教育方法。因而在相当多的外来民工子女家庭中，重养轻教、重智轻德、重物质轻精神、重管教轻沟通等现象，不同程度地存在着，在一定程度上也影响了孩子的健康成长。因此，对待外来民工子女教育问题，在加强学校教育的同时，必须更加切实注重加强与家庭的联系和沟通，帮助和指导家长树立正确的家教观念，明确家庭教育在其子女成长过程中的地位和作用；努力改进家教方法，充分调动家庭教育的积极因素，形成教育合力；努力营造良好的主体育人环境，通过家校良性互动，促进学生发展和健康成长。

在家校协同的过程中，必须依据这部分家庭普遍比较忙碌的特点，采取各种灵活多样的方式，从关心和帮助孩子着眼，从尊重和理解家长着手，通过家访、家校培训等途径，与家长进行沟通和交流，帮助和指导家长不断提高家教水平，努力创设良好的家教氛围，为孩子的健康成长奠定良好的基础。如本校每个学期至少一次邀请家长到校参加家校活动，通过举办家庭教育讲座、参加亲子教育活动、观摩孩子班级课堂教学、与孩子的老师进行面对面交流等多种形式，进一步加强家校合作。考虑这部分家长的实际情况，我们把每次家校活动的时间安排在周日进行，尽管是一个小小的细节，但是充分体现了学校的人文关怀，因此受到了广大家长的热烈响应和普遍欢迎，确保了每次活动的出勤率和活动效果。

（4）注重个别教育与辅导，提高习惯培养成效。

在面向全体抓好外来民工女各项习惯培养的过程中，还必须善于观察，注意发现正、反两方面典型学生，抓两头、促中间、树榜样，重点放在两个方面：一是让进步显著、习惯突出的学生现身说法，介绍自己注重养成各项习惯的做法和经验，并予以奖励，激励其发挥更好的示范作用，如我们结合每学年开展的“文明学生”“文明标兵”“文明之星”评选活动，及时地张榜表彰宣传评选出的先进典型，起到了较好的推动和促进作用；二是从关爱每一位学生出发，重点帮助习惯养成方面问题突出的学生，通过家访、谈心，个别沟通交流、落实帮扶结对等多种方式，了解问题学生形成的原因，帮助其进行客观分析，指出其努力的目标和方向，给予他们真正的关心和帮助，让他们从点滴进步中体会成功的喜悦，增强前进的动力和信心。

民工子女体现的教育问题具有一定的特殊性，良好的学习习惯和行为习惯对他们今后乃至一生的发展极为重要，有了良好的习惯和健康的心理，他们就具备了未来公民的基本素质，才能在学习中更好地发挥积极性和主动性，将他们独立生活的能力和解决社会问题的能力运用于自己的学习中。

总之，民工子女养成良好的习惯，不但能提高学习效率，顺利完成学习任务，还能促进学生自发地获取知识，从而提高能力、发展智力，对于这些孩子的终身发展必将起到重要的作用。努力培养这些孩子养成良好的学习习惯和行为习惯，缩短其与本地学生各方面的差异，事实上就是体现了实实在在的教育公平，对促进社会和谐发展必将起到不可忽视的作用。

（此文于2009年10月获全国“新课程教学与科研论文评比”一等奖、
2010年6月获相城区教育学会优秀论文评比二等奖，
并发表于相城区教育局《教育论坛》2009年第1、2期）

“大师感悟”给予我们的启迪

近日读到魏书生等几位名师所写的人生感悟，颇有“听君一席话，胜读十年书”的感触，魏书生、王栋生等几位名师都是全国著名的特级教师，堪称大师级的名师，他们的人生感悟对我们有很大的启迪。

启迪之一，但凡称得上大师级的名师，都是极有个性的名师。有时他们说的话在我们普通人看来，好像有点儿不合时宜，对某些当政者来说，甚至不太中听，但却都是大实话，没有半点儿虚伪，没有半点儿遮掩，所以感觉与读者的心贴得特别近，容易让读者受感染。魏书生在谈到做教师的体会时，一直建议教师把教书放在第三位，把育人放在第二位，而把自强放在第一位。在当今应试教育仍占实际主导地位的教育领域，作为一名特级教师，尤其作为一名教育局局长，敢于说出这样的话，是着实需要胆魄和勇气的。

启迪之二，但凡大师级的名师，都是心胸极宽广之人。他们对事物、对人生的态度和看法是我们常人所望尘莫及的，他们的眼光之深远、心胸之宽广，实在是令人钦佩。魏书生在谈到自己人生感悟时，着重谈了要处理好四个关系：处理好人与社会大环境的关系；处理好与本职工作的关系；处理好人与人之间的关系；处理好自己与自己的关系。其中讲到处理好人与人之间的关系时，他提到自己从做班主任教两班语文，到后来当校长，乃至当教育局局长，都一直认为工作中最重要的任务就是建立好互助的人际关系，而且他确实是这样做的：做班主任、语文教师时，他就发动班内的每一位同学承包班级的一项事务，真正做到人人有事做，事事有人做，权力分解，责任分担，大家都是管理者，又都是被管理者，班级充满了生机和活力。后来做了校长，他同样提出：教师能做的事，主任不做；主任能做的事，副校长不做；副校长能做的事，他不做。乃至后来他做了局长也同样如此。这种管理方式，使不同层次的人都有较大的发展空间，充分调动了每一个人的积极性、主动性，更加难能可贵的是他在日常工作、生活中，努力把周围的人都看成天使，比之我们生活中所充斥的钩心斗角、利欲熏心，是何等鲜明的对照啊！

启迪之三，但凡大师级的名师，都是极有思想的思想者，人云亦云之人，是断然成不了什么真正的名师的，更成不了大师级的名师。王栋生就很明确地提出："教师应当是思想者。"可惜的是真正做到这点的教师少得可怜。一旦真的成了有思想的教师，这样的教师必定能够成为不一般的教师，极有可能成为名师，甚至大师级的名师。那么大师的思想、见地从何而来呢？从读书、学习和思考中来！但凡大师级的名师，都是极看重读书、学习和思考的，有的甚至达到痴迷的程度，往往被人称为"书呆子"，但正因为痴迷，正因为"书呆子"气，才使这些大师往往会有许多独到的见解。王栋生还认为："教师多读书，善于独立思考，勤于探索和实践，就会逐渐形成自己的教学风格。"无数事实也证明，一个有思想、见地的教师，必定是一个爱读书、爱思考的教师，也必定能够成为一个真正有作为的教师。

大师毕竟是大师，他们给予我们的人生启迪，永远是值得我们细细品味和好好回味的。

2012年5月

第二篇

杏坛存心

用一双眼、一双耳、一颗心，

看眼前的世界，去探寻工作的意义、

生活的乐趣，领悟人生的哲理。

生活感悟

给孩子磨炼的机会

我有一个11岁的女儿，正上小学三年级。在其他方面我们对女儿都称心如意，但她生性懦弱、胆小，为此，我们做父母的可没少费心思。

记得女儿刚满两周岁时，因为家中没人带，只好寄入厂里办的托儿所。可她就是怕见生人，一到托儿所经常哭个不停，有时干脆就抱住我们的大腿大哭大叫，不肯去托儿所；有时路上遇见外人逗她一下，弄不好也会号啕大哭。后来大一点儿读了幼儿园，还时常哭鼻子，特别是受了委屈、听了批评或者偶尔考试成绩不理想，更是伤心得不得了，一时半会儿都劝不住，有时一天要哭好几回。要是父母、长辈或者老师说话分量稍重了些，都会伤心上半天，我们真是伤透了脑筋。

为了磨炼女儿坚强、勇敢的性格，我们开始有意识的创造一定的机会，从正、反两方面对她进行培养和训练。一是多用古今中外的英雄人物那种不畏强暴、英勇斗争的事迹及坚强勇敢的品格激励她向他们学习，遇到电视中有这类节目时，总是设法引导她多看看，有时父母还做适当介绍、点评，与此同时，还给她购买和借阅了许多有关的书籍，让她通过自己阅读逐步增强培养自己坚强勇敢性格的信心和决心；二是针对她的弱点，以“毒”攻毒，有时故意讲一句气她、急她的话，看她是否会“老调重弹”，这时再给她适当的指点，女儿也慢慢明白了这是在故意让她“表现”自己的弱点，出她的“洋相”，几次下来她就会努力克制自己的情绪，逐渐克服了自己的弱点；三是尽可能让她多接触社会，多接触生活，休息日经常带她上街、上公园和闹市区，让她逐渐适应繁华的生活，同时引导和鼓励她积极参加学校组织的各类活动和竞赛，在活动中培养自己活泼、勇敢的个性，锻炼自己多方面的才干。

经过几年来坚持不懈的努力，女儿的性格有了很大的改变，现在已很少见她哭鼻子了，遇到问题和困难也能自己想办法加以克服。她在学校、社会等交往活动中也能够显得落落大方、活泼可爱了，各方面的能力也有了较大的提高。

由此我体会到，对孩子的教育培养，必须根据孩子的年龄特点和思想实际，因势利导、有的放矢地进行，同时必须设置必要的情景，创设一定的锻炼机会，才能有效地提高孩子的各方面能力，收到理想的教育效果。

（此文发表于《吴县日报》1999年3月24日）

女儿月考之后

女儿上高三，学习任务日见繁重，离高考也越来越近了，已经能闻到考场上那浓重的硝烟味了。

前几天下班时碰到女儿的班主任，他告诉我女儿在这次月考中成绩不错，年级排名第一，还说女儿目前状态较好，还有一定潜力，希望我在家多叮嘱，最后冲刺一下，争取再上一个台阶。

说实话，对于女儿的学习，我向来是比较放心的，虽然不敢说女儿天资聪颖，但我敢说她的学习习惯是比较好的，这个良好的习惯得益于小学阶段对她的影响。自从进入中学之后，对她学习上的关心也只能是“宏观调控”罢了，至于具体的课程辅导那只能是望洋兴叹了。好在女儿各方面都挺优秀的，没有耗费父母什么精力便轻而易举地以第一名的成绩考上了重点高中的省招班，成绩一直不错，且在班级里人缘特好，各方面都挺出色，据说最近还准备发展她入党呢！

一晃高中两年多过去了，离高考也只剩一百多天了，虽然女儿的成绩总的来说一直不错，但也有一点儿小曲折，进入高中以后，班级里群星荟萃，竞争更加激烈，这让以往一直名列年级前几名的她感到了前所未有的压力。女儿是上进的人，有一阵考试状态不是太好，也回家哭过几回鼻子，都被我“好言相劝”才算慢慢平息，经过几个回合的波折，现在看来已基本稳定，并且状态较好。我想应该抓住这次机会给她鼓鼓劲儿。

回到家里，利用她吃晚饭后看体育新闻的间隙，我把他们班主任的话，鼓励性地向她传达，并且帮她分析了现状，提出了努力的目标，关键是要她对自己充满信心，在巩固现有成绩的基础上再加一把劲儿，争取向更高的目标冲刺。当然也向她提出了目前阶段的重点在于调整策略，消除薄弱环节，而不是无休止地增加机械重复的时间。我一向是反对疲劳战术的，只要她完成了自己的任务，偶尔放松一下，看看电视、听听音乐也是一种调节，所以我们从不阻止。女儿每天两个时段（午饭、晚饭）后的体育新闻节目这个爱好至今雷打不动地保持着，这在有的家长那里恐怕是不会得到批准的。

由此我感到，对子女的教育其实真的是一门艺术。尤其是我们这些身为教师的父母们，教育好子女应该是我们的本分，应该比其他的家长更重视、更有艺术、更加得心应手，如果连自己的子女都不能教育好，那还有什么资格和本领去教育其他的孩子呢？

2007年2月

早起的感觉真好

女儿高考结束了。早在之前，就跟她达成共识，等高考结束后，两人一起早起去锻炼，前一阵子因为填志愿再加上老父亲住院脱不了身，昨天开始才得以正式实施。早上五点刚过，两人就起来做准备，洗脸刷牙后就出门了，一路上时不时碰到早起锻炼的人。两人一路慢跑到春申湖大酒店，那里环境确实不错，绿树成荫，空气清新，给人以赏心悦目的感觉。我们绕酒店一圈，然后再原路返回，回到家里已经感觉有点儿累了，女儿坚持要打一会儿羽毛球，十多分钟后已经是大汗淋漓了，我赶紧冲了一个澡，然后吃早饭，各自干该干的事。

两天下来，感觉四肢有点儿酸胀，知道这是长久缺少锻炼的原因。现代人的生活水平不断提高，不缺吃，不缺穿，缺少的就是活动和锻炼，特别是现在不少人以车代步以后，生活质量是提高了，但随之而来的“三高”等富贵病也乘虚而入，不同程度地影响和威胁着人们的身体健康。不少有识之士已经开始意识到这个问题，参加晨起锻炼的人越来越多。与此同时，市区的各种健身俱乐部应运而生，热闹非凡，但相比之下，早起锻炼还是一种最方便、最经济的锻炼方式，因而受到大众的首肯和青睐。

虽然每天早起改变了一贯的作息时间和生活方式，也失去了享受睡懒觉的权利，但是我想只要坚持下去，所能得到的肯定比失去的要合算得多！想想现在终日与床为伴的老父亲的痛苦，这样的坚持和舍弃是多么的值得啊！在老父亲身上，给我的教育和体会深之又深。父亲退休前的身体还是比较好的，但是自从退休在家后，无所事事的他一时不适应这样的生活，打麻将成了每天必修的科目，有时白天打，晚上还接着打。毕竟是六十出头的人了，这样的生活终于影响到了身体。再加上父亲是相当固执的人，家人的好言劝说根本听不进去，在家里从小又是个公子哥儿似的，什么家务都不会干。长此以往，机体什么活动也没有，终于垮了下来，现在每年花在医疗方面的钱都要达几万元，今年更是每况愈下，隔三岔五地进医院，全身多种器官已经衰竭，看来能否挺过今年还是个问题。如果他现在还有正常的思维，我想他一定会对自己当初的作息追悔莫及的，可惜这个世上是没有后悔药的，自酿的苦酒也就只能自己慢慢品尝了。

对我们健康的人们来说，要爱惜自己的身体，在条件许可的情况下，不妨根据自己的实际，多参加一些有益的锻炼。毕竟身体是最重要的，没有了健康的身体，其他的一切都是没有意义的。

2007 年 7 月

我家这三十年

三十年，如果以分、秒来计算，那会感觉很长；如果与人生做比较，又会感觉很短，毕竟人生苦短，能有几个三十年？最近从不少报刊上都能看到许多纪念过去这三十年的文章，因为今年正好是国家改革开放三十周年，故而无论从整个国家，还是一个家庭、一介平民，对这过去的三十年总有怀念、记忆的欲望和必要，这也可以说是有感而发吧！

是啊！回首这过去的三十年，从国家来说，通过实行改革开放政策，使我们整个民族真正翻了身、脱了贫，一代又一代人逐步走上了富裕之路。拿我们家来说，也可以为这三十年所发生的巨变做出有力的见证。

1978年，我还是一个刚刚高中毕业的懵懂少年，有幸参加了当年的高考，那也是刚恢复高考的第二年。当时在年级里成绩还算不赖的我，虽然高考成绩超过了录取线三十多分，在学校里也可以排在前几名，但由于当时正好赶上“老三届”落实优先降分录取的政策，作为应届生的我们，不少被挤出了大学的大门之外。我最终被中等师范类院校（以下简称“中师”）录取，在去读师范还是来年复考的问题上，我与家人产生了不同的意见，最后还是在他们“跳出农门”思想的劝说下，踏上了去学校报到的征程。这一去，从此改变了我的人生历程，走上了现在的教育生涯。

三十年后的今天，作为教师的我，无论在工作上还是在生活中，都可以说发生了翻天覆地的变化。工资收入大幅增加，学历早已经通过自学进修变成了本科，职称也评上了高级，住房条件更是今非昔比。可以说现在的生活已经是“比上不足，比下有余”的小康生活了。

我家兄妹多，一个姐姐，两个哥哥，一个妹妹，加上我正好“五子登科”。在那个年代，父母要拉扯大我们兄妹五人，其间的艰辛可想而知。那时父亲从村里到乡里做会计，母亲体弱多病，经常要上医院，我们兄妹五人都还在读书，一家人的生活只能靠父亲的微薄收入勉强支撑。到了年底，别人家能分红的时候，我们家总是倒欠，粮食也都是吃的当时的“专专粮”，用现在的话说就是赊欠的，难得做件新衣服也总是兄弟姐妹轮下来穿，我是兄弟中最小的，衣服穿的大多是两个哥哥替换下的，直到刚开始工作时也没有什么像样的衣服。记得小时候最有趣的一件事，是每次家里难得买了猪肉之类的好菜时，由于人多量少，我们兄妹五人几乎又是差不多大小，为了防止我们争抢，母亲总是用五个小碗将可怜的一点儿“美食”分成五小份，一人一份限量供应。这样计划经济下的产物让我们都格外珍惜，总是舍不得吃掉自己分得的那一份，常常要到晚饭时才肯彻底消灭，现在想来真是好笑，往往成了我们现在教育儿女们的“笑料”。

就在我去师范读书的两年里，我的家里也发生了富有戏剧性的变化，从此彻底改变了我们兄妹五人的人生。先是二哥参了军，后来就在部队里考上了军校，多年之后转业到家乡成了一名乡镇干部，现在是名正言顺的公务员。那时，大姐是最委屈的，作为长女的她，为了照顾我们几个弟妹读书，减轻父母的负担，初中毕业后就进了当时刚开办的乡办五金厂做了一名工人，其间吃了不少苦。随着国家政策的变化，十来年前，颇有经济头脑的她和姐夫双双从厂里辞职，自己做起了老板，经过辛苦打拼，企业越来越红火，已形成一定的规模，现在是村里小有名气的私营企业了。比我小两岁的小妹在高考落榜后，先后到过好几个企事业单位，依靠自己的不断努力，现在已经是木渎新区管委会的一名中层管理干部，与在税务部门工作的妹夫组成的家庭，率先过上了有滋有味的小康生活。最值得一提的还是我大哥，我师范即将毕业前一年，也许是受到我们两个弟弟都跳出“农门”的影响，已经高中毕业离校四五年的他，突然“心血来潮”地向父亲提出了要回学校复读参加来年高考的惊人要求。当时大家都为他捏了一把汗，父亲那时已经到镇财政所工作，在大哥的强烈要求下，只好在与学校商量后，让他回到了中学进行复习迎考。刚开始的半年，考试成绩总是在末几位，但有着顽强毅力和坚定信念的他，硬是一步一步，依靠自己的辛勤汗水和挑灯夜战，最后竟考上了当时的江苏农学院（现在的扬州大学），毕业后分配到省机关工作，现在是我们家里“级别”最高的公务员，还是中国书法家协会会员呢！

在我们兄妹五人不断成就事业、家庭的过程中，不得不说一说我们的父母。母亲含辛茹苦照顾我们、操持家务，其间的辛劳自不必说；而早先只有高小文化的父亲，凭着自己对工作的认真负责和不断钻研，从初级社会计做起，直到担任了镇财政所总会计，对工作的敬业也对我们兄妹产生了一定的影响。最令人感动的是在他临近退休的几年前，为了争取一个入编的名额，硬是通过苦读复习，几个月后通过了好几门课的考试，获得了会计师职称，成为一名正式编制的机关干部，所以现在才得以享受每月不菲的退休工资。说起那一段他当时自称为“六十岁学打拳”的经历，无不让同事和我们做子女的敬佩。

三十年来，我们家的变化真的是翻天覆地，现在我们兄妹五个的家庭个个称得上小康，过上了有房有车的富裕生活。都已过不惑之年的我们，在尽力孝顺父母的同时，已经把关注的重点移到了我们的下一代身上。可喜的是，我们兄妹五人的后代都陆续考上了比较理想的大学，美好的前景已经在他们脚下初步铺就。可以想象，他们的明天一定会更加美好，难怪年事已高的双亲整天开心得合不拢嘴，前几年还濒临病危的老父亲，由于医治及时，加上母亲的精心照料，也出人意料地逐渐好转，想必是他们还想趁着现在的好时光再滋润几年呢！

改革开放三十年，国家在不断前进，家庭在不断富裕，但愿这样的好日子一直延续下去。

2008年7月

一封贺信引起的沉思

昨天，是第29个教师节。放学时在校门口遇到了一位行色匆匆的老人，急切的要找校长表达些什么，我把他请进了校内。老人自称有两位孙辈在这里读书，这个学期刚刚转进来，虽然时间不长，但从几件小事上对孩子的老师已经充满了谢意和敬意，想借教师节之际，赶来祝贺节日、感谢老师。说着说着，他拿出一张自己亲自用毛笔书写的大红贺信，交到了我的手里，一定要我在校内显眼处张贴出来，以表达他对全体老师的节日祝贺和感激之情。

在与老先生交流的过程中，他向我讲起了两件小事：一件是读五年级的孙辈刚开始被安排在后排座位，视力不好的他看不清老师的板书，向班主任反映后立即得到了调整；另一件是读二年级的孙辈因为刚从老家过来，英语基础等于空白（因为老家低年级不学英语），到了这里后，孩子的英语老师经常利用放学后的时间为他补课，令孩子的家长放心不少。他说就凭这两件事情，他们家长就十分感动，感到这里的老师对孩子是多么关心爱护，是一视同仁的，所以借教师节之际，一定要用这封贺信来表达对全体老师的祝福和感激之情。

听着老先生的讲述，看着张贴在校园墙壁上的大红贺信，我陷入了沉思。按理说，老先生所说的两件事确实很小，在我们许多老师看来实在是很普通、很平常的事情，也是我们作为教师的职责所在，想不到在家长的眼里，是那么感激、那么珍贵，这说明了什么呢？当我们的职业操守——神圣的师德在部分教师身上逐渐缺失时，这是否是对我们每一个为师者的一个警醒、一声呼唤呢？

教师节之际最多的声音是倡导整个社会进一步尊师重教，这一点理应成为一种好的社会风尚，它主要体现在政府对教育的重视，以及社会对教师的尊重，这是文明社会理所应当具备的。但是，在全社会倡导尊师重教的大背景下，作为教师，我们更多的应该有什么思考呢？这些年来，个别教师师德缺失甚至道德沦丧的报道屡见不鲜，已经严重影响到了教师的群体形象，降低了教师的职业地位，这是我们做教师的所不愿看到的，也是整个社会所不愿看到的。因此，身为教师，应该时刻牢记自己肩上的责任，通过自己的一言一行，努力重塑教师的职业信仰和群体形象。唯有如此，才能真正赢得全社会的尊敬和信赖，也才能真正树立起尊师重教的社会风尚。

2013年9月

辅导班，为你纠结为你愁

辅导班，一个伴随着应试教育应运而生的产物。随着社会竞争的日趋激烈，许多家长越来越重视和关注孩子的成绩、分数，以及各方面素质、技能的提高，不少有条件的家长除了关注孩子在校的学习情况外，还十分关注孩子的校外辅导问题，想方设法让孩子“吃小灶”“找家教”，各类名目繁多的辅导班因此风生水起、热闹非凡。

孩子该不该上辅导班，是一个令许多家长纠结的问题，在这个问题上，我们经常听到两种不同的意见。赞成的意见认为：别的孩子都在补习，自己的孩子如果不补，担心比不上人家；反对的意见认为：孩子在学校里压力已经够大了，业余时间应该让他们拥有自由支配的权利，所以不能再给孩子上辅导班了。

上述两种意见似乎都有一定的道理，所以许多家长往往感到很纠结，关于这个问题，笔者以为不能一概而论，还是要具体情况具体分析。首先要搞清辅导班的种类，根据目前市场现状，当下的辅导班大体可以分为学科类、技能类、动手操作类等，其中学科类主要有语文、数学、外语等主要学科的辅导；技能类大致有音乐、美术、舞蹈、书法、体育等；动手操作类有航模、手工等。

搞清辅导班的种类后，我们再来看孩子和家庭的情况。以学科辅导类为例，如果孩子自我控制能力比较强，有良好的学习习惯、正确的学习方法，这样的孩子完全可以不上辅导班。因为他们往往用不着家长督促和规划他的学习，只要家长稍加指导、点拨，他便会安排自己的学习，自己挑选和购买参考书，自己上网查资料，自己去找同学、老师探讨解决疑难问题……即使不上辅导班，也能学出好成绩，而且比较轻松、自由，有自我发展的潜力。有的家长的文化层次比较高，有较为充裕的时间和精力陪伴孩子，并具备一定的教育教学知识（比如家长自己就是教师），可以对孩子进行正确的引导，这样家庭的孩子也可以不上辅导班。除此之外，对于不具备以上条件的孩子，尤其是自己不太自觉、需要别人提醒、督促但天资聪颖的有一定潜力的孩子，可以考虑让孩子上一点儿辅导班，但必须适可而止，以不引起孩子反感及过重负担为宜。

对于孩子上其他两类辅导班的问题，一般来说城区的家庭比较注重，但是在这个问题上家长也应该尊重和听取孩子的意见。总的来看，如果孩子学科成绩能够保持中上游水平，那么可以考虑让孩子适当参与这样的辅导班。因为有些优秀的辅导班，不仅不会增加孩子的压力，某种程度上还会缓解孩子的学习压力，对孩子综合素质的提高，有一定的帮助。但建议家长不能只盯着目前流行的钢琴、舞蹈等兴趣班，也不要以为你付的钱越多，就越有利于孩子兴趣的培养，关键还是要看兴趣班的质量，以及自己孩子的情况，不可盲目跟风。

需要提醒家长的是，不要以为花钱为孩子报名上辅导班后，就可以高枕无忧、不管不问了。以上面提到的学科辅导班为例，如果家长硬把不喜欢某学科的孩子塞进辅导班，在课堂上，孩子对辅导的内容犹如听天书，学习进度跟不上；在课后，作业不会做，同学看不起；在家里，父母还要不断埋怨、施加压力，这样反而会让孩子身受多重挤压而不堪重负，更加丧失学习信心和学习兴趣。因此，家长送孩子上辅导班后，还需要经常关心、过问孩子的学习情况，不仅要关注孩子学到了什么，还要关注孩子提升了哪些素质，学习习惯、学习兴趣、学习方法都有哪些进步，自信心是否增强等。另外，孩子在辅导班学习时，是否会结交到学习习惯不好、道德品质不良的孩子，这也是需要家长关注的问题。

总之，孩子该不该上辅导班，上什么样的辅导班，不是个简单的问题。在考虑这个问题时，我们一定要从实际出发，既不能给孩子报太多的辅导班，不切实际地让孩子满负荷，这不利于孩子健康、快乐地成长，也不能将课外辅导说得一无是处，这同样是不客观的。总的来说，我们应该根据孩子的具体情况具体分析，区别对待；应该尊重孩子的兴趣爱好，符合孩子的成长需求；同时让孩子有充足的学习、休息和娱乐的时间；在此基础上还必须注重考察、比较辅导班的办学质量，关注孩子的学习、培训情况，及时进行沟通、调整。这样的安排才是切合实际、卓有成效的。

（此文发表于《苏州家庭教育》2015年第4期）

我的入党故事

时间的流逝总会冲淡脑海中很多过往的记忆，但有些记忆是难以忘怀的，比如我的入党日期——1985年9月18日。

我是一个“60后”，对于入党，是我成人起一直都有的一份期望和梦想。因为在我成长的记忆里，共产党员是积极向上、努力奋进的人，我从小对他们充满了羡慕和崇拜，希望自己有朝一日也能够成为一名光荣的共产党员。

1978年，是恢复高考的第二年，也是改革开放的第一年。虽然我的高考成绩在母校黄埭中学名列年级第四，按照现在的高考录取率，无疑能够上一个不错的大学了，但是在那个几乎是百里挑一的年代，再加上有“老三届”优先录取的政策，所以作为应届生的我，只能被中等师范类院校录取，而且比正常录取时间晚了整整一学期。那时刚刚18岁的我独自离开家乡、离开父母，来到江苏省洛社师范学校就读，经过两年的专业训练，1981年1月，我回到家乡成了一名小学教师。

那时的教师队伍中的党员可以说是凤毛麟角，基本上都是学校的领导和骨干，他们一心扑在自己的教育事业上，在不同的岗位上用一样的模范言行，践行着一个共产党员的本色。作为一名刚刚参加工作的青年教师，他们的一言一行我看在眼里，记在心上，在他们的感染和影响下，我自觉以他们为榜样，向他们看齐，每天早出晚归，全身心地投入到自己的工作上，工作上渐渐有了起色，取得的成绩也得到了领导、同行的肯定和认可。那时的老郑校长以校为家，经常给我指点、鼓励，给了我不断进步的信心和动力。工作第三年的春天，我向党组织递交了入党申请书。由于工作成绩突出，工作后的第四年，23岁的我被任命为教导处副主任。从此，我更加注重从各方面严格要求自己，时时处处以党员的标准对照和要求自己，一年后的1985年9月18日，一个让我终生难忘的日子。就在那一天，我光荣地加入了中国共产党，面对镰刀铁锤的鲜红党旗，我举起右手庄严宣誓："我志愿加入中国共产党，拥护党的纲领，遵守党的章程，履行党员义务，执行党的决定，严守党的纪律，保守党的秘密，对党忠诚，积极工作，为共产主义奋斗终身，随时准备为党和人民牺牲一切，永不叛党。"从那一刻起，我投入了党的怀抱，成为党组织的一员，我热血沸腾，壮志凌云。

那一天，先前的入党申请书和一份份思想汇报成为我逐渐成熟进步的鉴证。我用略带紧张而激动的声音读完了入党志愿书，倾听了各位前辈和同行们对我的鼓励和期望，感谢党的教育，感谢组织的培养，感谢同志们的帮助和指导，使我能够迈入组织的大门，成为有共产主义觉悟的先锋战士中的一员，能够为党的教育事业更好地奉献自己的青春和智慧。这些情景时常萦绕在我的脑海里，是那么清晰，那么深刻，成为鞭策我矢志不渝、奋勇争先、努力工作的不竭动力。

白驹过隙，斗转星移，三十多年弹指一挥间已经过去。入党伊始，方知党员称谓的神圣光荣；党龄渐长，更觉党员身份的弥足珍贵。作为一名有着三十多年党龄的老党员、老教师，经历了半辈子的风风雨雨，我经常扪心自问："共产党对于我们来说，究竟意味着什么？"我用自己的亲身经历在心底默默地告诉自己：她是指引我们不忘初心，砥砺前行的明灯，她是我们践行为人民服务的无上荣光。作为个人，虽然离退休的日子已屈指可数，但我仍将以一个党员的标准时时要求自己、提醒自己，为党的教育事业站好最后一班岗，忠实地履行好自己入党时的誓言，这就是我——一名老党员、老教师的入党故事。

（此文于2018年5月获相城区教育局“我的入党故事”征文评比三等奖）

致敬！埭小志愿者

2020年初，一场突如其来的疫情，打乱了我们平静、祥和、欢乐的假期生活，全国人民的生命健康安全受到严重威胁。“疫情就是命令，防控就是责任。”全国人民共同抗疫，迅速形成了联防联控、群防群控、全国上下一盘棋的格局，一支支医疗队整装待发、驰援武汉，为患者牵起了“绿色生命线”；由党员干部、人民警察、社区人员组成的防控力量夜以继日地辛勤操劳，筑就了一道道防控疫情的天罗地网；雷神山、火神山医院的建设者们争分夺秒地与时间赛跑，以中国速度创造建设奇迹；全国人民、海外华侨、国际友人纷纷捐款捐物、奉献爱心。

众志成城凝聚大爱，在这场没有硝烟的战争中，“埭小人”舍小家为大家，75名教师冲锋在前，义无反顾地走上了社区疫情防控志愿服务的岗位，彰显了人民教师高尚的师德风貌，埭小志愿者们用自己无私无畏的英雄气概诠释了一名党员、一名人民教师的担当和责任。作为75名志愿者的组织者、志愿岗位的亲历者，其间经历的点点滴滴，令人无比激动。

此次志愿服务，从党员、行政领导示范带头到骨干教师积极响应、其他教师踊跃参与，一声令下，筑就了“埭小人”一道亮丽的风景……在这些最美志愿者中，许多年轻女教师都是孩子妈妈，家中有年幼的孩子需要照顾，但当疫情来袭，当号角吹响，她们义无反顾地冲在抗疫一线；有的志愿者家住吴中区、园区，要克服路途远、检查卡点多、交通不顺畅的困难，但为了抗疫，为了志愿服务，一切困难都不能阻挡他们的脚步，他们没有一句怨言，没有丝毫迟疑，有的只是害怕迟到的急切心情；有的志愿者在严寒而漫长的冬夜里要坚守岗位整整12个小时，没有半点儿退缩，因为他们对这土地和土地上的人们爱得深沉，更因为他们的一颗有大义、有情怀，更有担当的爱国之心；还有的志愿者本身是班主任，既要认真细致地做好志愿者工作，又要“忙里偷闲”地完成班主任繁重的排摸、统计、上报工作，与一个个家长不厌其烦地联系沟通，再忙再苦再累，没有一个叫喊。尤其令人感动的是，当疫情刚刚发生，许多教师纷纷主动请缨，要求冲上一线，有的老教师因为学校暂时未安排上阵，纷纷通过各种途径表达自己随时听从学校召唤的意愿和决心……这就是我们埭小的志愿者，这就是我们埭小的教师们，病毒阻隔了我们的相聚，但阻隔不了爱心的传递，阻隔不了我们战胜疫情的坚定信心。平凡的岗位，平凡的执勤，不平凡的是一颗颗无私奉献的真心。

没有一个冬天不能逾越，没有一个春天不会到来。面对疫情，全国人民万众一心、众志成城，筑就了一道道抗击疫情的铜墙铁壁，埭小的教师们用赤诚与担当诠释了初心与使命，用责任与付出诠释了奉献与爱心。因为我们深知，黑夜尽管漫长，但终究遮挡不住黎明的曙光，因为我们坚信，在以习近平同志为核心的党中央的领导下，我们一定能够取得这场疫情防控战的最后胜利。

2020年3月

工作杂谈

正确对待学生的联想和质疑

在课堂教学过程中，常常可以发现，学生因受某事物的刺激而产生许多联想。例如有的教师在教乘法口诀时，形象化地联系“一只青蛙一张嘴，两只眼睛四条腿……”有的学生因为对青蛙感兴趣而联想到钓鱼等情景，这种联想也就是我们常说的思想“开小差”“跑野马”。这样的联想背离了教学目的，显然对教学是不利的，必须尽可能加以避免。然而，也有许多联想正是教学所需要的。如在教师的引导下，学生结合认数活动联想到周围物体的个数；按照条件要求，联系生活实际自编应用题；学了几何形体之后，联想生活中所见到的各种物体的形状与此对照等。这些都是有价值的联想，且随着学生年龄的增长，思维的目的性日趋明确，这种与教学目的相一致的联想会逐渐丰富。他们不但会产生很多有价值的联想，而且会发展到敢于质疑，这是联想的表露阶段。学生回答问题时的举例、编题等是联想的表露，能提出疑问也是表露，而且是更有价值的表露。学生从不会想到会围绕教学内容来想，又从会想到产生疑问、提出问题，这正是我们数学课堂教学中求之不得的，关键是我们做老师的如何珍惜这个时机，正确对待学生的联想和质疑。下面举例谈谈笔者在听课中得到的感受。

一次听“角的认识”一课，当这位老师讲长方形和正方形的四个角都是90°时，有一位同学联想到以前认识过形状是长方形的有课桌面、课本面、黑板、球场等。可是对它们的四个角都是90°却产生了疑问，提出：“老师，课本和球场的形状都是长方形我理解，但课本的四个角比起球场的四个角显然小得多。为什么说它们的四个角都是90°呢？”学生通过联想，提出了不理解的问题，应该受到重视和欢迎。这一疑问正说明这个学生对角的概念认识模糊，更不理解决定角的大小的因素是什么。面对这个问题，假如教师引导得法，对于揭示角的大小的本质和帮助学生认识“角的大小与边的长短没有关系”这一概念是很有帮助的。遗憾的是这个问题没有引起老师的重视，只是草草用“长方形的四个角都是直角，所以都只有90°”一句话了事。而学生呢，疑团仍未解开，心里还是悬着。

又有一次，另一位老师教应用比的基本性质进行比的化简，一位特别喜欢打乒乓球的同学就联想到了球场上的比分，提出：“老师，既然比可以化简，为什么乒乓球比赛时不把比分15∶10简化成3∶2呢？”这个问题提得多么有趣啊，老师马上给予表扬，说：“这个问题提得好，学了新的知识就应该联系生活中的实际问题来想，也可以大胆提出疑问。现在大家可以想想，球场上比分的‘比’与我们今天所学的‘比’一样吗？”经过思考，有的学生说一样，有的说不一样。老师抓住说得比较正确的观点，进一步解释：“球场上的比分是记录双方各得分多少，这是比一比相差多少。那么，课本里谈到的长和宽的比，路程和时间的比等，又是一种什么关系的比呢？”……通过对比、分析、讨论，同学提出的问题得到了答案。于是，同学们对比和比的基本性质有了更深刻的理解。

两个例子，两种截然不同的效果。数学教学的一大任务是发展学生的思维，培养学生学会想问题、提问题。在课堂教学中，我们尤其要关心的正是学生会怎么想，想对了还是想错了，对概念的理解是清晰的还是模糊的，算理是清楚的还是含糊的……这必须弄个水落石出，才能对所学知识了如指掌。所以，我们做教师的要引导、鼓励学生积极思考问题，满腔热情地欢迎他们提出疑问，特别不该使学生一些有价值的发问遭到冷遇；还要做好疏导和解疑的工作，学生的疑团解开了，学起来心里也就踏实了，课堂教学气氛也将随之活跃，课堂教学效率的提高也就有了可靠的保证。

［此文发表于《课堂教学采珠集》1999年吴县市（1995年撤销）教研室］

从于永正的教育观说起

我近日读到一篇著名的特级教师于永正写的介绍自己语文教育观的文章。于老师把自己三十多年小学语文教学的经验归纳为“五重”：重情趣、重感悟、重积累、重迁移、重习惯。这也是于老师教学特色之精华所在，我读后颇有感触。尤其是“重情趣”这一条，可以说不仅对语文教学有指导意义，对其他各门学科的教育教学都是很有启发的。其丰富的内涵对于正确领会和贯彻当今教育界崇尚的“以学生为主体、教师为主导”的教育思想，以及深入推进以培养学生的创新精神和实践能力为重点的素质教育，都有着十分重要的指导意义。

于老师所讲的“重情趣”中的“情”，是指教师对学生要有情，要重视教学过程中的情感投入和情感交流；其“趣”是指趣味性，要求教师把课上得有趣味，以激发学生的学习兴趣。俗话说，兴趣是最好的老师。富有情趣的教学活动，学生不但不会有压力、有负担，而且会乐此不疲，其乐无穷，记忆力、理解力、创造力也就会得到充分的发挥，对当前真正落实“减负增效”的目标，全面推进素质教育的现实意义不言而喻。由此，笔者有两点感想与同行商讨。

（1）要对学生有情，首先对学生要有真挚的爱。于老师认为，教育事业说到底是爱的事业，而这种爱应该首先表现在师生关系的平等上；表现在充分尊重学生的人格上。课堂上如果没有民主、和谐、宽松的氛围，别说是培养学生的创新精神，恐怕连书本上的死知识也很难真正教好。很难想象一个缺乏民主意识、对学生缺乏爱心的教师能够教好所教的学科，能够成为受人尊敬的好教师、名师。但是，在我们的实际工作中，不尊重学生，对学生缺乏关心和爱护，缺乏民主、平等意识的现象还时而存在，在个别教育者身上还比较严重。他们不善于发现每一个学生尤其是所谓“后进生”的闪光点；不善于恰当而适时地运用表扬和激励的手段；不善于运用各种方式表达自己对学生真挚的爱。而于老师则不然，他能充分尊重每个学生的人格，从不伤害他们的自尊心；他能关爱每一个学生的成长，在学生最需要的时候，给他们以关心和帮助；他能恰当运用多种方式表达自己对学生的爱，让学生感到于老师时时都在关注着他们。由此，于老师用真诚无私的爱，赢得了学生的爱，学生喜欢他，也由此喜欢上他的语文课。学生对老师所教的学科产生了浓厚的兴趣，意味着教学的真正成功，这难道对我们没有启发和借鉴吗?

（2）要使所教的课上得有趣，教师必须根据教学目的、学生实际及现实环境组织新鲜而有趣的教学活动，以学生的生活经验为中介，引导学生进入教材所创设的情景和角色，进行积极的情感体验。要做到这些，教师必须具有渊博的知识，广泛的兴趣，出众的才能；必须锤炼自己的教学语言，使自己的教学语言成为学生的一种艺术享受；必须充分信任学生，把尝试、探究和发现的主动权交给学生，使学生真正成为学习的主人，以满足他们的表现欲和成功欲。只有这样，师生才能共同步入“教学相长”的理想境界，也只有在师生共同的生命投入、相互影响、相互启发、相互发现与相互撞击的过程中，师生的创造潜力才能迅速激活与发挥，最终达到共同的精神愉悦和自由，这才是教育的真正魅力之所在。

“重情趣”作为于老师的一种教学观点，一种教学经验，无疑应该成为我们全体教育工作者的一种追求，一种共同的教学理念。唯有如此，我们的教学才能真正获得成功，我们的教育才能真正获得创新和提升。

（此文发表于《教育天地》2000年第3期）

决不轻言放弃

上学期起学校试行中循环教学制，分1—3、4—6两段循环，按这样的惯例，六年级下来就该到四年级，因此，我上学期开始接了四年级。

我多年任教高年级，对高年级学生的情况自认还是比较了解的，而这次一下回到了四年级，学生的年龄差就有三年，刚开始真的有点儿不适应，虽说孩子们要比高年级天真得多，但习惯方面确实不如人意。开学后的那段日子里，每天都有好几位“老大难”拖拉作业，甚至不交，字迹潦草的更是不在少数；早上一进教室，报告声不绝于耳，一度很困惑，似乎有点儿束手无策。但我坚信，习惯比什么都重要，小学阶段尤其如此，因而下定决心，还是从抓习惯开始吧。

同学小L，数学成绩差，一直没有及格过，且懒惰是她的一大“亮点”，作业不在眼皮底下完成那多半是跟你拜拜了。留心观察一段时间后，我发觉该生智商并不太弱，而且她有两大优点：一是从不逃避放学后的补差；二是比较善于机械识记。上学期期末考试居然考了九十多分，让老师们大为惊讶。我抓住这两点，与她多次谈心，对她的优点大加赞赏，同时对她提出了明确的要求，并宽宏大量地包容了她的“复发”，只是要求她逐步减少直至消灭。经过一阶段的努力，已初见成效，上学期期末虽仍未及格，但已为期不远，这个学期开学后的表现有更大转变，字迹端正了，作业错误少了，我在班上特意大声表扬了她，并且说我相信她这个学期一定能跟上班里同学的。

另一同学小Z，系外地民工子女，天资尚可，但由于原有基础及习惯较差，加之贪玩、好动，学习上始终比较吃力。作业三天两头得重做，我多次与其家长联系沟通，并多次找他谈心，指出他的缺点。为了加强对他的督促，我还“特批”他每天早晨到校后亲自将作业本交到我手中面批，经过一学期的强化，已取得明显成效。我及时给予鼓励和肯定，他的劲头更足了，从他眼中我看到了信心和希望。

虽说一学期中为了小L、小Z们花费了不少心血，其间也有不少酸甜苦辣，但毕竟经过自己的坚持，有了可喜的收获，也让我增添了信心。要是缺少点儿耐心和毅力，我也许早就放弃努力了，也就不会有今天的结局。

我一贯以为，小学阶段对孩子的培养教育，当以习惯最重要。孩子养成了良好的习惯，那将真的终身受益，有了好的习惯，难道离灿烂的明天还会远吗？对孩子习惯的培养，必须持之以恒、坚持不懈，只要有一分的可能，我们就要做十分的努力，决不轻言放弃。其实，在我们的人生道路上，又何尝不是这样呢？命运总是偏爱那些有坚定信念、不轻言放弃的人。

2006年8月

“家访”仍需多实地

家访，自古以来就是学校进行家校联系的传统途径和形式，但是随着时代的变迁，现代通信手段的日益发达，实地家访越来越少了，取而代之的是电话、短信的联系，或者通过举办家校活动和电话通知个别家长，让家长到学校与老师进行面对面的沟通。这样的方式虽然在一定程度上也能达到沟通的目的，甚至还相当方便、快捷，符合现代快节奏生活的需要，但与教师亲自上门进行的实地家访相比，总觉得缺少了一种真实的了解和感受，缺少了一种心与心之间的协调与沟通。从取得的实效来看，可能还是有一定差距的。

本学期，根据上级要求，各班积极开展实地家访，并提出了目标任务，实行了分工挂钩制度。所以近阶段许多班级纷纷行动，掀起了一股实地家访的热潮，前一阶段我陆续随挂钩班级的班主任等几位老师，实地走访了几个家庭，感触颇多。

总体来说，大多数家长对老师上门家访都是相当重视和欢迎的，不少家长虽然都挺忙，但也都尽量按约在家静候老师。可以看出，他们对老师的到来表现出了相当的惊喜和感动，随后的交流中双方的距离不断接近、情感更加融洽，对孩子教育的共识也随之不断增多，这样的效果我想肯定与电话、短信沟通是不同的。

我们去了小C家，她的父母平时都忙于打理自家企业，无暇顾及对小C的监管。小C的日常管理都交给了外婆，平时吃住都与外婆相伴，养成了一些不良的习惯，最大的问题是每晚看电视看得很晚，导致白天无精打采，影响听课效果，再加上知识缺漏较多，有时小C连作业都无法正常完成，所以各科成绩可想而知了。这次难得与她的父母当面沟通，老师们对其父母提出了加强监管促其养成良好习惯等有关建议，小C也在大家面前表示了改掉坏习惯的决心。当时看来是有一定效果的，难的在于各方以后的坚持。

小D的父母都是菜场做小生意的，平时早出晚归，实在是没有时间对他加以关注，小D每天的家庭作业多半是在父母的摊位上完成的，质量和效果往往不尽如人意。但是，他的父亲和我们谈起了一件事，自从上次学校举行德育导师结对仪式，小D兴冲冲地拿到一份老师赠送的学习用品开始，整个人的变化比较大，学习上也比以前自觉、认真多了。几位老师也肯定了小D的变化，双方达成共识，一定要抓住契机，加强联系，帮助其树立学习的信心，逐步提高其学习成绩。看起来一份小小的纪念品，在孩子的心灵中竟能起到如此地触动，这实在有点儿让人意外，这也可以说明我们做教师的平时给予学生的赞赏、鼓励乃至奖励也许真的是太少了，值得我们好好深思。

实践证明：实地家访作为传统的行之有效的家校联系方式，在当今新的社会背景下仍然有其强大的生命力，它是其他沟通方式所不可替代的，愿我们的老师能够好好坚守、充分利用。

2008年4月

由“健康”所想到的

这学期起，随着工作的变动，我不再担任担了多年的数学教学工作，教导处曾征求我的意见，意思是这学期的课表原则上不再变动，因此这个学期是否就不要担课了？在我的一再坚持下，最后总算从班主任那里“挖”了几节六年级的健康课给我，才使我不至于“失业”。

健康教育对于我来说，只是偶尔听过几节，现在要自己正式来上，还是新娘子上轿——头一回。怎样才能上好这个课，关键是要让学生感兴趣，让学生有收获。我想首要的一点，还是要先让学生能够积极参与进来，不然，靠我一个人唱四十分钟“独角戏”那真正要没戏了。为了争取把课上得生动一点儿，备课前我特意上网搜索了有关的信息资料以备上课之用。

开学的第一课，我确定与同学讨论沟通的主题是“对健康的认识”，在我简要地介绍了健康的内涵包括生理健康和心理健康两个方面后，讨论关注的主题引到了平时人们往往容易忽视的心理健康上。在列举了社会上一些人由于没有健全的心理给个人、家庭甚至社会所造成的各种伤害的实例后，同学们逐渐对这个话题有了一定的兴趣，一些同学的话盒子也慢慢打开了。说明对心理健康的关注在我们的日常生活中是很有实际意义的，在同学们初步认识到拥有健康的心理对人的一生的重要性后，我适时引导学生围绕“在当今社会，怎样才能保持和拥有健康的心理”这个主题展开讨论。不少同学都跃跃欲试，举手发表自己的意见，有的说要学会自我调节，保持良好的心态；有的说要多与父母、老师、同学沟通，增进相互了解；还有同学说要自觉抵制社会上的不良诱惑，才能保持健康的心理，使自己健康成长。我在肯定的同时，顺势引导学生讨论现在社会上对我们青少年的不良诱惑有哪些方面？大家一致认为危害最大的是网络游戏、色情暴力，还有赌博。我趁热打铁地用媒体上看到的一些实例来说明其严重危害，然后要求同学们谈谈自己的体会和感受。在一些同学发言表示要远离这些不良诱惑后，有一位同学站起来发言了，他介绍了自己以前是如何沉迷于网络游戏，甚至将父母和亲友的钱偷出去到网吧上网，对自己的学习造成了很大的影响，现在听了老师和同学的讨论后，觉得自己过去的做法是多么的危险和不应该。他说经过老师和家长的几次教育，他从寒假起就已经在逐渐地减少去网吧的次数了，今天更加认识到了这种行为的危害，所以下决心要彻底改掉这个坏毛病。我对他说："老师对你勇于承认自己犯错的勇气表示钦佩，相信你一定能够说到做到，改正自己的不足，做一个真正的男子汉，做一个让老师、家长放心的好孩子。"从他纯真的眼神里，我读到了他改正错误的决心，相信这节课已经在他的心灵深处引起了不小的共鸣，也一定会对他增添不少改正自己错误的勇气和动力。

开学第一课给了我不小的启示，如果我们的教育能够真正做到德育为首，育人为先，如果我们的每一个教师都能够静下心来，真正以民主、平等的态度与学生加强交流和沟通，那么取得的教育效果肯定是不言而喻的。可惜，我们的教育、教师都很难真正做到这样，留下的只能是无尽的缺憾。

2008年4月

动之以情是最有效的教育

这几天，四川地震灾区的灾情牵动着全国亿万民众的心，大家每天都在关注着灾情的变化和救援的进度。数以万计的解放军和其他救援人员正夜以继日地紧张施救，一片片废墟被清理搜寻，一个个生命从死亡的边缘被拉回，但是尽管如此，还是有无数鲜活的生命被这场天灾吞噬，其中就有大量的在校生。那种凄惨的场面让人心碎，即使是再坚强的人也无不感到悲伤。

今天，学校按照上级的统一部署，开始发动师生为灾区捐款，不到半天工夫，全体老师的捐款工作已经顺利完成。其实大家思想上早已做好了充分的准备，只等一声令下，因为大家深知，对远在千里之外的灾区人民来说，也许这是表达自己心意的最好方法，虽然没有什么郑重的仪式，但是可以想象大家在捐款时的一脸凝重，这就是对自己同胞血浓于水的真实情感的写照。

其实，除了捐款，作为教育者的我们，可以及时、充分地利用这次抗震救灾中的事例对我们的学生进行生动、有效的教育，救灾活动中涌现出来的许许多多感人至深的事迹，对于生活在这里的孩子来说，有着无穷的震撼力和感染力。这样的感人事例通过媒体每天都在不断地报道着，对于激发和弘扬我们中华民族的民族精神和传统美德，无疑是最好的教材。这两天的健康课上，我暂停了备好的内容，与学生聊起了地震和抗震救灾中的感人事例。一方面让学生了解一些有关地震的知识，另一方面让学生深切地感受党和政府对灾区人民的深切关怀，对处置突发事件和自然灾害的迅速有力的指挥能力；感受解放军对抢救人民群众生命财产奋不顾身的大无畏精神；感受中华民族大家庭“一方有难，八方支援”的凝聚力；感受到了跟灾区的孩子相比，能够坐在教室里安静地学习是多么幸福。整整一堂课的时间，教室里时而鸦雀无声，时而热闹非凡，没有一个同学走神，没有一个同学犯困。每一个同学都对这场地震灾害牢牢地牵挂着，都被抗震救灾中的事迹深深地感动，有关这场地震以及伴随而来的感人事迹一定会在孩子们的心中留下烙印、受到教育，因为这正是学生真正动情的时候，也应该是教育最有效的时机。

作为一名教育者，我们应该充分利用这样有利的教育时机，结合捐款活动，对学生进行动之以情的教育。如果班级里有灾区的孩子，还可以抓住契机，深入开展系列教育活动，让每个孩子通过活动，受到最有效的教育，这是我们每个教育者的责任。

2008年5月

首要的是转变观念

开学第一天，一位新转入的外地民工子女，因为先天视力问题，再加上外貌先天异常，班主任竟然拒绝接受，边上的几位教师也都议论纷纷，家长一时在办公室陷入了僵局。家长找到教导处，教导主任在电话里跟这位老师讲了很多道理仍然无济于事，碰巧我在那儿，先前在教师办公室也见过这位学生及家长，于是，我打电话把这位班主任请了过来，准备当面与之好好沟通。

从沟通中得知，这位班主任之所以不肯接收，原因有两点：一是因为其视力严重低下，担心成绩差而影响班级水平；二是因为其外貌异常而担心影响班级管理。我跟她说，这两点担心虽然可以理解，但是按照我们学校与教师的职责，都不能成为拒绝接收的理由。经过一番沟通交流，这位班主任总算答应接收下来，并且答应今后多关注、多辅导，力争不让其丧失信心。

事情虽然初步解决了，但是这位老师的观念不可能一下子完全转变过来，而且有这样观念的教师不在少数。前几年很多教师总盯在学生的成绩和学生是否听话、好管理上。在实施素质教育多年后的今天，尤其是在当前的教育形势下，教师的教育观念确实需要有较大的转变。关注学生的全面发展，关注特殊学生的教育，应该成为我们教育的着力点，特别是对待这样特殊的学生，我们教师的教育态度至关重要。他们今后的校园生活往往就把握在我们手里，这样的孩子，对教师来说往往也是难得的教育机遇，应该好好珍惜，好好把握，才能不断提高自己的教育艺术和水平。

2009年2月

“请求”留给我们的思考

今天早上在校园巡视时，几位六年级的女生特意拦住我，对我说：“校长，我们要求换 ×× 老师！”略感突然之后，我问她们：“为什么要换老师啊？”她们七嘴八舌，大意是说这位体育老师本学期很少带他们到室外上课，照这样下去，她们担心会影响校运会的成绩，有一位女生甚至指名道姓地提出要求换 ××× 老师给她们上课，我在哭笑不得之余对她们说：“换老师不是那么简单的事情，更不是你们想换就能换的。你们能关注班级的成绩而提出这个要求，本意是好的，说明你们都比较关心集体，但是学校有学校的整体安排，再说这位老师也许是有什么不得已的原因，等我了解清楚后再说吧！”

据我所知，这位老师虽然不是什么科班出身，但是对于工作一向还是比较认真的。虽然已经五十多岁了，但由于这边师资缺乏，所以他现在每周还担着十七八节课，之所以出现学生所反映的问题，可能有什么具体问题。事后，我先找年级组长了解这位老师的精神状态和工作情况，组长反映具体也不太清楚，只是觉得他最近有点儿沉默寡言、精神不佳。于是，利用一天上操后的间隙，我找这位老师闲聊，先关心了他的身体情况，果然，他告诉我，最近脖子上长了个东西，已到苏州检查治疗过几次，目前虽说已初步得到控制，但是最后的性质还要再看一段时间才能确定。听了他的情况，我首先对他带病坚持工作的精神表示敬意，安慰他不要有过大的思想负担；同时要求他积极就医，配合医生采取相应的治疗措施，在此基础上婉转地转达了学生希望多到室外锻炼、为校运会做准备的要求，希望他在考虑自己身体状况的前提下尽量满足学生的要求。这位老师表示尽量会满足学生们的要求，事后经过了解也确实做到了。

这件事情不仅让我对我们老师这样的敬业精神而感动，也让我为学生们的“请求”而感叹，学生们的请求虽然天真淳朴，但留给我们的是深深地思考。在新课程改革不断深入的今天，学生的自主意识、维权意识正在不断增强，这应该是可喜的，但同时也深深地提醒我们，应该如何更好地增强自己的责任意识和进取精神。现在的时代、现在的学生都不允许我们有丝毫的懈怠，不然，我们有可能会被时代淘汰、被学生抛弃，这绝不是危言耸听！

2009年6月

又是“教师节”

九月十日，一个值得记住的日子，一个值得纪念的日子——教师节。一年又一年，今年已经是第25个了。回忆起1985年的第一个教师节，自己还是个刚刚踏上工作岗位没几年的青年教师。只记得当时从上到下，对教师节的庆祝是既隆重又热烈，又是开大会表彰先进，又是发钱领物，很是热闹，让所有的教师着实“威风”了一把，也为以后教师地位的提高起到了一定的推动作用，如今的教师，可能已经感受不到那份热闹和“威风”了。

随着教师工资的不断提高，教师的社会地位也随之有了明显的提升，从当初大家都不愿做教师到现在争着抢着做，充分说明时代确实不同了，做教师的也总算可以扬眉吐气一番了。

但是，随着教师收入的不断增加，尤其是去年开始实行绩效工资以后，各方面对教师的要求也随之越来越高了。且不说学校内部，现今的社会上对教师的要求，有时甚至达到了苛刻的地步，好像教师就应该是不食人间烟火的圣人，应该是没有七情六欲，品德无比高尚之人，把教师队伍中的个别现象片面夸大，看作是整个教师队伍的主流。在今年教师节期间，部分自媒体就竭力炒作教师节送礼的所谓调查资料，抛出了什么“100%的教师接受过家长的礼物、60%的家长给孩子的老师送过礼”之类的数据，单说这里的所谓数据就让人怀疑。应该看到，我们的教师绝大多数是有着良好师德的，不会做出有违师德规范、有损自身形象之事的；更应该看到，在我们的广大农村尤其是贫困地区，广大教师那种甘愿吃苦、乐于奉献的精神依然在闪闪发光。媒体应该大力地挖掘和宣传那些高尚的师德楷模，而不应舍本取末，哗众取宠。

当然，对教师自身而言，也应以此为戒，进一步崇尚高尚的师德和健全的人格，加强自身修养，注重自身形象。切不可做出有损师德、有损人格甚至斯文扫地、令人不齿的事来。我们教师是普通人，有七情六欲，也食人间烟火，但不要忘了，我们又不是普通的人。为人师者，应该有跟自己的职业相符的为人处事的原则和底线。

2010年9月

听课，请从尊重开始

今天教研活动听课时，上课的是一位刚工作一年多的青年教师，可以看出，这位年轻教师对这节课是做过认真准备的，总的构思也是可以的。对于一位刚工作不久的教师来说，应该说已经不错了。

但是，她课堂上对学生的掌控出现了一点儿问题，对于低年级的孩子来说，教师的调动显得尤为重要，而这位新教师恰恰缺乏这方面的艺术，因而在课堂上出现了许多不和谐的音符，好端端的一节课，就这样在吵闹声中草草收场了。课后这位新教师肯定很难受，而且也会好好反思这节课。也许坏事可以变成好事，有了这次经历，或许对她今后的课堂教学倒不失为一次磨炼。

令人惊讶的是，在今天的课堂上不和谐的音符里，除了出自那些孩子，还有来自坐在后面的听课的教师。整堂课从开始到结束，听课的某几个教师，从窃窃私语变成了热烈讨论！我不敢说她们讨论的是课外的东西，但即使是对这堂课的评议，我想此时此刻也很不和谐，很不应该。为人师表的我们，听课时理应像一个自觉遵守纪律的小学生，这也是对执教者的基本尊重，对课堂的尊重，对孩子的尊重。

纵观现在的教研活动，个别同行往往热衷于在这样的场合热烈发言，而真正到了评课议课的时候，却一反常态，要么一言不发，要么轻描淡写，一带而过。我想，这样的教研风气也实在应该切实地加以改正，尊重他人，也就是在尊重我们自己！

2010年11月

有感于名师的读书习惯

近日，我有幸观摩了苏州市名师发展共同体的一次公开教学展示研讨活动，其中一位专家在主题性发言中，总结到的名师之所以能够成为名师的几大关键因素，很有感触，尤其是关于名师都有良好的读书习惯这一点，更是让人深有同感。

古往今来，从伟大的教育家到小有名气的名师，无不都是喜爱读书、推崇读书的典范，苏联教育家苏霍姆林斯基在《给教师的建议》中，最强调教师要养成的一个习惯就是读书，他指出："学校缺乏读书气氛是极其危险的。""阅读乃是教师思想和创造的源泉，乃是生命不可或缺的部分。""情景教育"创始人李吉林老师数十年如一日，每晚都要抽时间静静地读书，即使是在外地开会或讲学，读书已经成为她生活乃至生命的一部分。在静静地阅读与思考中，在"情景教育"的探索实践中，李吉林老师从一位中师毕业的普通教师，成长为今天受人尊敬的一代名师。还有魏书生、李希贵、于漪、李镇西、吴栋生……这些教育名家，无不具备喜爱读书的习惯，无不是在喜爱读书的过程中成长起来的。我们身边但凡有点儿名气的名师们，也都是在读书中开始研究、探索，逐步成为名师的。可以说，作为传道、授业、解惑者，读书更有其深层的意义。

首先，读书可以提升教师的品位和气质。要提高和发展学生，没有教师的进步和提高，学生的提高就是一句空话。一所有品位的学校，规模可以不大，设施可以不高，但是一定要有浓厚的读书氛围，一个有品位、有气质的教师，一定得有浓浓的书卷气，一定得读一些文、史、哲名著和教育专著，听一些优秀教师的报告。在此基础上，学会反思，学会研究，学会探索，这样才能逐步成为真正的名师。但凡成功的教师，无一例外地都对读书情有独钟，一个有读书习惯的教师，经过书籍日积月累的浸润，气质就会变得高贵而不媚俗，性情就会逐渐变得细腻而不浮躁，内心就会变得博学而不自私。一句话，读书可以使教师的灵魂变得高尚而伟大起来，这样的教师，自然会赢得别人的尊重。

其次，读书能让教师博学多才，对教学驾驭自如。读书是站在巨人的肩膀上看世界，是通向成功的起点，正如高尔基所说，“书是人类进步的阶梯”，人类文化和智慧的延续主要依靠书籍。全国著名语文特级教师于永正在回答个人成功的最主要因素这个问题时，不假思索地回答是“读书”，他一生有四个习惯，第一个习惯就是读书，每天的报纸必读，订的刊物必读，好书必读，读到精彩处必记。用他的话说：“教师只有重视读书和学习，其视野才越开阔，思想境界才越高，敬业精神才越强，教育教学质量才越好。”当今的新课程改革，要求教师具有更强的驾驭课堂的能力，这就要求教师不仅要有高超的教学艺术，还要有丰富的知识储备。只有教师读书多了，知识面广了，领悟能力强了，在课堂上才会如鱼得水，游刃有余，课堂才能高潮迭起，精彩纷呈。

读书还能提升教师的心灵修养，使人始终保持平淡的心境。读书不仅能增长知识，开阔视野，还能提升我们的底气。教师读书，既可以保持教学的“源头活水”，保持职业不倦不殆的活力，还可以保持心灵的润泽、灵魂的高尚，从而使自己成为一个有思想、有智慧的教师。于永正老师不仅教学水平高超、学识渊博，还是一个品德极为高尚的人。他正直、宽以待人、关爱学生，身上有许多中华民族的传统美德，他坦诚这些都受到从小喜爱读书的影响，是书籍，成了他塑造心灵、提升修养的雕塑家。

有人把读书比作精神的呼吸，此话有一定的道理，当你工作、生活累了的时候，拿出书本读上一段，在浮躁的现实中寻得一份宁静，这种感觉是任何事情都难以代替的。当你对一本书、一篇文章乃至一句话产生深深共鸣的时候，你会觉得读书竟有如此的魅力，竟是如此的能够陶冶人的情操、净化人的心灵。

读书，对我们而言，犹如粮食、空气一般重要。我们经常说："要给学生一杯水，教师首先要有一桶水。"这里的"一桶水"，应该是"源头活水"，不单单是量上的体现，而更应是质上的更新改变。有的教师，教书教了10年、20年，就算他拥有了"一桶水"，但这桶"水"也许20年未换了，也许10年未换了，这样的"一桶水"，不利于学生的成长。教师的知识结构和教学方法，应随着时代的变化而不断更新、丰富，而更新的重要方法就是读书，就是学习。

当然，读书的好处虽然很多，但是对教师而言，还是应该有所选择的，除了应该读一点儿文、史、哲方面的名著外，更应该多读一点儿专业方面的书籍，读一点儿教育名家的专著，这样对于个人的成长也许更有效。但是，在我们的现实生活中，真正在读书的教师为数不多，能够将读书当作生活的一部分、当作一种习惯的教师更是寥寥无几，这是很不正常的现象。有位专家曾经说过："教师不读书是很危险、很可怕的事情，是教育的悲哀。"教师不读书，简直就是在误人子弟，恐怕离庸师也就不远了。

希望我们的老师都能喜欢读书，都能把读书作为一种生活习惯，让读书来提升我们的品质，让读书促进我们的成长。

（此文发表于江苏省教育学会《特色教育探索》2012年第2期）

“老师的启示”给予我们的启示

近日，参加相城区教育局举办的中小学德育干部培训班时，有幸听取了苏州市教科院袁卫星老师所做的一个精彩讲座，其中有一个小故事“老师的启示”让人听之动容，为之震撼。故事中的主人公汤普逊老师在对待后进生泰迪·史塔特时教育态度和方法的转变案例，给我们这些所谓的德育领导们上了生动的一课，更是我们所有的为人师者都应该好好拜读、好好思考的。

许多年前，汤普逊老师对着她五年级的学生们撒了一个谎，说她会平等地爱每个孩子！但这是不可能的，因为前排坐着泰迪·史塔特——一个邋遢、上课不专心的小男孩。事实上，汤普逊老师很喜欢用粗红笔在泰迪的考卷上画大大的叉，然后在最上排写“不及格”！

某一天，汤普逊老师检视每个学生以前的学习纪录表，她意外地发现泰迪之前的老师给的评语十分惊人。

一年级老师写道：“泰迪是个聪明的孩子，永远面带笑容。他的作业很整洁，很有礼貌，他让身边的人很快乐！”

二年级老师说：“泰迪很优秀，很受同学欢迎，但他的母亲罹患了绝症，他很担心，家里生活一定不好过！”

三年级老师说：“母亲过世泰迪一定不好过，他很努力表现但父亲总不在意，若再没有改善，他的家庭生活将严重打击泰迪。”

四年级老师说：“泰迪开始退缩，对课业提不起兴趣，没有什么朋友，有时在课堂上睡觉。”

直到那时，汤普逊老师才了解泰迪的困难，她深感羞愧；而当她收到泰迪送的圣诞礼物时——别人的礼物用缎带及包装纸装饰得漂漂亮亮，泰迪送的礼物却是用杂货店的牛皮纸袋捆起来的——汤普逊老师更觉得难过。汤普逊老师忍着心酸，当着全班的面拆开泰迪的礼物，有的孩子开始嘲笑泰迪送的圣诞礼物：一条假钻手环，上面还缺了几颗宝石，还有一罐只剩四分之一的香水。但是汤普逊老师不但惊呼漂亮，还带上手环，并喷了一些香水在手腕上，其他小朋友全愣住了。放学后泰迪·史塔特留下来对汤普逊老师说："老师，你今天闻起来好像我妈咪喔！"泰迪走后，汤普逊老师整整哭了一个小时，就在那一天，汤普逊老师决定不再教"书"：不教阅读，不教写作，不教数学，她开始"教育孩童"！

汤普逊老师开始特别关注泰迪，而泰迪的心似乎重新活了过来。汤普逊老师越鼓励泰迪，泰迪的反应越快，到了学年尾声，泰迪已经成为班上最聪明的孩子之一。汤普逊老师虽然说过她会平等地爱每一个孩子，但泰迪却是她最喜欢的学生。

一年后，汤普逊老师在门边发现一张纸条，是泰迪写的，上面说，汤普逊老师是他一生遇到的最棒的老师！

六年过去了，汤普逊老师又发现另一张泰迪写的纸条，泰迪已经高中毕业，成绩排名全班第三名，而汤普逊老师仍是他一生遇到的最棒的老师！

四年后，汤普逊老师又收到一封信，泰迪说有时候校园生活并不顺利，但他仍坚持下去，而不久的将来他会获得荣誉学位毕业！他再一次告诉汤普逊老师，她仍是他这一辈子遇到的最棒的老师！

四年过去，又来了一封信。信里面告诉汤普逊老师，泰迪大学毕业后决定继续攻读更高学位。他也不忘再说一次，汤普逊老师还是他这一生遇到的最棒的老师，而这封信的结尾多了几个字——泰迪·史塔特博士。

故事还没结束呢！你瞧！该年春天又来了一封信，泰迪说他遇到生命中的女孩，马上要结婚了，并解释说他的父亲几年前过世了，希望汤普逊老师可以参加他的婚礼并坐上属于新郎"母亲"的位置，汤普逊老师完成了泰迪的心愿。但你知道吗？汤普逊老师竟然戴着当年泰迪送的假钻手环，还喷了那一瓶香水，泰迪母亲去世前的最后一个圣诞节用过的香水。他们互相拥抱，史塔特博士悄悄在汤普逊老师耳边告诉她：“汤普逊老师，谢谢你相信我，谢谢你让我觉得自己很重要，让我相信我有能力去改变！”

汤普逊老师热泪满盈地告诉泰迪：“泰迪，你错了！是你教导我，让我相信我有能力去改变，一直到遇见你，我才知道该怎么教书！”

听完这个生动的故事，我感慨万千！我为泰迪感到庆幸，为他能在成长中最黑暗的时候遇到汤普逊老师而高兴，为他的改变而欢呼；我更为汤普逊老师而感动，她用母亲的心、老师的爱温暖和帮助了这个孩子，让他看到了希望，也实现了自己的梦想，证明了自己的价值。

泰迪用“一生中遇到的最棒的老师”来评价汤普逊老师，作为我们教师，还有比这句话更高、更好的评价吗？正是因为汤普逊老师用自己的细心、耐心与爱心，才得到了学生发自肺腑的真言，一句多么有分量的话啊！通过这个故事，作为教师的我们都应该好好反思自己，在自己的从教生涯中，可曾在学生心目中留下过美好的印象？可曾成为过学生人生中的“贵人”呢？一名教师到底应该给孩子留下什么？是不是上完课或是上好课就够了？就像故事中所说的那样，能不能真正实现从教书到育人的改变呢？这是我们每一位教师都应该思考和探索的课题。

汤普逊老师教育态度的转变，得益于泰迪以前的老师，是他们启发了汤普逊老师，让她意识到，孩子本来都是天真的、活泼的、可爱的，只不过随着时间和环境的改变，有些孩子的命运变得不幸。正是从这一刻起，汤普逊老师改变了对泰迪的看法，也改变了对他的教育态度和方法，从而取得了教育的成功。由此我们应该认识到：当一个孩子能够正确面对种种逆境时，他就会变得越来越坚强，而当他用颓废来对付家庭、学校和社会的时候，对他自己而言，人生已经变成了灰色；对家庭和学校而言，他也许已经成为“问题孩子（学生）”；对于社会而言，很可能会是一颗不定时炸弹。因此，从这个意义上来说，作为教师，我们更应该充分认识到：育人永远比教书重要。这就需要教师能够真正做到正确对待每一个孩子，真诚地引导他们、爱护他们，让他们感觉到这个世界没有遗忘他们，起码还有老师真挚的爱呵护着他们，从而让他们变得坚强起来，而不是变得不求上进，成为所谓的后进生。从这个故事中可以看出，教师对于孩子的成长，是多么的重要，一个善意的甚至不经意的做法，往往可以改变一个孩子的一生！

爱是教育的润滑剂，是师生沟通的桥梁。没有爱就没有教育，如果我们对学生没有起码的理解和尊重，没有起码的爱心、耐心和信心，那么我们就无法对学生进行教育，也不可能成为真正意义上的教师。作为教师，一生往往会遇到无数的学生，我们不可能要求他们都像泰迪那样懂得感恩，但我们可以尽力把自己的工作做好，无愧于我们的使命，我们可以努力像汤普逊那样做老师，也去做孩子成长中的贵人，相信他们，等待他们，给他们以爱和引领，让孩子们的人生之路因为遇到我们而变得更美好。

（此文发表于相城区教育局《教育论坛》2012年第3.4期）

建校百年的沉思

昨日参加学校建校百年座谈会，感慨颇深。埭小自1912年成立乡立小学开始，至今已百年历史，如果算上之前的私立历史，则已超过百年，作为一名“埭小人”，能够赶上建校百年这一历史时刻，也着实幸运。

埭小百年，可喜可贺，其间的历程本身就是一部值得传承、值得纪念的历史，且不说办学之初的简陋与艰辛，单是这近三十年的变化，也让人感慨万千。二十世纪八十年代初，适逢我师范毕业成为埭小的一员，那时的埭小只有十几个班级，三十多名教职员工，校园就是现在的东校院子，总共占地十来亩。后来随着规模的不断扩大，紧缺的校舍已不能满足需求。于是，在九十年代初，由政府出资陆续建造了一幢教学楼和一幢行政办公楼（现仍存在）。到了九十年代末，随着经济社会的不断发展，村校的陆续撤并，更加显得捉襟见肘。1997年起政府下决心准备投资在镇西建一所新校（也就是现在的西校），但由于政府财力有限，规划分三期完成：1998年初首期工程完工，分流一部分师生至西校成立分部；1999年暑期，第二期工程完工，学校总部迁至西校，老校区成为分部；原准备待三期工程到位后老校全部撤至西校，但由于政府资金困难，第三期工程直至2004年春才得以完成。但此时随着地方经济的迅猛发展，大量外来民工涌入本地，外来民工子女入学高峰涌现，东校已无法撤并，且近几年办学规模不减反增，目前已严重超负荷，创历史新高，从埭小整体规模来看，不仅史无前例，在相城区小学中已成为“航空母舰”。百年的历史，百年的发展，这也是可以大书特书的一笔。

埭小百年，作为后来人，尤其是作为百年历史时刻的见证人，应该好好总结，好好沉思，埭小百年的传承和积淀，究竟传承了什么？积淀了什么？一所学校建校百年着实不易，必定有着许多值得回顾和总结的地方，我们应该静下心来，去除浮躁，回顾学校百年历程，提炼其中应该加以传承和发扬光大的东西。在新的历史起点，扬帆远航，再创辉煌，这也是我们每一个“埭小人”的责任和职责所在。

2012年11月

坚持校门早值日得到的启示

我所负责的校区是一所流动人口子女就读的定点学校，现有1000余名学生。学校地处镇区狭窄的老街上。每天早晨上学时段，校门口总是人来车往，热闹非凡，由于地方狭小，经常出现拥堵的现象。为此，学校一方面加强校门安保及教师护导值日工作，另一方面通过多种途径与家长进行沟通，争取广大家长的支持和配合。与此同时，笔者多年来坚持克服困难，每天早上随同护导值日老师一起在校门口值日，不仅加大了门口护导值日的力量，也让我有了意想不到的收获。

一是及时掌握了校门口上学时段的真实情况。每天在校门口值日，能够比较真切地了解到每天早上学生上学时段校门口的情况，掌握到了第一手资料，能够根据情况及时调整、改进校门口值日和校门安保方面的工作。比如学校门卫、值日老师的站立位置及岗位职责的分工合作，对家长和学生上学时段有关规范要求的提出与调整，都是通过在实践过程中不断总结、改进和调整后提出的。学校通过与家长的沟通和对学生的教育，以及多方面的共同努力，校门口的上学秩序有了明显的改观。绝大多数家长都能够按照门卫和值日老师的引导和劝告，有序停车送孩子上学，保证了校门口的正常秩序和车辆、行人的正常通行，为校园安全奠定了良好的基础。

二是有效拉近了与广大家长之间的距离。许多家长看到校长每天早上都在校门口值班、维护秩序，多数都能够自觉地服从门卫和值日老师的劝导，在规定区域有序停车，做到即停即走，从而基本确保了学校门口的正常上学秩序。而且我与许多家长早已经熟识，家长们一旦对学校或者老师的工作有什么想法、意见或建议，一般都会利用早上送孩子上学的机会，直接向校长反映或沟通。对于家长们反映的问题，我总是第一时间认真负责地进行了解、处理和答复，因此赢得了广大家长的信赖。有一次，一位家长向我反映自己孩子因为有关证件迟交错过了申报资助对象的时间，致使失去了当年度获得政府资助的资格。我在了解确认其家庭困难的真实情况后，关照学校有关部门在年终学校层面确定慰问贫困学生家庭时，予以考虑安排，事后家长相当感动，特地到学校门口向我表示感谢。还有一次，有一位家长向我反映某教师在教学过程中对孩子有体罚行为，声称如果学校不处理要进行投诉，我一边劝她先别激动，一边表示会认真及时地了解情况，负责任地向家长进行反馈。如果确实有体罚行为一定会按规对涉事老师严肃处理，绝不袒护。回到办公室后，我及时找有关老师及班内学生了解真实情况，结果发现事实有所出入，真实情况是由于该生顽皮，补课辅导时跟同学打闹，教师因此推搡了一下，正好推到墙上弄疼了，孩子回家就向家长告了状。事情弄清楚后，我对那位老师提出了批评，指出应该恪守职业道德以及万一失手的危害性，同时对该生也进行了相应的教育。次日早上，利用家长送孩子上学的机会，我与家长进行了沟通，及时反馈了了解到的情况，以及学校所做的工作，使那位家长比较满意学校的快速反应及处理方法，一桩本来有可能发生的家校纠纷得到了及时平息。

校门口的早值日，既让我真切地了解到校门口上学时段的情况，又通过参与早值日让家长和学生逐步养成了自觉遵守学校规定、自觉有序上学的良好习惯，还能通过与家长之间的沟通交流进一步密切家校联系、融通感情，真是一举多得！建议所有的领导都能克服困难，带头到一线值班或巡视，定能有意想不到的感受和收获。

2014年6月

尊重孩子解释的权利

案例呈现

小栋是个调皮的学生，课间常常会想出各种稀奇古怪的方式与同学玩，有时还带点儿恶作剧，因此闯了不少“祸”，班主任及任课老师对他头疼不已。

一次正好我的课，刚刚走到教室旁边，突然听见教室里传来“哐当”一声。我急忙走过去推开门，只见小栋正在试图把一张翻倒的课桌扶起来，旁边站着另外两位同学，其中的小威还在龇牙咧嘴地揉着腰。

“小栋，你又在干吗？桌子怎么被你弄翻了？”我严厉地责问。

“老师，我没有……”小栋急着要辩解，却被我打断了。

“你还不承认，每次都是你，这次还把小威给撞了，快给小威道歉！”

“老师，真的不是我……”

“好了，不要再辩解了，要知错就改，我希望你以后不要再这样了。”说完，我宣布正式开始上课。

小威在妈妈和班主任的陪同下，来到了我的办公室。刚坐定，小威妈妈就说：“老师，昨天孩子回到家晚饭也没有吃好，他说你冤枉小栋了……”

原来，当时小威和另一位同学正在教室里追逐打闹，一不小心自己撞翻了桌子，小栋在一旁看到后就过去扶桌子，而我刚好在这时走进教室……

案例分析

在日常生活中，并不是每位老师或家长都能做到尊重孩子说话、解释的权利。因为孩子的顽皮、淘气，使得老师和家长常常会把过错归咎于此，从而忽略了事情发生的原因和过程，甚至没有倾听的耐心。这个案例中，因为小栋一贯顽皮，在老师及同学中印象深刻，所以一旦班级里发生了事情，只要有小栋在场，首先想到的肯定又是他闯祸了。这种想法在大多数老师的心中，已经成了一种习惯性思维了，所以一般都会理所当然地拒绝小栋的辩解，从而剥夺了孩子的发言权、解释权，这种现象在我们的生活中并不少见。

指导建议

教育，无论是家庭教育还是学校教育，它在本质上除了知识的传递、道德的培养之外，更重要的是对孩子的尊重。

尊重孩子的权利，首先就要尊重孩子说话的权利，有了事情给孩子解释的权利。每一个人都有说话的权利，但并不是每一个人都能够平等地得到这个权利，尤其是孩子。我们成人往往武断地认为孩子还小，缺少经验，什么都不懂，他所强调的只是借口，所以我们有时就用自己理所当然的想法剥夺了孩子说话的权利，使得孩子本能地产生受委屈的感觉，严重的还会伤心、憎恨，甚至影响孩子的精神状态和心智的正常发育。

赋予孩子说话的权利，不仅能使孩子表达自己的所想，也是老师和家长教育孩子、与孩子平等交流的机会。教育孩子的目的之一就是使孩子能够更好地适应未来的生活，所以教育者要尊重孩子，遇到问题时尊重孩子说话、解释的权利，并把“你有说话的权利”这句话变成一句亲切、美妙、动人的话语，经常说给孩子听。这时，你定会看到孩子身上闪耀着快乐和自信的光芒。

于是，我马上把小栋叫到了办公室，在确认事实的基础上，当着几位同学、老师和家长的面，诚恳地向小栋表达了歉意，并且利用下次上课的机会，向全班同学解释了事情的真实经过，再一次向大家道歉，表示自己当时太武断、太缺乏耐心了，而且我建议全体同学为小栋同学的表现鼓掌。这时，我真的看到了下面有几十双闪闪发亮的小眼睛在盯着我，其中就有小栋那双泪光闪闪的眼睛……

2015年12月

真教育是期待与从容的教育

——读《教育是慢的艺术》有感

新近读到一本张文质先生的新作《教育是慢的艺术》，我深有感触。张老师在书中列举了很多当前在我们的教育教学中存在的不当行为，他以一种忧国忧民忧学生的心态，从独特的角度分析了问题的症结所在，提出了自己的教育观点：教育是慢的艺术。他在书中写道："我们的教育往往过于急切地盼望着出成效、成正果，能够立竿见影，缺乏期待与从容。"他还说："研究教育，最重要的是倾听、观察、记录和描述，研究教育就是回到教育，回到细致、持久的省悟之中。"他的这些观点，既是针对当下教育现状的一种理性反思，也是返回教育本质的一种"心之向往"的努力。

日本著名教育家佐藤学也曾经指出：教育往往在缓慢的过程中才能积淀一些有用的东西，在教学中，我们要去慢慢地感悟。教育是浸润和雕琢的艺术，要保持"慢"，慢，代表的是平静和平和；慢，代表的是细致和细腻；慢，代表的是耐心和耐性，就像爱自己的孩子那样的心情。然而，有的教师很难由衷的、无条件的、不假思索的去爱每一个孩子，对孩子所有的尊重和理解几乎在我们成人的贴标签的方式里，慢慢地被一刀切了。比如，谁都知道对学生要坚持正面教育、耐心引导，但有的教师往往三句话没说，情绪就上来了，遇到学生作业没完成、上课不专心、成绩不理想、课间调皮捣蛋等这些对学生来说相当普遍的现象，没有耐心听其解释，有的只是训斥；有的老师总是错误地认为，正面教育太浪费时间，效果还没有惩罚来得快、来得好；有的老师从来不思考真正的教育是什么，从来不懂得享受教育的过程，更别说有耐心去教育学生了。

张老师在书中还写道："教育是慢的艺术，即使是知识的获得，经常也是困难、艰苦、缓慢的过程，人的成长更是曲折、艰难，有自己的规律，一点儿也勉强不得。"从这个意义上来说，我们的教育真的应该慢一点儿，耐心一点儿，教师应该学会期待、从容地对待每一个孩子。因为，教育好比农民种地，从播种到发芽、成长、开花，最后到收获，每个过程都需要精心呵护，是"慢活"，是"细活"，教育是老师对学生一朝一夕潜移默化的过程，也是一个缓慢与细致地精心呵护的过程，正所谓"润物细无声"。教育的变化是极其缓慢、细微的，它需要生命的积淀，需要"深耕细作式的关注"。教育给予学生的最重要的东西不仅是知识，更重要的是对知识的热情，对自我成长的信心，对生命的珍视以及乐观的生活态度。我们最熟悉的科学家爱因斯坦十岁才勉强说话；女作家海伦·凯勒两岁时就双目失明、双耳失聪；舟舟一开始就被认为是智障少年，最后却成为世界级的天才指挥家。陶行知先生也说过："你的教鞭下有瓦特，你的冷眼里有牛顿，你的讥笑里有爱迪生。"这些都充分说明了一个道理：时间是证明学生成长最好的东西，而不是靠老师声嘶力竭的呐喊和批评，甚至冷嘲热讽。每一个孩子都有他存在的价值，都有他与众不同的个性，即使是现在所谓的后进生，谁敢说他们不会是下一个爱因斯坦、海伦·凯勒或者舟舟？

孩子慢慢来到这个世界，也在慢慢成长，所有喜爱孩子、教育孩子的人，都应像张文质老师那样学会从容，学会耐心等待。因为无数事例证明：教育绝不是一件一蹴而就的事情，它是一种慢的艺术。作为教师，要以静待花开的心态对学生的成长有足够的耐心并充满期待，期待着学生身上的一切不如意能不断改变，面对正处于成长阶段的孩子，任何急于求成的做法都是不明智的。因为教育需要时间，需要耐心，教师要学会"慢"，这里所说的"慢"，并非指不积极、不作为，而是指按照教育规律、孩子成长的规律来对待教育、对待学生。

慢，需要平和。对待学生的错误行为，教师要学会用平和的心态去对待。孩子年龄小，经验少，犯错是难免的，也是必然的，对学生来说，错误是什么？教师应该认识到：错误是一种游离于“正确”边缘的行为，错误是一种认识的缓慢，错误更是一种履历性的成长资源。教师应充分发挥“慢”的教育艺术，充分利用这种宝贵的教育资源，引导学生由错误走向正确，这才是真正的教育。

慢，需要细致。孩子的心灵既美丽，又十分脆弱。教师是在学生的心尖上行走的人，稍不留神，自己的言行就会给学生幼小的心灵带来伤害，而这种心灵的伤痕将难以修复，有时可能还会成为教师心中永久的遗憾。因此，教育需要细致，教师要小心翼翼地保护孩子的心灵；教师要对成长中的学生进行细致入微地“雕琢”，这才是真正的教育。

慢，需要期待，需要从容。学生的成长犹如花儿开放，有自己的周期和规律，花儿会在一夜之间绽放，但在此之前养花人要经历几个月甚至几年的等待。学生会不断成长，但教师首先要有静待花开的耐心和从容，任何一个教育理想的实现，都需要执着地坚守、从容地等待和耐心地期待。“十年树木，百年树人”，我们做教师的，只有给自己充分的时间和良好的心态，脚踏实地、不懈奋斗，理想的教育之花才能绚丽绽放，这才是真正的教育！

（此文发表于《苏州德育》2016年第1期）

第三篇

杏坛偶得

书籍是美化灵魂的工具，

学习是人生最好的修行。

坚持以人为本　创建和谐校园

“优先发展教育，建设人力资源强国”，让我们广大教育工作者倍感振奋，也深感责任更加重大。我们必须进一步更新观念，开拓创新，努力提高教育教学质量，办人民满意的学校，坚持以人为本，创建和谐校园，构建和谐教育，逐步解决广大人民群众对优质教育的渴求与优质教育资源不足的矛盾，努力办好让人民满意的教育，为学生今后的发展打下坚实的基础，为培养出更多国家需要的高素质人才辛勤耕耘。

教育，涉及千家万户，惠及子孙后代。保证人民公平享有接受教育的机会和权利，是党和政府义不容辞的职责，也是我们教育战线上的所有人员的神圣任务。促进教育公正公平，是构建社会主义和谐社会的重要内容和客观需要，要做到这一点，除了各级政府必须尽到应尽的职责外，对于基层学校来说，必须在科学发展观的指导下，坚持以人为本，努力创建和谐校园，为构建和谐社会做出自己的贡献。所谓和谐学校，是一种以和衷共济、内外和顺、协调发展为核心的素质教育模式，是以校园为纽带的各种教育要素的全面、自由、协调运转，是学校教育与社会教育、家庭教育和谐发展的教育合力，是以学生发展、教师发展、学校发展为宗旨的整体效应，其实质是倡导多元文化在发展中的和谐共处。

创建和谐学校，一是必须坚持正确的办学方向，全面贯彻党的教育方针，全面实施素质教育；坚持以科学发展观统领学校一切工作；坚持育人为本，德育为先，把立德树人作为学校教育的根本任务，努力培养德、智、体、美全面发展的社会主义建设者和接班人。二是必须坚持以人为本的办学理念。尊重人，营造民主和谐的工作氛围，是办好学校的重要前提；依靠人，建立平等竞争的用人机制，是办好学校的根本保证；提高人，搭建人才培养的平台，是办好学校的终极目标。要按照教育以人为本，以学生为主体；办学以人才为本，以教师为主体的理念，注重学生、教师的发展和培养，让学校努力成为学生与教师共同提高、和谐发展的乐园。三是必须坚持依法治校，坚持公平、公正、公开的办学原则，搞好学校民主监督，正确把握学校内部人际关系和谐和学校外部人际关系和谐。要倡导平等互助的师生关系，建立与学生、家长的教育同伴关系，搞好与社会各方面的关系，保证学校工作在社会和谐的环境中快速发展。四是必须坚持建设一个求真求善、和谐发展的校园文化。建设校园文化系统，设立文化长廊，注重班级文化建设，提升每一个成员的人文素养。文明整洁是学校和谐的形象，浓厚的文化气氛是学校充满活力的象征，良好的校风、学风、教风体现着学校和谐的内涵，优越的办学条件、先进的教学设备是学校和谐发展实力的展示，是学校发展的物质基础。一个优雅的“书香校园、平安校园、绿色校园、数字校园、文化校园”，必然是一个和谐的校园。

2007年12月

有益的启示　良好的开端

八月中旬，笔者有幸参加了区教育局组织的“大家学堂”校长培训班的学习培训。这次培训力度之大、范围之广、立意之深，可以说是相城区建区以来前所未有的。短短五天，我们聆听了诸多专家、教授、名师的精彩报告，与领导、专家进行了面对面的互动、研讨，从学校管理、新课程改革、学校发展规划、学校文化建设等各个方面，进一步开阔了视野，获得了启示，增强了信心。可以说是受益匪浅，收获颇多。

收获之一，对新课程改革的理念有了更深的认识。这次培训中，我对省教科院杨九俊副院长报告中提到的“课堂要向四面八方打开”这一理念感受至深。新课程改革已进入第八个年头，虽然通过不断的学习、不断的实践，我们广大教师对新课程的一些基本理念已耳熟能详，但是，真正对照这些理念，我们的许多课堂教学仍是处于传统、封闭的状态。究其原因，主要还是我们做教师的教学观念、教学思路没有真正打开，由于受分数、成绩的干扰和影响，我们在课堂上没有也不敢真正放开我们的教学思路，从而束缚和禁锢了学生创新意识和能力的培养与发展，在一定程度上也阻碍了新课程改革进一步深入的步伐。要克服这一瓶颈，需要我们的社会进一步理解教育、理解学校，努力给教育创设和谐、宽松，真正能够创新发展的良好环境；需要我们的教育行政部门进一步加强调研，不断改革学校的考评方法，引导学校和教师真正走上新课程所倡导的健康发展的科学轨道；更需要我们教师不断摸索、大胆实践、敢于创新，探索出“轻负担、高质量”的课改新路。

收获之二，在新课程改革不断深入、素质教育与应试教育并存的今天，我们的学校管理者更加需要莫大的改革勇气和魄力。锡山高级中学唐江澎校长的办学理念和实践给了我们不少的启示和借鉴。一所学校，要真正办出个性、办出特色，办得让人民满意，关键在于校长。校长首先应该是个教育家，是教育的行家里手，懂得教育规律，善于遵循和运用规律；校长还必须是个改革家，敢为人先、勇于创新，而不是人云亦云，畏得畏失。只有这样，才能真正办出有个性、有特色、高水平、高质量的学校。

收获之三，这次区教育局组织的校长培训，在建区以来是首次，可以说为我区今后进一步加强校长队伍建设有了一个良好的开端。众所周知，一个好校长就是一所好学校，区教育局着眼于全区中小学全体校长素质的提高，这是具有战略眼光的举措，必将对我区各中小学今后的建设和发展起到有力的推动和促进作用。相信区教育局领导通过这次培训活动，必能总结出有益的经验，为全区今后的校长队伍建设进一步走上系统化、科学化的轨道提供借鉴和启示。让校长们不仅从理论，也能从实践中得到启示、受到教育。当然，对于今后培训的形式，在现有基础上，是否还可以再丰富、活泼一些，形式多样一些，还值得探讨。

短短五天的培训，必将对我们的思想产生有力的碰撞，必将对全区教育事业的发展起到“润物细无声”的作用，但愿这样的培训能够得到继续，得到延伸。

2008年8月

灵活的形式　有效地提升

近日，相城区教育局结合省“名师送培”项目计划的实施，组织举办了区级骨干教师“教科研能力提升”培训班。近两天的培训学习，我们有幸聆听了三位专家、学者的精彩报告：王一军教授的“走向教师本位的学校教育科研”、英配昌博士的“如何研究课堂教学”、王九红校长的“做一名幸福的研究者”。听后得益颇多，对于处在一线的教师来说，能够以这样方便灵活的形式如此近距离的接触和了解到众多学者的先进思想、理念和观点，实属不易。应该感谢省厅制定的“名师送培”计划，更应该感谢区教育局领导的远见卓识和教师发展中心的精心组织、周密安排，相信绝大多数参加培训的教师都会在原有专业基础上有一定的提升，对区内广大一线教师的教科研意识和能力也必将有一定的推动、促进和提高。

所听的几个报告、讲座中，笔者感觉王一军教授的报告对我们基层学校及一线教师如何正确定位学校教育科研，如何结合学校教育教学实际开展教育科研，均有一定的指导意义。在当今学校实际工作中，一部分教师由于缺乏教科研意识及基本的教科研能力，往往是勤奋、刻苦有余，而方式方法不足；只知道一味按照传统的教育思想、教育模式去教育学生、去组织教学，而缺乏改革创新的意识，缺乏方式方法的探究和研讨。因而往往是费神费力、事倍功半，不管是学生心理特点的掌握，思想动态的把握、引导，还是课堂教学效率和学科质量的提高，都脱离不了效率低下这个魔咒。所以在实际工作中，压力巨大者有之；心力交瘁者有之；甚至悲剧收场者亦有之。这样的现象，其实根本原因在于一些教师的教科研意识淡薄。有的只知道埋头苦干，而不注重知识、观念的学习和更新；有的只会怨天尤人，埋怨学校，责怪学生和家长，而从没有思考过、反思过自己的教育思想、观念和行为有无不当。这样的现象日复一日、年复一年地循环往复，所以往往有许多教师教了几十年甚至一辈子的书，都没有悟透教育的真谛究竟是什么，都没有总结出什么像样的一丁点儿的理论，这样可悲的现象难道不值得我们每一个教师深思吗？

“在研究中实践，在实践中研究”是王一军教授在报告中提出的我们一线教师开展教育科研的有效途径，作为一线的教师，不需要我们去搞高深的理论研究，再说我们也没有那个能力和水平。我们应该从实践中去发现问题、研究问题，从而逐步去解决问题。其实，我们身处教育一线，每天接触到的实践中的许多问题，都是鲜活的研究案例，只是我们有没有那个敏锐、毅力去思考、去探索罢了。有人说，没有问题，就是最大的问题；发现不了问题，也是最大的问题。所以，我们首先要注意从教育教学的实践中去发现问题，哪怕是很细小的问题，都应该做个有心人去观察、去思考；其次，我们应该加强理论学习，只有有了理论的底气，才能更好地发现问题；最后，我们要注意研究和运用正确的方式方法去分析问题、解决问题，找出有关问题的普遍规律，从中积累经验、升华理论，这才是我们开展教育科研的有益探索，也是我们提高教育实效、提升自我素养的有效途径。

2010年5月

记住学生名字——教育习惯的反映

——读《影响教师一生的100个好习惯》随感

工会组织开展读书活动，人手一本经校长亲自选定的好书——《影响教师一生的100个好习惯》。初放案头时，只是随便翻了一下，总体感觉这是一本不错的书，有点儿类似于我们初为人师时大多读过的苏联著名教育家苏霍姆林斯基所著的《给教师的100条建议》，里面汇集了一名好教师应该努力养成的100个好习惯，分教育习惯、教学习惯、学习习惯、生活习惯和行为习惯五大篇；每个习惯里有名言、导语、案例、分析，语气平和，深入浅出，结合实际，对我们这些为人师者有一定的启示和借鉴。

说实话，现代社会要获取信息的途径是越来越多了，单靠一本书，要想拢住现代人浮躁的心境已经不太现实，而要正儿八经、专心致志地静坐几个小时乃至半天、一天地去攻读一本书，除了啃书本的“学生一族”和上了年纪的“老夫子”们，恐怕已经不多见了。只是为了“应付”工会提出的“人人参与”，我才不得不逼着自己闲暇时随手翻上几页，好在这本书本身就是由一个一个的“习惯”组合起来的，非常适合闲暇时或工作间隙读上一个或几个“习惯”。屈指算来，二十多天的时间，也看了将近一半了，确实感觉受益匪浅，值得一读。其中有许多“习惯”说起来容易，道理也显而易见，但是要真正养成这样的习惯就不是一件容易的事了，或许倾其一生也是有可能的。

英国作家萨克雷曾经说过：“播种行为，可以收获习惯；播种习惯，可以收获性格；播种性格，可以收获命运。”我国著名教育家叶圣陶老先生也认为“教育就是培养习惯”，教师既是教育者而首先又是被教育者，其习惯的养成更是意义非凡。

在这本书中，有一个教育习惯要求的是“教师，请记住学生的名字”，给我留下了很深的印象。名字在我们一般人看来，只不过是代表一个人的符号，但是作为我们这些整天与几十个甚至上百个学生名字打交道的教师来说，意义就非同寻常了。尽快记住每一个学生的名字，这是教育成功的开始；努力记牢每一个学生的名字，这是教育成功的一半，这就是看完这个案例后给我的启示。

这个案例中说到的斯霞老师是闻名全国的一代师表，她把自己毕生的精力都献给了她所钟爱的教育事业；她将自己一生全部的爱倾注到了每个孩子的身上。她长达68年的教育生涯，留给我们的不仅仅是先进的教育思想和精湛的教学技艺，更多的是一种伟大的人格力量。她对学生的爱，不只表现在她把每一个学生都当成了自己的子女所表现出来的慈母般的爱，更表现在她能叫出她所带过的每一个学生的名字。她惊人的记忆力一直保持到九十多岁，即使在她生命最后的日子里，躺在病床上的她，每当有学生来探望时，总会睁开眼睛，准确地叫出学生的名字，令在场的每一个人都十分感动。

我想，出现这样的奇迹，并不是斯霞老师有什么特异的记忆功能，而完全来自她对学生超乎寻常的热爱和了解。在几十年的教育生涯中，斯霞老师对她教过的每一个学生都要家访，尤其在每次教一年级或者新接班级的时候，当孩子们还没来学校报到之前，她都会拿着学生名单逐一家访，通过家访了解孩子的特点和家庭状况。所以，往往在正式开学见到孩子们时，她都能很快叫出每一个孩子的名字，当孩子们看着眼前这位和蔼可亲的老师对自己那么熟悉，他们的眼中总是流露出惊讶和信任，她因此也深受学生的敬仰和爱戴。我想，这也许就是“亲其师，信其道”的最朴素的道理吧！

诚然，现代社会与斯霞老师所处时代的各个方面都有了翻天覆地的变化，人们的思想观念、价值观念等都有了不同程度的转变。如果现在再要求我们的老师都能做到跟斯霞老师那样，既不可能也不现实。但是，作为一名当代教师，如果你想把自己的职业当作一份事业，那么我想完全应该努力这样做，特别是担任班主任的教师，更应该这样去努力，因为只有完全、彻底地了解孩子的一切，我们的教育才能真正达到有效、走向成功，而要真正像斯霞老师那样把学生的名字彻底记住乃至记住一生，那你就必须这样做。

从这个案例中，从斯霞老师身上，我们读懂了什么是对学生的爱，什么是自己的责任，一个真正对学生负责、对家长负责、对工作负责、对事业负责的教师，一定会想方设法去了解学生、熟悉学生，从而因材施教，以期达到最理想的教育效果，这也是能够成为一名优秀教师的必备条件。

如果你想成为一名真正优秀的教师，那么就请你先从尽快记住乃至彻底记住每一个学生的名字开始做起吧！

（此文发表于江苏省教育学会《特色教育探索》2010年第7期）

特别的爱给特别的人

——读《外国优秀教师的教育特色》有感

学校工会前不久发了两本书，都是介绍外国一些优秀教师的教育特色的，可以说这些外国优秀教师都是个性鲜明、教育有方的高手和权威。书中有一篇《特别的爱给特别的你》是专门介绍美国优秀教师马克希姆的教育特色的，读后颇有启发和感受，对我们的教育有许多的借鉴意义。

马克希姆是美国的一名优秀的小学教师，在一生的教育生涯中，她始终拥有平凡而特别的教育艺术。她用自己真挚的爱驱走学生心底的自卑，用温暖的语言与行动巧妙地抚平学生内心的痛楚，给予那些特殊的学生以特别的关爱，从而取得了教育的成功。

我国著名教育家陶行知先生说过："真教育是心心相印的活动，唯独从心里发出来，才能打到心灵的深处。"又说："学生虽然在个性特点、学习成绩等诸方面有所不同，但在教师眼里，地位应该是平等的。"因此，作为一个教师，必须让每个生命都拥有阳光，把爱撒向每一个学生，一视同仁、公正公平地对待每一个学生，把特别的爱给特别的学生。众所周知的问题是，爱优秀学生容易，爱特殊学生难，因为难，才显得更加珍贵，因为它是我们教师应该具备的职业道德和优秀品质。正如一位教育家所说："爱一个好学生并不难，因为他（她）本身就讨人喜欢，爱一个'特殊学生'，才是对我们的重大考验，而这正是教师的天职。"

所谓特殊学生是指学习上、生活中有着特殊的经历或者处于特殊位置、特殊阶段的受教育者。由于特殊孩子的心理、生理存在的缺陷，或者家庭和社会的原因，他们不能像正常人一样很好的交流沟通，而正常人也常常忽视他们的心理需求，不能及时了解他们的所思所想。使得特殊学生常常处于一种封闭、半封闭状态，或者家长们对其疼爱有加，迁就放纵多，严格要求少，对孩子的不良道德、行为听之任之；或者缺乏家庭的关怀和温暖，一定程度上阻碍了特殊学生良好道德观念的形成，极易产生不同程度的心理健康问题。因此，作为一名教师，在完成各科教育教学任务的同时，有责任、有义务走近这些孩子们，根据学生的不同情况，潜心研究不同特殊学生所体现出来的共性和个性，有针对性地因材施教地开展德育工作，培养学生正确的道德观念，并引导他们将观念转化为行为，帮助他们疏通心理障碍，培养健康的心理。

一、用理解和爱来拉近与学生的距离，走进学生的心灵

没有爱就没有教育，理解和爱是教育的基础，理解和爱是沟通的桥梁。对于心理上有创伤、自我封闭的特殊学生来说，理解与爱正是走进他们心灵的一把钥匙。这正如《学记》所说：“知其心，然后能救其失也。”但真正能做到“知其心”并不那么容易。要想“知其心”，只有通过多与他们促膝谈心，沟通思想，多对他们的学习、身体和生活全面了解、关爱，做他们的知心人和贴心人，才可能深入他们的内心世界，才可能知道他们的所思所想、所爱所恨。另外，我们教师还应该与这些学生平等地进行交流，使他们能如实地倾吐他们的想法。遇到有争议时，不该是教师说了算，应该是耐心地把利弊关系分析给他们听，然后让他们选择。通过这种方式让他们感受到我们的理解、关爱和真诚，让他们能敞开心扉。

二、用肯定和赞赏来抚慰学生的心灵，增强学生的自信

赞赏是人们对事物认同的态度。美国著名心理学家威廉·詹姆斯曾经说

过："人类本性中最深刻的渴望就是受到赞赏。"赞赏是一门艺术，它是对人的活动的一种认可，它可以提高人的认识水平。被赞赏的人可以通过别人对自己的认同，明确可以坚持的事物，激发内心愉快向上的情感。任何学生都需要得到不断的赏识。进行赏识教育的关键是要了解学生，善于发现和挖掘他们的闪光点。特殊学生也都有他们自己的长处和特点，也都有自己的兴趣和爱好，但是往往自卑心理强烈，对他们更应该多鼓励、少指责，多温情、少冷漠，用赏识教育打消他的自卑感，唤起他的进取心。因此，教师最好是戴上"放大镜"去找寻他们的"闪光点"，并发自内心地加以肯定、赞赏、鼓励，从而激起他们对生活和学习的信心。如组织他们参加文艺、体育、科技等活动，在此过程中，对于他们的每一个微小进步都及时加以鼓励和肯定。让他们通过发挥特长实现自我价值，充分体会到成功的喜悦，在无形中增强自信心。

三、用科学方法来评价学生，以发展的眼光看待学生

从心理学角度看，教师是学生生活中具有特殊意义的"重要他人"。教师对学生的态度，对学生个性的发展有着重要影响。在一定场合下，教师的一句话、一个眼神，有时甚至可以改变某个学生的一生。因此，教师对学生的评价一定要客观、准确，尤其是特殊学生的自尊心和自卑感大都较强烈，教师在评价他们时应特别施以爱心，要时刻关注他们一点一滴的变化，对于好的方面要及时肯定，逐渐增强他们的自尊心、自信心和上进心，即使是否定评价的语言，也要极具艺术性。科学的评价与心理暗示对学生的发展可以产生重要的影响，这可以让学生体会到老师是非常关注、爱护和理解他们的，同时感受到他们也是非常有希望的，通过努力他们也同样可以获得成功。

爱，永远是教育的真正内涵，而特殊学生更需要我们教师特殊的关爱，唯有爱，才能填补他们情感的空缺；唯有爱，才能点燃他们心中的希望。爱，不仅是教师道德情感的核心，更是一种巨大的教育力量，如果我们的教

师都能像马克希姆那样，用理解、欣赏、引导搭成一个学生成长的阶梯，让每一个学生尤其是特殊的学生，都有健康成长的机会，那么这个世界尤其是孩子们心目中的世界，将会变得更加美好。

2011 年 7 月

坚定理想信念　纯洁师德师风

——读《中小学教师廉洁从教读本》有感

“20年以校为家，10年以家为校，山村女教师王升英用慈母般的光辉映照着寂静的山村，映照着山里孩子的心灵，崎岖的山路上，那个蹒跚的背影走得艰难，却走得坚定，那是王升英用生命的全部能量负重前行，用生命为山里的孩子踩踏出一条通往山外精彩世界的光明之路。一声‘世上只有老师好，有老师的孩子是块宝’，孩子的歌声是对王升英的最高褒奖。”这是“感动中原”组委会给“2006感动中原年度十大人物”王升英的颁奖词。王升英——一名普通的乡村教师，18岁高中毕业后，看到家乡孩子们一双双渴求知识的眼睛，毅然改变了自己做医生的初衷，选择回家做了一名乡村教师。30多年来，支撑她扎根山村、播种知识的是“站三尺讲台，想千秋伟业；教一班学子，拂两袖清风”的坚定信念，她因此被媒体誉为“中国的瓦尔瓦拉”、中国版“乡村女教师”，曾作为全国一千多万教师中的9名精英代表，走进了由教育部和中央电视台共同举办的“2006——奠基中国”教师节大型专题晚会现场，并于2010年当选为“全国教书育人楷模”，先后两次受到胡锦涛总书记的亲切接见。王升英以她的无私大爱诠释了廉洁从教的实践内涵，为我们呈现了一位有着崇高师德的优秀教师形象，是我们广大教师学习的榜样和楷模。

这个案例来自《中小学教师廉洁从教读本》，在物质生活日趋丰富的今天，在我们这片富饶的土地上，已很难体会王升英般艰辛的时代。王升英的事迹让我们深为感动和震撼，她那种为了自己的理想和信念而义无反顾、坚定不移的对教育事业的执着，对孩子慈母般的爱，与古往今来许多优秀教师一样，深深地感染和教育了我们。“人总是要有一点儿精神的”，理想信念是人性中最坚强的东西。缺少了理想信念，人们就很难经受得起各种考验和打击，理想信念也是一个人立身处世的基石，世界上没有一种力量能像理想信念那样，深深地影响着我们的生活，可以说，理想信念决定着一个人的人生轨迹。教师作为教书育人的神圣使者，理应为了自己所从事的崇高事业，为了自己所教的莘莘学子，坚定自己的理想信念，努力成为一名像王升英那样让人民满意的教师，这是教师的职责所规范的，也是历史和社会赋予我们的使命。

可是，现在的一些腐朽、没落、颓废的价值观念受到了人们的追捧，许多崇高的理想信念招致无情颠覆。很多人崇拜的是金钱至上，信奉的是“一切向钱看，才能向前看”，一些人甚至认为如果谁还谈理想信念，那不是疯子就是智障者，不是作秀就是有病，理想信念仿佛已经沦为商品经济社会中可以为公众普遍愚弄的笑料。学校也绝不是真空地带，一些不良现象也在逐步侵蚀着学校这块净土，影响和腐蚀着一部分教师的思想。它不仅损害了教育的纯洁，破坏了教师在学生心灵世界和社会公众面前的崇高形象，还导致学生对教育、教师出现了信任危机，他们的人生观、价值观和世界观都受到了不良影响，这样的行为与我们教师的职业道德与神圣使命是格格不入的。

中央某领导在全国优秀教师代表座谈会上特别指出：“高尚的师德，是对学生最生动、最具体、最深远的教育。”我国现代教育家陶行知先生，一生执教、持俭守节，他“捧着一颗心来，不带半根草去”的高尚人格魅力，为学子们所敬重、所效仿，成为中国现代教育史上垂范世人的一代师表，深刻地影响了一代又一代学子的道德情感和精神世界，使学生在敬仰的同时默默地产生着思想和行为的自我激励、自我修养和自我改造。百年大计，教育为本，教育之本在教师，教师之本在师德，师德师风是教师素质的核心与灵魂，教师既要教书，更要育人，在全社会都在大力倡导廉洁、崇尚节俭的今天，我们教师更要以自己的实际行动，纯洁师德师风，切实坚持廉洁从教，以自己的人格魅力影响学生、引导学生、塑造学生，真正无愧于“人类灵魂工程师”的光荣称号。

纯洁师德师风，必须坚持为人师表。青少年是中华民族的希望，教师坚持为人师表，必然对学生的身心发展产生巨大的积极作用，最终影响社会发展。因此，教师在与学生、家长打交道的过程中，在自己教书育人的实践中，在自己专业发展的追求中，都要随时随地坚持为人师表，以自己良好的形象塑造学生的纯洁心灵，只有这样，我们才能把真善美的种子播撒在学生的心田，才能使教师的职业光辉更加绚丽夺目。

纯洁师德师风，必须坚持公正执教。教育是阳光下最光辉的事业，理应公正公平地对待每一位学生。早在两千多年前，孔子就提出了“有教无类”，提倡教育公平。但是，当今的教育领域中，存在着严重的不公平现象，反映在教师队伍中，确有一部分人手中掌握着面向全体学生的权力，致使教育的天平发生了倾斜。为了自己的私利，他们往往不能公正公平地对待每一位学生：有的往往因为片面追求升学率，而偏爱学习成绩优秀的学生；有的往往为了满足自己的私欲，而偏袒少数家长有钱有权的学生。凡此种种，都严重影响和损害了教育的公平公正，最终影响学生公平公正观念和健康人格的形成。因此，教师公平公正地执教，是教育公正最基本的要求，也是教师廉洁从教的重要表现。教师只有做到公正执教，才能保证教育的公平，从而保证每一位学生都有可能获得身心全面健康发展，使教育充满阳光。

纯洁师德师风，必须坚持淡泊名利、廉洁自律。唯利是图成为一些人的价值观念和行动指南，为了利益可以不择手段，最终演绎成为腐败的重要根源，少数教师所表现出来的种种不良行为，不仅败坏了教师队伍整体形象，对学生的健康成长也构成了极为严重的负面影响。因此，要纯洁师德师风，教师必须做到淡泊名利、廉洁自律，树立正确的利益观。诚然，教师也是社会人，也希望享受待遇的提高、生活的改善，这本是无可厚非的，只是我们教师生活质量的提高和改善不应以牺牲廉洁、损害形象和人格为代价，因为我们从事的是人类最崇高的事业，容不得半点儿污垢。虽然我们没有指手画脚的权威，没有颐指气使的骄纵，没有追逐权力的奢望，但我们可以选择用平凡但不平庸的一生，去追求并实现教书育人、廉洁一生的教育理想，真正达到淡泊名利、心底无私天地宽的超然境界。只有这样，我们才能成为学生心目中值得信赖的人，才能在学生当中树立起自己的威信，才能不辱教师为人师表的美誉。

传授知识、培养人才，本是神圣的事业，我们只有坚定教书育人、为人师表的信念，不断加强自身修养，提高自身素质，用良好的师德师风纯洁我们的校园，浸润学生的心田，才能真正无愧于我们的神圣职责和崇高使命。

（此文2013年5月获相城区教育局中小学教师廉洁从教征文比赛二等奖）

坚持为民务实清廉，带头接地气树正气

当前，党的群众路线教育实践活动正在全国范围内自上而下如火如荼地开展，“群众路线”是我们党长期革命和建设经验的总结，也是我们党的根本路线，这是由我们党的全心全意为人民服务的宗旨所决定的。全心全意为人民服务、密切联系群众是我们党区别于其他任何政党的一个显著标志。纵观近百年的建党史，我们党就是在与人民群众密切联系、共同战斗中诞生、发展、壮大、成熟起来的。“一切为了群众，一切依靠群众，从群众中来，到群众中去”的群众路线，是我们党的事业不断取得胜利的重要法宝，也是我们党始终保持生机和活力的重要源泉。党的成长发展史启示我们，必须始终紧紧依靠人民群众，诚心诚意为人民谋利益，才能从人民群众中汲取前进的不竭动力。但是，部分党员和领导干部中逐渐滋生了一些脱离群众、脱离实际的思想，一些地方和个人形式主义、官僚主义、享乐主义和奢靡之风盛行，腐败现象屡禁不止。因此，这次群众路线教育实践活动，是一次非常及时、必要的活动，对作风之弊、行为之垢来一次大排查、大检修、大扫除，着力解决人民群众反映强烈的突出问题，提高做好新形势下群众工作的能力，保持党同人民群众的联系。一切从群众利益出发，多为群众办实事、办好事，才能真正得到群众的真心拥护和支持，才能在建设和发展中不断取得新胜利。

作为一名入党多年的基层学校领导干部，回顾、反思自己受党培养教育的历程，我深刻认识到：随着年龄的增长，阅历的加深，受社会大环境潜移默化的影响，自己的上进心有所减退，工作作风也不再像以往那样务实，党性观念也有了一定程度的松懈，对照党的干部宗旨，出现了一定差距。这次群众路线实践活动，是一次极好的学习、反思、提升自我的机会，一定要端正态度，积极参与，增强党性，提升素养，为改进工作作风，提升工作实效做出自己的不懈努力。

这次群众路线教育实践活动的核心内容是反对“四风”，切实做到为民、务实、清廉，以为民之心、务实之行、清廉之举，切实转变作风，真抓实干，推动党的各项事业又好又快发展。我们作为基层的党员干部，必须在坚持为民、务实、清廉的同时，带头接地气、树正气，做为民、务实、清廉的模范，做接地气、树正气的表率。

要抓住“为民”这个根本，努力提高工作能力。我们作为学校的普通党员干部，接触的都是一线的教师、学生和家长，在平时工作过程中，只有牢记党的根本宗旨，抓住“为民”这个根本，才能真正做到不脱离实际、不脱离群众，一切为群众着想，一切从实际出发，才能切实转变自己的工作作风，提高工作能力。

要抓住“务实”这个关键，努力谋求工作实效。形式主义的本质就是工作浮夸、脱离实际，“空谈误国，实干兴邦”，实践党的根本宗旨，核心就在于坚持思想上求实、工作上务实、行动上落实，继承、巩固和发扬求真务实、真抓实干的工作作风。我们必须以自己的实际行动带动和影响身边的人和事，让党的优良传统和作风发扬光大，实干就是能力，落实才是水平，只有这样，才能真正取得实实在在的工作实效。

要抓住“清廉”这个基础，努力营造清风净土。享乐主义和奢靡之风的实质就是腐败，作为党员领导干部，应该清醒地认识到：搞一次特殊，就会降低一分威信；破一条规矩，就会留下一个污点；谋一点私利，就会失去一片人心。因此，我们必须切实提高思想认识，牢固树立正确的权力观，严格执行上级有关规定，以身作则，为人师表，为教师、学生、家长及社会各界树立榜样，为营造风清气正的良好校园和社会环境做出自己应有的努力。

带头接地气，就是要主动贴近群众，做密切联系群众的模范。群众是党和政府的衣食父母，是国家和社会的主人，“从群众中来，到群众中去”是我党一贯倡导和坚持的群众路线、群众观点和群众观念；一切为了群众，一切相信群众，一切依靠群众，是我们党和政府做好一切工作的出发点和落脚点。作为基层教育一线的党员干部，我认为广大教师、学生和家长就是我们要联系和服务的群众对象。我们必须在日常的教育教学管理工作中，经常深入到这些对象中去，利用随堂听课、实地家访、座谈交流等各种途径和机会，倾听他们的呼声，了解他们的需求，做好我们的管理和服务，改进我们的工作，切实解决一些实际问题，用实际行动体现教育实践活动的成果。为学校各项工作的开展，为教育事业的发展，打下良好的基础。

带头树正气，就是要筑牢思想防线，做严于律己的表率。这次教育实践活动的主要内容是“为民、务实、清廉”，作为一名普通党员干部，要紧紧围绕保持党的先进性和纯洁性，着眼于自我净化、自我完善、自我革新、自我提高，自觉抵制形式主义、官僚主义、享乐主义和奢靡之风，以为民之心、务实之行、清廉之举，切实转变作风。我们应该深刻认识到：一名党员干部就是一个榜样、一根标杆、一面旗帜，我们要用自己严于律己的良好形象为广大群众树立榜样，做好表率，从我做起，从现在做起，带头筑牢思想防线，保持警钟长鸣，清清白白做人，干干净净做事；带头营造风清气正的良好社会环境，为社会风气的根本好转添砖加瓦、不懈努力。

让我们坚持党的群众路线的优良传统，严格对照党章，对照中央八项规定，对照先进典型，在思想上清晰红线、坚守底线、筑牢防线，在厉行节约、反对浪费方面率先垂范；在改进工作作风、密切联系群众方面严于律己；在反腐倡廉、党风廉政建设方面做好表率。切实做到为民、务实、清廉，从思想上、行动上践行社会主义核心价值观，坚守共产党人的精神追求，发挥好党员的先锋模范作用，以作风建设凝聚起的强大精神力量推动学校教育事业更好、更快发展，为加快相城区发展奠定扎实的基础。

2014年9月

有感于教师的专业品质

这次参加了区教育局组织的德育干部培训，在浙江大学报告厅，主题为“专业品质与细节完美”的全国中小学班主任工作研讨会上，我们听取了两位专家的精彩报告，得益颇多。

全国模范班主任、《人民教育》编辑室主任任小艾作报告时，介绍了两位著名特级教师的经典案例，着实让人感动。

一位是霍懋征老师，这位北京师范大学的高才生，一毕业就踏上了小学教育岗位，一干就是六十年，成为几代人为之崇敬的一代师表。她在自己六十年的教育生涯中，最令人动容的就是她的“四个从没有”。

从教六十年，从没有跟她的学生发过一次火。

从教六十年，从没有因学生犯错请过一个家长。

从教六十年，从没有惩罚或变相惩罚过一个学生。

从教六十年，从没有让一个学生掉队（留级）。

这是何等崇高的师德，何等宽阔的胸怀啊！这“四个从没有”，包含着霍老师对学生无限的宽容、无限的爱，这就是她之所以能够成为一代师表的根源所在。

还有一位就是魏书生老师，他将自己所钟爱的语文教学与教育管理工作两副担子一肩挑，而且演绎得如鱼得水、有声有色，其中一个教育理念——用发展的眼光看学生——在他自己的教育实践中发挥到了极致。他的班里曾经来了一位语文只考了2分的学生，在他的循循善诱和热情期待、鼓励下，一步一步考到了26分、56分……最后毕业时竟然考到了98分，这样的奇迹能够在魏老师身上发生是不足为奇的，因为正是有了他那样的观点和眼光，才能将学生的潜能充分挖掘和发挥出来。

对照这两位大师对待学生的态度，我们不难发现大师之所以能够成为大师、成为奇迹创造者的真正原因，是因为源自对学生真挚的爱、发自肺腑的爱，源自对学生充分的鼓励和无限的期待。这样的爱，这样的期待和鼓励，就是我们教师专业品质的核心内容。一个对学生没有真挚感情，缺乏耐心和信心的教师断然成不了一个合格的教师，更不可能成为一名优秀的教师。

与两位大师相比，我们这些所谓的“人类灵魂的工程师”们真的是羞愧难当，自叹不如，真的需要不断修炼、不断提高，才能对得起这一神圣的称号。

2014年10月

初心不改，砥砺前行

党的十九大报告中的主题词是“不忘初心，牢记使命”，中国共产党的初心和使命，就是为中国人民谋幸福，为中华民族谋复兴。中国共产党成立95周年大会也强调：“一切向前走，都不能忘记走过的路；走得再远、走到再光辉的未来，也不能忘记走过的过去，不能忘记为什么出发。面向未来，面对挑战，全党同志一定要不忘初心、继续前进。”

不忘初心，是因为中国共产党将“全心全意为人民服务”列为党的根本宗旨，有坚定的政治信仰和理想；继续前进，是因为中国共产党立志将中国建设成为富强、民主、文明、和谐的社会主义现代化国家，以实现共产主义社会、人民幸福安康为总目标。

《搜神记》中有言：“既不契于初心，生死永诀。”初心，即做某件事最初的心愿、信念。“不忘初心，方得始终”也告诫大家在修学的过程中，只有不忘记自己的初心，才能持之以恒，坚持不懈，善始善终。

“不忘初心”是中国共产党矢志不渝、不屈不挠、风雨兼程的历史缩影；也是中华民族实现国富民强的复兴之路的奋斗写照。在党96年的光辉历程中，无数仁人志士和革命先烈为党和人民贡献了自己的青春年华甚至宝贵生命。之前趁着暑假又观看了一遍《建党伟业》，我重温了中国共产党建党的那段峥嵘岁月，感受了革命先辈崇高的信仰以及他们为了挽救人民于水火之中，历经千难万险，经过不懈斗争，最后建立了“中国共产党”的光荣历程。他们用青春与热血，描绘出了新生的中国，谱写了一曲壮丽的赞歌。

周恩来同志在青少年时代就志存高远、心怀天下，说出了“为中华之崛起而读书”的豪言壮语，一生为了国家富强、民族昌盛呕心沥血，劳而无怨；邓小平同志在仅16岁的美好年纪怀着爱国的热情和救国的热望，远赴法国勤工俭学，立志去学本领、求真理，在切身实践中逐步从一名懵懂少年成长为坚定的共产主义战士，一生为国为民，殚精竭虑。“不忘初心，砥砺前行”，为了党和人民的事业奉献一生甚至不惜牺牲的英雄事迹不胜枚举。他们之所以能在中国漫长历史书卷上留下光辉的一笔，令万人敬仰，无不缘于他们不忘入党誓言，不忘作为一名共产党员的政治初心！

“两弹一星”之父钱学森回归祖国时，激动感慨：“我一直相信：我一定能够回到祖国的。今天，我终于回来了！”原本在美国事业有成、生活无忧的他为什么要在美国政府百般阻挠的情况下，坚持回到祖国呢？正是因为他内心深处那颗报效祖国的炽热之心。钱学森深深地明白，作为一名中国人，唯有祖国这片土地才是他的归宿，才能真正让他实现最初的梦想。他始终“不忘初心，砥砺前行”，为中国火箭导弹和航天事业的发展做出了重大贡献，让悠扬的《东方红》乐曲响彻全球。

我们的革命先辈们凭借着他们纯净而崇高的信仰和为实现理想不惜牺牲一切的强大精神力量，为祖国点起了一盏明灯，照亮了漫漫革命之路。如今在没有硝烟的和平里，我们的国家在党的领导下渐渐走向繁荣富强，实现着伟大复兴的“中国梦”。为了实现自我的人生价值，为了后人更加美好的未来，我们没有理由不幸福地活着。就让我们一起从此刻开始，担起历史赋予我们这一代人的职责和使命，用最初的平实心态，携手创造和谐、幸福的家园，把我们的祖国建设得更加强大。

那么，在当前全党上下认真学习宣传贯彻党的十九大精神，践行“两学一做”，全面从严治党的重要阶段，作为一名基层党员干部，作为一名教育工作者，我们应坚守的初心又是什么呢？我觉得，党员干部的初心，就是党旗下的铮铮誓言，就是坚定的政治信仰和理想，就是融入血脉的全心全意为人民服务的不变宗旨。而教育的实质其实是服务，只有把服务工作做到尽善尽美，学习者才会在求知的道路上少一些艰辛；只有教育工作者把心思完全放在为学习者提供服务上，并且付出得越多，学生们才会收获得越多。

从事教育工作三十余载，我依然记得初次站上讲台时的稚嫩，依然记得上第一堂课的紧张，也依然清楚地记得每一个挑灯备课、挥洒汗水的夜晚。三十多年的教书育人生涯，从当初的青葱岁月，到如今的桃李满满，我始终牢记着一名共产党员的理想和信念，也始终秉持着“国将兴，必贵师而重傅；贵师而重傅，则法度存”的初心，在教师的岗位上默默耕耘，无私奉献。

陶行知先生曾说：“教育是国家万年根本大计。”教育兴则国家兴，我们培养的不仅是学生，更是国家的未来。因此，“不忘初心”对于我们党员教师而言，首先要拥有传承历史的担当。在国际形势纷繁复杂的当下，我们党员教师更要站在讲政治的高度，时刻牢记自己的特殊身份和神圣责任，做到耳聪目明，大力弘扬社会主义核心价值观，向学生传递正能量，将中华民族的优秀文化和社会主义“四个自信”根植于学生头脑，培养出信念坚定的高素质人才；“不忘初心”，也要有为人师表的形象。教师就是学生的榜样，一言一行作用于学生的心灵，对学生的性格和品质塑造都将产生直接影响。因此，作为一名教师，一定要以身作则、行为世范、修身立德，引导和帮助学生把握好人生方向，用欣赏增强学生的信心，用信任树立学生的自尊，让每一个学生都健康快乐地成长，享受成功的喜悦。“不忘初心”，还要有立德树人的使命。孔子曰：“以身立教，为人师表。”也就是说，教师不仅要教好书，更要育好人。我们不仅要把学生培养成拥有梦想并为之奋斗的“四有”青年，更要教导他们把热爱祖国、报效祖国作为自己的毕生追求，以实现中华民族伟大复兴的“中国梦”为己任，做胸怀远大志向的时代先锋。

作为一名教育工作者，我们要践行“教育精神永远在路上”的精神，始终铭记教师的定位和职责，努力适应时代的发展和形势，不忘初心，紧跟党的步伐，保持正确的道路和方向，时刻不忘党的根本宗旨，时刻不忘党的纪律准则，脚踏实地，砥砺前行。只要我们坚定信念，勤勉工作，执行党和政府的新要求，以更高的使命担当和更高的事业追求献身教育事业，就一定能为打造教育强国奠定坚实基础，实现我们中华民族伟大复兴的中国梦！

2017年11月

第四篇

杏坛齐家

教育好孩子，

是我们一生最重要的事业。

习惯决定孩子的未来

孩子的教育问题，一直以来都是我们每个为人父母者关心的话题，越来越多的父母逐渐认识到：孩子是我们一生最重要的事业。如果孩子的教育一旦发生问题，我们大概连补偿的机会也没有，所以教育孩子几乎就是家庭中最重要的事，也是你一生中最重要的事业。这并不是说只有孩子的教育成功了，才能证明你一生是成功的；也不是说孩子的教育方面出了问题，你个人事业方面的成功就毫无价值。而是说你在教育孩子这一同样重要的事业上一旦出了问题，其他方面的成功可能都无法补偿孩子教育失败所造成的那种挫折感、伤痛感。同时，人生是无法重来的，所以这样的挫折感、伤痛感还会成为你终身的愧疚和懊悔。因此，家庭教育的成功与否，将决定家庭生活幸福的程度。当今世界各国国力的竞争，说到底是人才的竞争，也是教育的竞争。而教育的竞争，与其看作是学校教育的竞争，不如看作是家庭教育的竞争。因为家长对子女教育的关注和重视，家庭教育往往左右着孩子成长道路的走向，而家庭教育的成效往往决定着学校教育的成效。为了每一个家庭的幸福，为了整个民族的复兴，我们必须更好地关注和研究家庭教育，只有这样才能使我们的孩子健康快乐地成长，能逐步成为一个对社会有用的人，乃至一个对社会有杰出贡献的人，这也是父母及其我们教育工作者共同的责任。

当然，决定孩子的教育成功与否的因素很多，比如：遗传因素、家庭环境、社会环境、后天教育等等。而后天教育的正确与否，很大程度上决定着孩子教育的成功与否。有教育专家研究指出：教育孩子要抓住成长的关键期，要抓住孩子行为的起始处，这两个节骨眼上做好了，孩子后边的成长就会比较顺利，而如果忽略了孩子早期的教育，尤其是错过了孩子零到六岁、六到十二岁这两个最重要的阶段，孩子后面的成长一定会遇到麻烦，而且很多麻烦是你很难有什么办法改变的。今天我要跟大家一起探讨的就是在小学阶段，也就是六到十二岁这一关键时期，我们做父母的或者做教师的，最重要的应该培养孩子的什么，正确答案应该是要着力培养孩子养成各方面的良好习惯。历史的经验和无数的事例说明，在小学阶段，习惯比什么都重要。一个孩子，只有从小养成了良好的习惯，才能迈好人生的第一步，才能对自己的日常生活、学习、性格等产生正面的影响，才能一步一步走向成功。因此，我们做父母的、做老师的，一定不能忽视从小对孩子各项良好习惯的培养和训练，这是教育孩子成功与否的关键因素之一。

一、如何正确认识习惯

习惯是什么，《现代汉语词典》上的本意是：在长时期里逐渐养成的、一时不容易改变的行为、倾向或社会风尚。通俗地讲，习惯是由于重复和练习而得到巩固，并变成自然需要的一种行为方式。一个人的习惯不是天生的，主要是由于后天的“重复和练习”的结果。但是习惯一旦形成，就会成为一种人们“自然的需要”了。习惯对人的学习、生活、性格乃至一生的成长都有很大影响。我国著名教育家叶圣陶先生指出：“教育就是培养习惯。”如果你希望你的孩子出类拔萃，也希望他（她）的生活与众不同，那么，你就必须明白一点——是他的习惯决定着他的未来。

1978年，诺贝尔奖获得者在巴黎聚会时，有人问其中一位：“你在哪所大学、哪个实验室里学到了你认为最重要的东西呢？”出人意料的是，这位白发苍苍的学者回答说：“是在幼儿园。”又问：“在幼儿园里你学到了什么呢？”学者回答：“把自己的东西分一半给小伙伴们、不是自己的东西不拿、东西要放整齐、吃饭前要洗手、做了错事要表示歉意、午饭后要休息、学习要多思考、要仔细观察大自然，从根本上说，我学到的全部东西就是这些。”这位学者的回答代表了到会科学家的普遍看法，概括起来，他们认为终生所学到的最主要的东西是从小家长和老师给他们培养的良好习惯。这个例子生动地告诉我们，人生的许多基础，都是从小开始学习和养成的。

习惯是一种顽强的力量，可以主宰人生。曾经有一个知名企业招聘员工，因为报酬丰厚，所以报名应聘者众多，但是应聘的要求也相当严格。一些高学历的年轻人好不容易过五关斩六将，几乎可以如愿以偿了，最后一关是总经理面试，总经理忽然看了一下手机说："对不起！我有点儿急事，你们等我十分钟。"总经理走后，这些年轻人围住了总经理的办公桌，你翻文件、我看来信。十分钟后，总经理回来了，并宣布："面试已经结束，很遗憾，你们都没有被录取。"这些人大惑不解，总经理告诉他们："我不在期间你们的表现就是面试过程，本公司不能录取随便翻阅别人东西的人。"还有个事例，一个年轻人报考外企，主考官认为其他方面都很优秀，只是学历上有所欠缺，并委婉地告诉他另谋出路，这个求职者临走时，随手把刚坐的椅子搬回了原处，然后很有礼貌地告别了，走不多远，主考官派人把他叫了回来，告诉他被破格录取了。录取的原因是因为他有好的习惯，做事认真，很有礼貌。这两个不同的事例深刻地说明，习惯不同，人的机遇就不同，习惯与孩子的未来有着密切的关系。也可以说，习惯决定着孩子的未来。

二、小学阶段，我们应该着重培养孩子哪些良好的习惯

我们中华民族的历史源远流长，我们的祖先给我们留下了许多优秀的传统美德，这是我们民族的宝贵精神财富，理应薪火相传。但是，现实让我们不得不反思我们对孩子的教育。现在的孩子，绝大多数是独生子女，他们身上往往存在着各种各样的问题，有的孩子在家像个小皇帝，一切以自我为中心，自私自利，不懂得关心和照顾别人，不懂得感恩父母和他人；有的孩子什么事也不会干，自己的书包还要家长收拾，在学校经常看到有家长给孩子送课本、作业本；还有的孩子做事整天丢三落四，写作业和做事磨磨蹭蹭，更有孩子言语、动作粗野，蛮不讲理，张口骂人，举手打人，随地吐痰、不讲卫生；等等。其实，所有这些问题，归结起来都是习惯问题，孩子习惯的好

坏，往往与他们的学习成绩，甚至今后的成就有着密切的联系。心理学家王极盛先生曾经访谈调查过200名高考状元。他认为这些状元们都有着良好的学习习惯，在总结高考状元的父母培养孩子的秘诀时，其中重要的一条就是培养孩子良好的学习习惯。调查中发现，孩子的成绩与他们的学习习惯是成正比的。凡是学习成绩好的孩子，往往也是学习习惯好的孩子。因此，从小养成良好的习惯，对于孩子的学习，对于孩子今后的人生，都有着举足轻重的作用。儿童可塑性大，是习惯养成的重要时期，良好习惯易于养成，坏习惯也容易养成，养成好习惯，终生受益，一旦养成了坏习惯，则会给自己带来苦恼和祸患，会影响一生的成长和发展。因此，良好习惯必须从小培养，从童年抓起。那么，我们在孩子的童年应该着重培养孩子的哪些良好习惯呢?

需要培养孩子的良好习惯主要有三个方面。

（1）学习习惯方面。

上课应注意听讲，积极开动脑筋，勇于举手发言；学会课后自主学习、认真复习和预习功课；独立完成作业。

（2）生活习惯方面。

1）饮食习惯：如不挑食，不偏食，愉快、安静、定时地进餐；吃饭时不掉饭菜在桌面，保持餐桌整洁等。

2）守时惜时习惯：如按时睡觉，按时起床，做事不拖拉。

3）整理个人物品和房间的习惯：学会自己整理玩具、文具、书包等个人物品，打扫自己的房间等。

4）卫生习惯：不随地吐痰，不乱扔果皮纸屑；保持个人卫生和仪表整洁，勤剪指甲，勤洗澡；饭后漱口，早晚刷牙；饭前便后洗手；等等。

（3）行为习惯方面。

尊敬师长、见面主动问好，在家听从父母和长辈的教导；待人有礼貌，会使用礼貌用语；能与同学友好相处、互相谦让，不打架、不骂人；等等。

当然，对孩子而言，要培养的习惯还有很多。如果把这些归纳提炼出来，可以用八个字来概括孩子应该养成的良好习惯，这八个字就是“诚信、爱心、礼貌、乐观”。孩子一旦做到了这八个字，那就证明孩子已经养成了比较好的习惯，教育孩子就成功了一大半。这样的孩子必将有益于社会，必将成为对社会有所贡献的有用之才。

1）诚信。诚信是人一切优点的基础，只有诚信的人才值得依赖。诚信是立身之本，是一个人最宝贵的财产，它能让孩子保持正直，挺直脊梁、光明磊落地做人，还能给孩子以力量。每个父母都希望自己的孩子具有诚信的习惯和品德，不喜欢孩子撒谎。但是，许多孩子却是说的一个样，做的另一个样。面对孩子的这种行为，许多父母是既生气又着急，对孩子训斥甚至是惩罚，但是，这种方法有时却促使孩子更擅于撒谎了。孩子是否诚信在很大程度上取决于父母的教育是否得当。对于孩子经常出现言行不一、不履行诺言的行为，家长应该多从儿童的认识发展上找原因。不要把孩子的这种行为看成是道德败坏而打骂孩子。如果父母从小就注意对孩子进行诚信的教育，孩子是可以养成诚信的习惯的。

2）爱心。爱心是人非常重要的素质，它是人性美的基础。一个没有爱心的人，就是一个冷漠的人，一个与社会脱节的人。古今中外，爱心被认为是一个人的基本道德和社会的灵魂。孔子说“仁者爱人”，孟子说“王道”，都是以爱为核心。哲学家费尔巴哈说：“新哲学建立在爱的真理上，感觉的真理上。”“爱是存在的标准——真理和现实的标准，客观上如此，主观上也是如此。没有爱，也就没有真理。”那么为什么现在有些孩子集万千宠爱于一身，却舍不得对别人付出一点点爱呢？其实，孩子不是天生就缺乏爱心的。儿童心理学家研究表明，善良和同情是孩子的天性。但如果后天得不到很好的培养，那么他的爱心就会逐渐消失。因此，孩子的爱心，关键在于家长的引导和培养。

3）礼貌。讲究礼貌也是处理人与人之间的关系不可缺少的规范。良好的礼仪习惯不仅能给人带来快乐，而且能够帮助一个人走向成功。人与人之间互相观察和了解，一般都是从礼仪开始的。一个举止优雅、彬彬有礼的人，更容易交到朋友、找到工作。一个有教养的孩子必然有良好的文明礼仪，这样的孩子比较受人欢迎，也就是心理学上所说的“被众人接纳的程度高”。文明礼仪要从小培养，形成良好习惯。有些家长认为，现代社会是个自由的社会，懂不懂文明礼仪没关系，只要学习好、有真本事就行了；有些家长认为，小孩子天真无邪，长大了自然就会懂得文明礼仪。其实，这些都是误解和曲解。一方面，孩子的文明礼仪需要从小培养，否则就会形成坏习惯，一旦形成坏习惯，再改就很难；另一方面，越是懂礼仪的孩子，越能获得自由发展的广阔天地，因为他会受到他人的尊重和欢迎。可见，文明礼貌始终是孩子应该养成的好习惯。

4）乐观。乐观是孩子对未来充满信心和有希望而不断进取的个性特征。孩子对那些能够满足自己需要的事物或对象，会产生一种积极的情绪体验；而对无法满足自己需要的事物则会产生消极的情绪体验。乐观的性格是孩子应对人生中悲伤、不幸、失败、痛苦等不良事件的有力武器。如果孩子无法乐观地面对人生，就会意志消沉，对前途丧失信心，而且长此以往还会损害身体健康。儿童心理学家马丁·塞利格曼认为，乐观不但是迷人的性格特征，还有更神奇的功能，它能使人对生活中的许多困难产生心理免疫力。乐观的孩子不易患抑郁症，他们也更容易成功。

三、如何培养孩子养成良好习惯，以及培养孩子良好习惯应注意哪些问题

（1）先来通过一些具体的例子说一说如何培养孩子某些方面的良好习惯。

1）培养孩子从小养成关爱他人的良好习惯。再苦不能苦孩子，这是家长们常说的一句话。现在的孩子都是生活在蜜罐里的，一般都是独生子女，往往是六个大人哄着，被爷爷奶奶、姥姥姥爷、爸爸妈妈成天捧在手里，从小娇生惯养，受不了一点儿委屈。有的大人为了孩子上学，早早起来为孩子准备好所有东西，甚至排队等车，这本来应该是孩子自己做的事情，可是家长却宁愿自己受累，也不让孩子受罪。

从吃、穿到玩对孩子实行“一条龙”服务，要什么买什么，哪怕家里生活再紧也要让孩子高兴。家里玩具堆得像个小山，再贵也舍得买。有些孩子因为从小被惯坏了，长大后什么都干不了，有的还打骂老人，甚至走上犯罪的道路。

家长在“一条龙”服务时想过没有，这种服务会给孩子带来什么样的后果呢？很可能会在孩子心里产生一种依赖心理，他们会认为你所有为他做的都是应该的，所以他当然会心安理得，不会想到别人。所以，作为父母，应该要让孩子从小养成一种“要想着别人”的品德和习惯。从一些事例上说明吧！例如今天出去逛商场，商场的大门是推拉式的，你推开门而你的身后紧跟着一个人，这时，你会怎么做呢？应该提醒他进去后看看是否还有人，再松开你放在门上的那双手。要不他再去推门多麻烦呀！是吗？当爸爸上夜班后在家休息时，孩子应该怎么做呢？安安静静的一个人玩，给爸爸捶捶背，送上一杯水等。去公园玩累了，要休息一下，擦一擦石凳，你会怎么擦呢？只擦自己坐的那一角，还是整张石凳呢？这时就应该提醒他要想到别人，或许下一个坐在石凳上的朋友刚好没有带纸巾。在生活中要想到别人的事例很多，也许你这细小的一个举动就影响了别人，感染了别人。

2）培养孩子礼貌待人的良好习惯。待人有礼貌，包括礼貌用语、基本礼仪和礼节，孝敬父母（理解、尊重、关心）、尊敬师长、与自己的伙伴或同学真诚相待等，这些都是孩子应该养成的礼貌待人的良好习惯。你还可以给孩子列举一些事例，如周恩来和宋庆龄礼貌待人的事例，目的是使孩子了解为什么要礼貌待人，同时也为孩子树立学习的楷模。如果孩子的年龄小，可以通过一些书上的小故事来教育孩子：与别人接触时态度要热情文雅，说话文明和气，举止大方端庄，得到别人的尊重和信任，使相互之间的关系更加密切，愿意按照他的要求办事……礼貌待人体现了一个人对别人的尊重和友善。礼貌待人对于个人来讲是内在美的表现，也是做人的基本品质。

3）培养孩子诚实守信的良好习惯。诚实守信是做人的本分，作为家长更应该注重从小培养孩子这方面良好的品德和习惯，当然如果想让孩子做到，家长必须以身作则。如夏天到了，孩子特别喜欢吃冰激凌，妈妈曾经规定一天只能吃一个。这天孩子已经吃了一个，但是孩子还想再吃，就对妈妈说：“妈妈，我想吃冰激凌，你再给我一个好吗？”“不行，说好只吃一个的。”妈妈回应着。孩子听了一屁股坐到地上，哭闹起来，如果妈妈不能做到，又给孩子一个冰激凌，打破了和孩子之间的约定，屈服于孩子不合理的要求，孩子会想："只要我哭闹，坚持我的要求，妈妈就会满足我的。"以后孩子就会抓住妈妈说到做不到的弱点，变得更加任性。还会有一些家长用其他好吃的东西、玩具替代冰激凌。会摸摸孩子的脑袋说："儿子，不哭了。冰激凌吃多了要生病，你已经吃了一个，不能再吃了。咱们吃别的吧。要不，妈妈明天带你去买小汽车？"这事实上也是说到做不到的，是妈妈软弱、没有原则的表现。孩子会发现哭闹是最好的办法，今后，孩子还将用耍赖的办法让妈妈答应自己的各种要求。在这样的情况下，妈妈最明智的做法是：离开孩子，进入卧室，半掩着门，做自己的事情。等孩子不哭了，再走到孩子身边，蹲下身子，对孩子说："孩子，知道妈妈为什么不给你吃吗？"孩子低下了头。妈妈顺势把孩子搂进怀里："妈妈最爱宝宝了，可是，冰激凌吃多了要坏肚子，妈妈可不希望宝宝坏肚子。因为肚子一坏，什么好吃的都不能吃了。而且，咱们早就说好了，只能吃一个。我们要说到做到！你自己想想，还应该吃吗？"孩子摇了摇头。

这样的妈妈才是真正做到了"说到做到"。孩子的哭闹虽然有伤心的成分，但目的是要制服妈妈，让妈妈屈服。当发现妈妈毫不理会自己时，他会想：看来自己怎么哭闹，都不能违背我跟妈妈的约定。在孩子眼里，妈妈没有弱点可以利用，渐渐地，孩子就不会随意用哭闹的方式威胁妈妈（要在孩子情绪渐渐平复下来以后，再跟孩子讲道理，孩子才能清醒地接纳妈妈的意见）。

4）培养孩子主动学习、独立思考的学习习惯。主动学习、独立思考是现代社会对孩子学习方面提出的新要求，也是孩子能取得学习主动权乃至取得良好学习成绩的可靠保证。因此，我们应从小注意培养孩子做到：学习有计划、学习有方法、学习时间有保证、课余时间会自己安排，勤于思考、勇于提问、主动与人交流，大胆想象和联想，不听命、不依赖于别人。

5）培养孩子守时惜时的良好习惯。要让孩子养成良好的时间观念，从小懂得"时间就是金钱""时间就是效率"，从而养成守时惜时的良好习惯。每天要做到，晚上定时睡觉，早上定时起床，不睡懒觉；不因看电视而影响睡眠；保证每天9—10小时的睡眠；早上起床后要有充裕的时间整理床铺、洗漱、吃早饭，并确保上学不迟到，上学时间也不应太早，否则，校门尚未开启，孩子在马路上游荡，容易发生意外事故。上学迟到不仅影响孩子本人和班级的学习，还容易使孩子产生拖沓、不求上进的思想；放学后按时回家，不在马路上溜达玩耍；回家后，马上完成老师布置的作业，当天事当天毕；家长指导孩子制订一张合理的作息时间表，并督促孩子认真执行。

（2）培养孩子良好的习惯还应注意的问题。

良好习惯的培养是一项复杂而又细致的工作，培养孩子任何一种好习惯都需要做长期的、细致的，甚至艰苦的工作，单凭一时的热情和冲动是不行的。有些家长虽然道理上知道必须培养孩子良好的习惯，也付出了不少心血，但效果往往不太理想，有时由于方法不当，还造成孩子的逆反心理。因此，在平时培养和训练孩子良好的习惯时，我们还应注意以下六点。

1）习惯的培养必须做到有计划、有步骤。孩子从小要养成的好习惯很多，作为家长，必须遵循孩子的成长规律和心理、生理特点，有目的、有计划地制订各年龄阶段习惯培养的目标，切忌眉毛胡子一把抓，往往什么都抓不好，必须在每阶段确定训练的重点，突出重点加以培养和训练，才能收到良好的效果。

2）训练必须持之以恒、坚持不懈。孩子年龄小，自制力往往不强，这就需要做家长的对孩子要有恒心、有耐心。比如要培养孩子认真、仔细地完成作业的习惯，家长就要坚持天天督促，天天检查，直至孩子养成这个习惯后方可放手。一个好习惯不是一天两天能够养成的，必须长期坚持不懈、持之以恒，方能抓出成效。

3）训练必须严格反复。习惯的养成是个长期训练、反复坚持的过程，只有经过艰苦的训练和磨炼，才能逐步养成。因此，在培养和训练学生的良好习惯时，必须痛下决心，严格要求，反复训练，不见实效不收兵。有些家长过分溺爱孩子，孩子一吃苦受不了，一求饶或掉眼泪，心就软了，往往下不了狠心，结果总是半途而废。当然，对孩子的训练虽然要严格，但绝不是不讲方式方法，甚至采用体罚孩子的方式，结果往往适得其反，引起孩子的逆反心理而前功尽弃。

4）训练中要注意调动孩子参与的积极性。孩子对枯燥乏味的训练往往不感兴趣，容易产生疲劳感，甚至厌恶感。因此，在训练中要充分调动孩子参与的积极性、主动性，可以在训练中适当渗透一定的游戏成分、比赛成分、奖励因素，以调动和激发孩子参与训练的积极性、主动性，提高训练的实效。

5）教育的态度要一致。一个孩子的成长，包括各方面良好习惯的养成，涉及家庭、学校、社会等各个方面，因此，作为家长，除了要积极支持配合学校、老师对子女的教育外，在家庭内部，也应注意家庭成员对孩子教育态度的一致。因为在家里，对孩子的教育很容易出现不一致的情况，有时爸爸要管教，妈妈要溺爱；有时父母要管教，长辈要干涉、要娇惯，这样很容易使孩子无所适从，有的孩子还利用这种不一致，学会了钻空子，甚至制造家庭矛盾。因此，在对待教育孩子的问题上，家庭成员之间一定要统一思想，相互配合，出现矛盾时也应该在孩子背后进行协调，切不可把相互之间的矛盾暴露在孩子面前，更不能把孩子当作筹码去责备对方甚至要挟对方，那样做只能使孩子的教育陷入被动和僵局，得不偿失。

6）家长要言传身教、以身作则。孩子是父母的镜子，也是父母的作品，父母更是孩子的第一位老师，而且是终生的老师。在教育孩子的问题上，家长的以身作则、言传身教比任何空洞的说教要管用得多，让孩子在父母、家长的默默示范中接受教育，是最有效的教育方式。试想：如果父母出言不逊、出口伤人，怎能教育出有礼仪、有教养的孩子呢？如果父母处处为孩子做示范、做表率，那么孩子一定会在潜移默化中受到熏陶、受到教育。

总而言之，孩子良好习惯的形成并非一朝一夕之功，它需要我们的教师和家长有目的、有计划地不断教育训练、不断督促引导，同时也需要孩子自身的不断努力。对孩子进行良好习惯的培养和训练，必须持之以恒，像滴水穿石一样，一点一滴、经年累月，使良好习惯真正变成孩子的内在需求，促使他们自觉养成各方面的良好习惯，使每个孩子都能成长、成才。

培养良好习惯不仅仅是为了孩子成长、成才，更重要的是为了孩子成人，从一定意义上说，成人比成才更重要，有的孩子讲文明、懂礼貌、人见人爱；有的孩子流里流气、恶习满身，人见人烦。良好的习惯可以使孩子修养更高、行为更规范，成为一个有教养的文明人，它为孩子成才奠定了良好的基础。因此，我们每一位家长都应该充分认识到培养孩子良好习惯的重要性。孩子是父母的希望，是家庭的未来，作为父母，努力培养孩子各方面良好的习惯，就是送给孩子最好的礼物，也是留给孩子最大的财富。

家长们，让我们齐心协力、共同努力，来培养孩子形成良好的习惯吧！让我们期待孩子的明天更加美好！

（此文发表于《苏州德育》苏州市教育局2010年第4期）

改变孩子从改变我们自己开始

我最近看到一本家教方面的书，是著名家庭教育专家张文质写的，书名叫《父母改变　孩子改变》。他提出的主要观点是：要想改变孩子，所有的改变首先都要从父母开始，父母改变，孩子才能改变，孩子才可能改变。通过父母的改变、家庭文化的改变，一个孩子才可能获得更好的成长空间。这一观点很有新意，让我很受启发。

作为一名教师，平时在跟一些家长聊天时，常常自然而然地聊到孩子的话题，其中不乏对自己孩子的抱怨和不理解。比如，孩子长大了，开始变得不怎么听话；在家里不懂得感恩父母、孝敬长辈；在外面喜欢交朋友，喜欢自作主张等，每当听到这些抱怨，我总会产生一些共鸣。作为一名教师，同时也是一名家长，对于这种来自父母抱怨的声音，我还是非常理解的。但是，有的时候，我又忍不住想问一下自己或者所有的父母：作为父母，作为孩子的监护人，你在抱怨孩子种种不是的时候，你是否反思过甚至也抱怨过自己的教育方式呢？绝大多数的回答应该是没有，至少是没有认真花时间思考过，有的只是凭自己固有的经验去教育和要求孩子，或是无原则的溺爱，抑或无休止的责怪和打骂。

有的家长也许会说，我这样做都是为了孩子好，我所做的一切都是为了孩子的将来，也可以说是爱孩子的表现。当然，父母关爱自己的孩子，这本身并没有错，而且可以说是天经地义的，但是作为父母，我们应该知道：一个生命的诞生和成长，不是为了让你去占有他、控制他，你应该做的是引导他，帮助他走向正确、成功的人生之路！

一些孩子由于对父母的家庭教育方式存在着不满，导致心理上极度压抑，难以承受，最终离家出走，更有甚者选择轻生来结束自己的一生。每当此时，我们从媒体上、在现实中看到的往往是许多父母悲痛懊悔的眼泪和伤心欲绝的呐喊！他们极度希望把自己的孩子培养成成功和骄傲的典型，可却忽视了孩子本身所存在的独立思想和人格！作为父母，我们应该知道，孩子是具有思想和生命的鲜活个体，而绝不是一台只听指挥和命令的机器，多跟孩子沟通、交流，知道他们心里想的是什么，才能更好地做到“对症下药”！

每年秋季开学，常常有成群结队的家长送孩子上大学的场景，有的家庭甚至出动了数名长辈，还出现了有的家长甚至因为大学宿舍无空调而向校方哭诉的闹剧。这种不正常现象的出现，与其说现在的孩子太娇气，不如说这些父母疼爱孩子的态度和方式有问题。父母对孩子呵护有加本无可厚非，但父母应该怎样疼爱孩子？在抚养教育孩子的问题上，父母的思想观念、态度、方法和行为习惯具有决定意义。如果认为爱孩子就是不能让他吃一点儿苦、受一点儿累，就应该对他的生活大包大揽，那不仅是剥夺了孩子锻炼的机会，而且使孩子失去了独立生活的能力和责任意识。“一屋不扫，何以扫天下？”当我们的孩子连自己都照顾不了时，我们还能指望他有什么前途和出息？

随着社会的发展，我们的生活条件得到了极大改善，物质生活比较丰富，某种程度上反而造成了我们民族传统文化的缺失，不要说和前几辈人相比，就是我们二十世纪六七十年代出生的人，也是经常在日常生活的劳作和磨炼中，懂得了生活的艰辛和不易，经受了挫折和磨难，才逐步养成了今天独立生活的能力。而今天的孩子们，除了学习，基本上没有什么需要他们去付出劳动和艰辛。在这样的背景下，如果我们做父母的不注意对孩子进行能力的培养——培养他们做人做事和独立生活的能力，特别是重视对他们进行养成教育，注重他们优良品德和良好习惯的养成，注重责任意识和忧患意识的养成，那么孩子就会觉得生活永远如此安逸，一旦遇到困难和挫折就会不知所措、无所适从，有的从此一蹶不振、自暴自弃，甚至步入歧路。因此，作为父母，应该努力改变自己教育孩子的方式方法，在疼爱孩子时也要讲求理智、学会取舍，有所为有所不为。只有培养出孩子的高尚品德和出众能力，才能使他们富有爱心和责任心，才能担当起家庭和社会的重任。

常常可以看到这样的场景：父母把孩子送到学校，总喜欢说："老师，这孩子就交给你啦，拜托啦！"其实，一个孩子的成长，绝不仅仅是学校和老师的责任，而首先应该是家长的责任。众所周知，家庭，是孩子的第一课堂；家长，是孩子的第一任老师。因此，为人父母，必须具备良好的教育素质，因为父母教育素质的高低，很大程度上决定了家庭教育的成败与孩子一生幸福指数的高低。

为人父母者，不仅要对孩子承担抚养的义务，更要为孩子的成长提供良好的家庭教育。作为父母，必须认识到自己和老师一样，也是教育者，而且是孩子一生的教育者。因此，同样需要不断学习，树立科学的家庭教育观，努力改变自己传统的不正确的教育观念、态度和方法，不断提高自身教育素质，通过家庭生活和言传身教培养出健康、阳光的孩子，这也是我们为人父母者义不容辞的责任。

那么，作为父母，怎样才能通过改变我们自身，从而达到改变孩子、帮助和引导孩子健康成长的目的呢？

（1）改变我们的观念。

一个人有什么样的观念，就会产生什么样的行为。作为父母，首先要努力改变自己不适应时代发展的一些陈旧观念，确立现代家庭教育新理念。

1）了解孩子。德国哲学家莱布尼茨说过："世上没有两片完全相同的树叶。"孩子的情况也是如此，由于每个孩子的生活环境和个性心理的差异，每个孩子都各有所长，但不可能十全十美。可是在家庭教育中，我们听到最多的一句话往往就是：你看人家 ××× 作文写得多好，你怎么就写不好呢？你看人家 ××× 又考了一百分，你怎么就那么笨呢？家长这种不了解孩子的个性，忽视自己孩子的优点，总是拿孩子的缺点与他人的优点相比较的做法，只会使孩子产生心理压力，形成自卑心理。为此，建议我们的家长在教育孩子时，首先要树立正确的观念，恰当地进行比较，毕竟尺有所短，寸有所长。人与人之间是有差异的，每个孩子都有自己的个性，作为家长就要善于挖掘和发挥孩子的长处，弥补孩子的不足，从他自己实际的基础上求发展，而不是做别的孩子的复制品。孩子在某方面的进步与否，应该根据孩子已有的基础建立其努力目标，要与他的过去比，而不是无视孩子的特点，盲目地与他人比，因为不恰当的比较会使孩子更加怀疑自己的能力。同时，给孩子设立的目标要切合孩子的实际，如果孩子现在的努力有了明显的效果，就会增加对自己的期望和信心，起到激励和强化作用；如果目标过高，难以达到，只会打击孩子的自信心。另外，家长在教育孩子的过程中，往往只重视和关注孩子的成绩，而不重视孩子的学习过程以及其他方面的表现，这样的教育观念使得家长在发现孩子的成绩不如他人时，往往不问青红皂白而严加批评，这样的做法只会挫伤孩子的自尊心。科学研究证明：孩子之间是存在着个性差异的。这一事实告诉我们，自己的孩子不可能样样都比别人强，只要孩子尽了自己最大的努力，无论学习成绩如何，都是好孩子。有不如意的地方，先一起分析原因，然后做出改进和努力，况且，对于一个孩子来说，除了学习成绩，还有更重要的东西，那就是孩子首先得学会做人，做一个善良、有爱心、有同情心、有一定能力的适应社会需要的人。因此，了解孩子、理解孩子之间的差异，采用恰当而有效的教育，有利于增强孩子的自信心和成就感，这是作为家长首先要确立的家教观念。

2）尊重孩子。随着时代的发展，孩子的个体心理需求越来越突出，希望成人与家长能尊重他们，希望在成人和家长面前是平等的。因此，家长在与孩子交流时，应该和孩子站在同一水平线上，平等地看待孩子，用孩子的眼光看待世界，就会更好地理解和尊重孩子。尊重孩子意味着对其自身价值的肯定，使孩子能适度地坚持自己的想法和主张，形成健康的自尊。孩子一旦具备了健康的自尊，就能顺应日益复杂、充满挑战与竞争的社会，它与健康的免疫系统一样，能增强人心理的免疫力和跨越逆境的能力。若对孩子缺乏基本的尊重，孩子没有享受被尊重的快乐，也不敢坚持自己的需求就容易离群索居、自我封闭，久而久之，就会形成不健康的心理。为此，建议家长在与孩子的交往中，既要有父母的慈爱和严格要求，又要注意尊重孩子。这就要求家长在讨论家庭事务时，让孩子有发言权；和孩子说话时，要放下成人的架子，亲切而和气；当孩子帮你做事时，要表示感谢；对于孩子的努力和成功，及时给予强化和激励；不能轻易地责骂孩子，更不能对孩子的过错进行体罚。这些都意味着对孩子人格的尊重，孩子虽小，但是也能感受到家长的这份尊重和关爱之情，只有尊重孩子，孩子才可能有健康的自尊，并学会尊重他人，这是孩子健康心理发展的重要方面，也是家长民主、平等的家教观念的具体体现。

3）赏识孩子。有一位儿童心理学家说过：好孩子是夸出来的。它启发我们对孩子的教育要多表扬、少批评，要多发现孩子身上的闪光点。研究表明：家长对孩子的激励越多，孩子的成就需要就越强烈，自信心就越强。每个孩子都希望得到大人的赞赏，当孩子解决了一道难题，家长知道后如果说，自己想了一天也没有想出来，孩子真了不起，他会感受到很大的激励；当孩子在某些方面表现出不自信时，家长如果能及时帮助他回忆以往成功的经历，并鼓励孩子能做好这件事，具备这个能力，同时说明他能做好的理由，孩子就会感受到莫大的鼓舞，就会向家长期望的方向努力。然而，在日常的家庭生活中，抱怨多于赏识的事例时常发生，如，当孩子某件事没有做好或学习效果达不到家长的要求时，有的家长往往会对孩子说："你怎么这么笨？"由于儿童的自我防御能力还未形成，假如家长经常对孩子重复这句话，孩子就会得出"我是笨孩子"或者"我学不好了"的结论。在这种情况下，也就会放弃努力，成功的机会自然也就减少了，而且还会形成恶性循环，同时产生怨恨情绪。这时，如果再让他学习，他就会对学习产生厌恶情绪。因此，赏识孩子就是要求家长随时发现孩子身上的闪光点，及时肯定孩子的长处和点滴进步，经常鼓励孩子，给孩子的行为赋予积极的意义，就会激发孩子的潜能。当我们换了一种心态，以欣赏的目光激励孩子时，孩子的变化往往会令人惊喜。

4）学习孩子。也许你会感到疑惑和不解，历来都是大人教育孩子，哪听说过大人向孩子学习？其实，这正是我们需要彻底改变的观念。当今社会已进入信息时代，孩子通过各个途径所掌握的新知识、新信息和新技术已不在我们之下，而且某些方面比我们速度快、能力强。生活中常常可以看到这样的情景：在有计算机的家庭里，孩子常常成为父母的老师；现在的年轻人很可能会轻而易举地辞掉一个很稳定但自己不喜欢的工作，而他们的父母则反对这样做，因为在他们看来，稳定的工作比什么都重要。今天的青少年对变化的时代有天然的适应能力，更何况今天的成人对孩子的世界知道得越来越少，而孩子对成人的世界却知道得越来越多，他们的许多新观念让家长感到自己知识的贫乏和压力。在这种情况下，家长不得不向孩子学习，以便从他们身上感受社会的变化，并适应和面对日益向我们挑战的社会。因此，有必要建议我们的家长“以孩子为师”，从而逐步改变以往的教育观念。同时，向孩子学习能够使我们更好地认识孩子，认识孩子所感兴趣的世界，这对于我们更好地了解孩子、教育孩子是很有帮助的。成人影响孩子，孩子也影响和改变着成人。向孩子学习，两代人共同成长，是21世纪新的家庭教育观念。

（2）改变我们的态度。

在日常的家庭生活中，父母的教育观念往往决定着教育孩子的态度，而父母的教育态度又往往左右着教育孩子的行为。因而，在教育孩子的过程中，除了努力改变我们教育孩子的观念外，很重要的一点就是要随之努力改变我们教育孩子的态度。每一个父母都应该用一生的力量说出：“我相信你，孩子！”相信孩子时，孩子的命运就有可能改变。当你用整个生命去相信孩子时，你自己的命运也有可能从此改变。如果我们总是把目光集中在孩子的不完善之处，总是盯着他们的“缺点”，总是时时刻刻提醒、批评、更正、监督，我们等于是在告诉孩子：“我对你的能力缺乏信心，没有我的指正，你就什么都做不好。”同理，如果我们总是只关注孩子的分数和名次，我们等于是在告诉孩子，“你必须成功才属于这个家”“你必须比别人优秀才行”。如果我们只注重结果而忽视孩子努力的过程，孩子就会因为害怕失败而无法正常生活。由于害怕失败，害怕犯错误，他们往往不敢行动，不敢选择，甚至不敢长大。相反，如果我们能够多给予孩子鼓励、赞赏和行动的自由，让他们拥有选择的权利、犯错误的权利和失败的权利，他们就有可能在体验过程中掌握知识和技巧，培养自信和能力，学会对自己的行为负责。从某种意义上说，改变我们的态度，是最重要的一点，因为只有彻底改变我们惯常的态度，才能让孩子真正体会到父母的鼓励和爱，让孩子真正能够自主、快乐地健康成长。

（3）改变我们的行为。

父母是孩子的第一任老师，而且是终身的老师。在教育孩子的过程中，父母的行为往往起着潜移默化的作用。作为父母，要改变孩子，首先就必须改变自己的行为，孩子需要榜样，而不是批评。想要教育好孩子，重要的就是创造一个有助于孩子成长的环境，但也许父母就是最重要的“环境”。父母需要先受教育，这样的教育首先就是要反省自己有什么品格能够成为孩子的示范，有哪些行为在给予孩子积极的影响。试想：你自己天天打麻将，却要求孩子别上网，别打游戏；你自己天天守着电视机看热播电视剧，却要求孩子进书房看书，写作业。这样的要求即使说破了嘴也是苍白无力，甚至是有副作用的，因为它不仅得不到有效的执行，反而会增强孩子的逆反心理。行动是无声的命令，榜样有无穷的力量，家长不能总是把眼光盯在孩子身上，找孩子的毛病，应该经常反思自己的言行，在自己的身上找根源。孩子不爱学习，我爱学习吗？孩子不懂礼貌，我平时待人热情周到吗？孩子不懂感恩，我平时知道感恩吗？孩子斤斤计较，是否因为我心胸狭窄？孩子不讲卫生，是否因为我散漫、不修边幅？只有这样不断地反省自己，不断地改变自己，我们才能起到为人父母所应有的榜样作用，尽到应尽的职责。

儿童教育家、著名知心姐姐卢勤在她的新书《告诉孩子：你真棒！》中指出：“要想培养一个讲文明、守规矩的孩子，父母在孩子面前必须过一种有道德的生活，过一种有品位的生活。”只有这样，才能培养出格调高雅、品德高尚的孩子，这种品位可以是琴棋书画的才艺，可以是勤劳善良的质朴，也可以是心灵高尚的美丽，家长只要把自身的这些元素通过自己的行为无声地传递给孩子，融进他们的血液，孩子就有了健康成长的“营养素”，家长也会在这种对品位的执着追求中不断完善自我。

一个健康、快乐的孩子将使一个家庭拥有无限的希望和生机，亿万个健康、快乐的孩子将使一个国家、一个民族充满希望。这应该成为我们每个父母为之努力和奋斗的目标。

2013年9月

让情商、智商之花并蒂开放

孩子的教育问题一直以来都是为人父母最为关注的问题，也是一个令人费尽心思的问题。父母都想让自己的孩子受到最好的教育，都希望自己的孩子出类拔萃，有美好的未来，所以父母在对待孩子的教育问题上可以说是越来越重视，越来越关注，也可以说越来越纠结。

不过，以往父母们对于孩子的教育一般都是侧重于孩子智商的培养，比如，孩子还未出生，就开始进行胎教；孩子刚牙牙学语时，就想方设法开发他的智力；等到孩子进了幼儿园，就迫不及待地辅导他学习小学一年级的知识，还美其名曰“不要让孩子输在起跑线上”；待到孩子正式读了小学、中学，更是热衷于请家教，上辅导班，为的就是能考个好分数，上个好学校，将来能找个好工作。这些做法其实目的只有一个，就是希望尽可能地开发孩子的智商，达到培养孩子，成就未来的目的。但是，随着时代的不断进步，科学研究的不断深入，人们对于决定孩子成长的因素有了更多更深的了解，特别是近年来有关智商、情商的研究工作可以说是如火如荼。人们通过研究已经逐步认识到，决定孩子成长的因素，其实并不单单是智商，很大程度上还跟孩子的情商有着密切的关系，因为智商这个概念已经被大家所接受，而对于情商这个概念，多数人还比较陌生。那么，什么是情商？它和智商是什么样的关系？怎样科学地开发和培养孩子的情商，让智商与情商协调发展呢？

一、什么是情商

情商又称情绪智商，或称情绪商数、情绪智能、情绪智慧，是近年来心理学家们提出的与智力和智商相对应的概念，它主要指的是人在情绪、情感、意志、耐挫折等方面的品质，是一个人控制、运用、表达自己的情绪和感受，理解他人情绪的一种情感能力。

情商这个概念，最初是美国哈佛大学心理学教授尼尔·戈尔曼在1995年出版的《情感智力》一书中提出的。按照人们以前的认识，往往认为一个人的智商是最重要的，一个人是否可以取得成功，智力水平是占第一位的。也就是说，一个人的智商越高，他取得成功的可能性就越大。但是，现在心理学家们普遍认为，情商水平的高低对于一个人是否可以取得成功也有着重大的影响，让孩子成才成功的决定因素不仅仅是智商，从很多方面看，情商显得更为重要。

据说，一个人的成功，智商的优势占20%，而情商的优劣则占80%，从而可以得出公式：20%的IQ（智商）+80%的EQ（情商）=100%的成功。从这个意义上说，如果要造就一个优秀的孩子，让他将来事业有成，那么，除了培养他的智商外，还要从小重视培养他的情商。也可以说，情商更能决定孩子的成长。

那么情商到底是指哪些东西呢？心理学家戈尔曼认为，一般来说，情商可以分为五个方面的能力。

（1）了解自己的情绪。

认识情绪的本质可以说是情商的基础，这种随时能感觉得到的能力，对于了解自己非常重要。不了解自身真实感受的人必然会沦为感觉的奴隶。只有真实掌握自己感受的人才能成为自己生活中真正的主人，在面对婚姻或是工作中等一些人生大事的时候，才会做出正确的选择。

（2）妥善管理的情绪。

情绪的控制和管理是建立在自我认知的基础之上的，这方面能力较差的人，会常常和那些低落的情绪交战；而对这些掌控自如的人则能很快走出生命的低谷，重新出发。因此，能够妥善管理自己情绪的人往往成功的机会较大。

（3）自我激励。

无论成就什么事情，都要依靠情感的自制力——克制冲动与延迟满足，保持高度热忱是一切成就的动力。一般来说，能够自我激励的人，无论做什么事都会有较高的效率。

（4）理解他人的情绪。

同情心是一种基本的人际技巧，具有同情心的人比较能从细微的信息中察觉到他人的需求，从而照顾到别人的情绪。

（5）和周围的人友好相处。

处理好人际关系也是恰当地管理他人情绪的一种艺术，一个人的人缘、领导能力、人际和谐程度都和这项能力有关。充分掌握这项能力的人往往会是社会上的佼佼者。

二、情商和智商具有怎样的关系

情商和智商都是一个人重要的心理品质，都是事业成功的重要基础。正确认识它们之间的关系，有利于更好地认识自身，有利于克服“智力第一”或者“智力唯一”的错误倾向，有利于培养更健康、更优秀的孩子，让孩子更好地走向成功。

智商与情商密切相关、相互渗透、相互补充，所以有人认为，情商就是另类的智商，是另一种智慧形式，既没有脱离智商的情商存在，也没有脱离情商的智商存在。可以说，我们每个人都是智商和情商的综合体，由于每个人的个体差异，智商与情商的高低有所不同，但是我们不能将智商与情商对立起来，认为智商高，情商就应该低，或者情商高，智商就必然低，更不能以为智商重要就忽略情商的培养，或者以为情商重要，而忽略了智商的培养。作为家长，应该同时培养孩子的智商和情商，使两者在孩子的成长过程中互相促进，平衡发展。但我们往往对智商的研究、关注较多，而对情商的认识起步较晚，从这个意义上说，关注孩子情商的培养和发展才显得尤为重要。

如前所述，我们已经知道，一个人获得成功的因素很多，就其自身素质而言，主要是智商和情商。按照戈尔曼的观点，一个人智商再高，情商不高，不一定能成功，或不一定能持续成功；而智商不太高，情商比较高的人，反而很可能会成功。这就是说，情商是人生走向成功的一个特别重要的因素，真正决定一个人是否成功的关键是情商能力，而不是智商能力。

具体地说，一个人的高智商可以使他具有比较丰富的知识，使他有可能顺利地得到一份工作。在此基础上，如果他有稳定的情绪，较强适应环境的能力，对外界和上司、同事没有过分的要求，对自己有一个正确的评价，不会让外界因素过多地影响到自己的情绪，在受到挫折时有重新再来的激情，并可以对自己的心理素质进行不断地调整和提高，不会怨天尤人或悲观情绪，那么，他的智商和潜能就会得到充分地发挥，在工作中游刃有余，不断走向成功。与之相反，如果一个人的智商很高，却常常以此自负，情商低下，天天为自己周围不尽如人意的环境所困扰，那他的结局要么愤世嫉俗、孤芳自赏，与社会、同事融不到一起，要么高不成低不就，一辈子碌碌无为，或是走上歪门邪道。由此可见，一个人是否可以成功，情商与智商的作用同样重要。从某种意义上说，情商更能帮助一个人走向成功。

当然，职业不同，决定着一个成功者对智商、情商的要求也不同，不可一概而论。比如，一位杰出的政治家，或者是从事领导、管理工作的，特别是中、高级领导，就必须具备特别高的智商和情商，只有这样，他才能拥有民心、驾驭时局、赢得胜利，古今中外，这样的典范很多；而有的科学家，特别是研究基础科学的科学家，他们的智商要求很高，而情商不一定要求很高，大科学家爱因斯坦就认为自己没有跟其他人直接接触的需要，我国著名数学家陈景润也是一位高智商低情商的典型代表。而对于普通人来说，情商高一些，与人合作能力强，人际关系好、家庭和睦、事业各方面就会比较顺利；而智商高一点儿，处理问题往往比较睿智、周密，工作就会做得井井有条。在美国，人群中流行着一句话：“智商决定录用，情商决定提升。”事实上，智商和情商都很重要，只不过在这个竞争日趋激烈、知识爆炸、人际关系复杂的社会，在以往我们对情商认识不足的情况下，更显得情商的重要性。

由成人择业联想到孩子的学习，也是这个道理，有的孩子智商很高，但往往学习习惯较差，缺乏刻苦精神和勤奋学习的毅力，往往就得不到优异的成绩；而有的孩子虽然智商不是很高，但因为具有良好的学习习惯，勤奋刻苦、坚韧不拔，却往往能出类拔萃。近年来出现的高考状元“阴盛阳衰”的现象就说明了这一点。其实这里面就有一个非智力因素，也就是情商在发挥着作用，古时讲的“勤能补拙”也是这个道理。

三、如何从小培养和训练孩子的情商

在我们的日常生活中，许多家长整天忙于让孩子上这个班，进那个班，早早地在智力上进行投资，而忽视了孩子的情商，造成孩子高分低能，只会做学问，不会做人，甚至成为书本的奴隶、生活的呆子。其实从发展的眼光来看，重视对孩子良好的心理品质和生活习惯的培养，对孩子将来的人生必将产生更为重大的影响力。因此，现在有许多的有识之士都逐步认识到：孩子的智商固然重要，但情商更为重要；学习成绩好当然重要，但还要注重培养孩子学会生存，学会待人接物，学会独立思考，学会吃苦耐劳，在社会生活中培养他们良好的性格和健全的人格，锻炼他们的协调能力和组织能力，只有这样，孩子才能得到更好的成长。

培养、训练孩子情商的方法很多，主要应该训练孩子的情绪和情感，引导孩子科学地认知情绪、分析情绪、评估情绪，同时教会孩子控制情绪、调解情绪。即保持情绪和情感的稳定，不大起大落，不喜怒无常；做到顺境时不忘乎所以、得意忘形，逆境时不垂头丧气、消极萎靡；遭受挫折和打击时要泰然处之、应付自如；能够驾驭愤怒情绪，克服紧张情绪，避免急躁情绪，摆脱消极情绪；会用语言、行为，适当地发泄心中的不良情绪，努力保持心态平衡。对于孩子来说，还要着力训练他们能够顾及他人的情绪。有的人情绪一冲动，就毫不顾及他人的情绪，这样往往影响个人情商的发挥。孩子的情绪、情感，很大程度上是学校、家庭培养出来的，如果一个孩子能够生活在家庭和睦、老师和蔼、同学友好、社会和谐的环境里，对于孩子本身就是一种无形的训练，无声的培养。

四、让情商、智商相得益彰，和谐发展

如前所述，情商对于孩子的成长，以及今后的人生有着不可替代的作用，必须注重培养和训练。当然，在培养、训练孩子情商的过程中，我们必须把智商、情商结合起来，使之相互促进，只有这样，才能使智商、情商有机结合，和谐发展。那么，作为家长应如何训练才能使孩子的智商、情商和谐发展呢?

（1）要从小培养孩子良好的心理素质。

有着良好心理素质的人，他的情商指数必定比较高，日后成功的概率就比较大。反之，没有良好心理素质的人，往往难以成大事，甚至会成为社会的负担或反面典型。

有一次，松下公司计划招聘10名基层管理人员，应聘者如云，经过笔试和面试之后，录用了10名佼佼者。当松下发现有一位叫神田三郎的青年不在10人之列时，他有些纳闷：那位成绩特别出色，面试时给我留下深刻印象的年轻人，为什么没被录用？他当即叫人复查考试情况，结果发现，神田三郎的综合成绩名列第二，但因计算机故障把名次排错了，导致神田三郎落选。松下立即吩咐下属给神田三郎补发录用通知书。

第二天，下属向松下报告：神田三郎因没被录取而跳楼自杀了，录用通知送到时，他已死了。听了这一消息，松下沉默了。一位助手在旁边叹息：“多可惜，这么有才干的青年，我们没有录用他。”松下摇摇头，说：“不，幸亏我们没有录用他，意志如此不坚强的人是干不成大事的。”

培养良好心理素质的一个重要方法，就是进行挫折和失败的训练：让孩子经受挫折，体验失败，并且指导孩子面对挫折和失败，应该如何做到不灰心丧气，积极思考解决问题的方法。

（2）注重鼓励孩子的表现。

任何人的智商、情商都可以通过鼓励来提高，尤其是小孩子，这种鼓

励，甚至可能会在他的一生中产生积极的效应。

著名科学家斯蒂文·格伦有着重大的医学成就，他在科学领域的创造力令人惊叹，有人问他：“您为什么总比一般人有创造力？”他认真地答道：“这与我母亲的引导有关。”在格伦的记忆中，他两岁时的一天，兴冲冲打开冰箱，伸手从里面拿出了一瓶牛奶。因为手太小，攥不住瓶子，再加上奶瓶太滑，一不留神，瓶子掉在地上，牛奶洒了一地，厨房的地板上顿时变成了一片牛奶的海洋。他吓得直哭，不知怎么办才好。妈妈闻声来到厨房，既不责备，又不训斥，更没有惩罚他，而是幽默地对小格伦说：“看你做了多么棒的垃圾！我还从来没有见过这么大的一摊牛奶呢！”妈妈那平静和善的神情、风趣幽默的语言，一下子使他那颗悬着的心放了下来。妈妈还允许小格伦在那摊牛奶中玩了十几分钟，然后，带他一起把地板打扫干净。最后，在妈妈的启发和指导下，他掌握了拿奶瓶的诀窍，也从中找回了自信。

（3）要引导孩子调整心态。

有一句话很流行，叫作“心态决定一切”。每个人都不会天天快乐的，每个人都可能会遇到不高兴的事，所以要学会自己调整心态，保持和谐的、平和的、宽容的心态。

每个人都会有积极的心态和消极的心态，所以人的心情好坏可能完全不同。心情好的时候，干什么事都有劲，也很有智慧；心情不好的时候，干什么事都无精打采，眼前的一切都是苍白的、灰色的。显而易见，智商和情商都与心态有关，这就是“心态决定一切”的道理所在。

有一位小学老师，上课喜欢提问。为了激发学生积极思考，每当讲到关键内容，他都会设计一个问题，习惯性问道：“这个问题谁来回答呀？”于是，同学们争先恐后地举手。一天，他发现学习最差的学生李小全也举手了，就想给予鼓励，便请李小全回答。可是李小全站起来一个字也没答出来，尴尬极了。出乎意料的是，一连几天，每次老师提问，李小全都和同学们一起举手，老师也想给他弥补的机会，多次请他回答，但都答不好。后来，老师把李小全叫到办公室，询问原因。李小全解释说：“大家都举手，如果我不举，别人会笑话我。”于是，老师跟他约定：“以后我再提问时，你能回答就举右手，否则举左手。”小全点点头。从此，李小全的思想包袱逐渐减轻了，听课更认真了。没过多久，他举右手的次数越来越多，回答问题越来越圆满，成绩越来越好，性格也越来越开朗。李小全的进步，就是因为老师通过情商培养促进了他智商的提高。

（4）对孩子充满爱心，充满期待。

爱是世界上最伟大的力量，它可以感化一切，也可以消融一切。对孩子充满爱心和期待，是让孩子智商、情商协调发展的高层次技巧。

有一位母亲第一次参加家长会，幼儿园老师说她的儿子有多动症，建议她带儿子到医院看一看。然而，回家后，这位母亲却跟儿子撒谎说：“儿子，老师今天表扬你了，原来你在板凳上坐不了1分钟，现在居然能坐3分钟了，全班只有你进步了。”从那以后，她发现儿子一天比一天文静。她第二次参加家长会，是儿子上小学的时候。老师告诉她：“全班50名同学，这次数学考试你的儿子排在第49名。我觉得他智力有些障碍……”回到家里，她还是善意地“骗”儿子：“老师说你只要能够细心些，会超过你的同桌，他现在排在21名。”这时，她发现儿子的眼神里充满兴奋。从此，她觉得儿子好像长大了许多，知道努力学习了。儿子上初中时，她第三次参加家长会，本来等着“替子挨训”，然而，直到最后也没听到老师点名批评她儿子。去找老师了解情况，老师告诉她：“按你儿子现在的成绩，考重点中学有点儿危险。”回到家里，她对儿子说：“老师对你很满意，认为只要你努力，有希望考上重点高中。”在她真诚的母爱的哺育下，加上科学的教育，她的儿子考上了清华大学。

如果家长对孩子能够多一分激励，多一分理解，多一分支持，多一分信任，多一分爱心，那么，他们的智商与情商和谐发展、同步提高，应该是意料之中的事。

2015年6月

做一个合格、称职的家长

很高兴有机会来到我们××小学，与大家一起探讨家庭教育问题，非常感谢大家能在百忙之中，来到学校参加今天的活动。

我们都知道，家庭是人生的第一所学校，父母是孩子的第一任老师，也是孩子终生的老师，抚养、教育孩子是我们父母的天职。可以说在座的各位都是有着好几年教龄的家庭教育教师，口袋里都装着各种证，如学历证、学位证、上岗证、资格证等，但有一种证肯定没有，那就是——家长合格证。有的家长肯定会说："自从我的孩子一出生，我就是理所当然的家长，还要什么证？我这个家长做得好不好，那是我的事，我管自己的孩子，谁管得着？"是的，没有谁管得着，也不能因为你这个家长做得不好就要你"下岗"，家长是没法下岗的。但值得提醒的是，孩子并不是你私有的，他长大以后要进入社会，要独立生存和工作，而今后生存、适应能力的强弱，很大程度上取决于家长教育的好坏，孩子的成功与否都与父母有关，父母有不可推卸的责任，所以我们做家长的可以说是责任重大。如此说来，我们虽然不用考证，再持证上岗，但也绝不能跟着感觉走，不能放松对自己的要求，要力求做一个合格、称职的家长，这就是我们今天要讨论的问题。

一、怎样才算是一个好家长？好家长有什么标准？

怎样做一个合格、称职的家长，好家长应该有什么标准呢？"雅虎网"曾经推崇了当代好父母的6条标准，我们一起来分享、解读一下。

（1）与孩子共度高质量的美好时光。

美好、高质量的时光，与金钱、贫富基本无关，而与欢聚一堂、尽享天伦之乐最多关联；与节日、生日、假日如何度过有关；与平常过日子更多关联。好父母就是要能够经常与自己的孩子一起度过美好、高质量的时光。

（2）孩子愿意主动向你倾诉。

现在很多家庭、父母的烦恼就是：孩子小的时候，总喜欢围绕在父母的身边，当孩子逐渐长大的时候，却越来越不愿意跟父母说话，这就是家庭教育出现问题的表现。

（3）孩子犯错误时能让他了解因果。

所谓的对与错很多时候是一种人为的划分，在与孩子相处的过程中，当你认为孩子犯错的时候，一定要心平气和的与孩子进行沟通，让孩子明白是非对错，要坚持一个原则：爱孩子，对人不对事；罚孩子，对事不对人。方法也只有一个，无论对错，能让孩子了解因果，更好的办法是要让孩子承担错误的后果。只有这样，才能真正做到让孩子吃一堑，长一智，及时吸取教训，从而健康成长。

（4）对孩子的世界知根知底。

作为一个合格、称职的家长，应该知道孩子喜欢什么，不喜欢什么；悲伤什么，恐惧什么；知道孩子跟谁在一起和在一起做什么；知道孩子的生理特点和发育状况。这一切，绝不是无视和侦查孩子的隐私，而应该是在充分信任孩子的基础上，通过与孩子的交流沟通，真实的了解孩子的内心世界。

（5）能指导孩子过上健康的生活。

健康的生活就是有规律的生活、独立自主的生活，这样的生活一定是快乐幸福的生活。

一般来说，婴幼儿阶段的孩子，享受父母安排的生活；小学阶段的孩子，应该是从父母做决定逐步转变到父母征求孩子意见后做决定；到了初中、高中，那应该是从父母与孩子共同商议后做决定逐步转变为父母提建议和参考，让孩子自己做决定。这样的生活，对孩子来说才是健康幸福的生活，父母也发挥了应有的作用。

（6）自己也要有梦想，并为实现它而努力。

这也就是说，父母在教育孩子的同时，自己也要有努力的方向、奋斗的目标。这个梦想可大可小，重要的是在不断地努力！这样才能在孩子面前有威信、有亲和力和说服力。

有一个卖菜个体户的孩子曾经在自己的作文里写到，他们家每个人都有梦想，爸爸的梦想是明年能买一辆汽车，可以装菜，还可以开车回老家过年；妈妈的梦想是今年能幸运地抽到8号、18号或者28号的摊位；哥哥的梦想是顺利考到厨师证；自己的梦想是考试能门门分数在80分以上，爸爸就答应她玩一次摩天轮。

确实，如果我们每个人都有美好的梦想，并且不管这个梦想是大是小，都在为这个梦想而努力，那么这样的家庭生活肯定是和谐美满的，这样的家庭里成长起来的孩子一定是有前途、有希望的，那么，伟大的“中国梦”一定会越来越近。

以上6条标准并不是完美无缺的，最重要的标准也许是写不出来的，因为父母们来自不同的家庭，养育着不同的孩子，好父母的标准也不可能完全一样。

养育孩子，大局观有了，合格就不是问题；大方向对了，容易就不是问题。

二、树立正确的家教观，做一个合格、称职的家长

（1）怎样理解“成长与成功、成才的关系”？

在当下许多家长的观念里，孩子的分数似乎是最重要的，孩子在学校里有个好分数，就意味着能考上一个好学校，将来就能找一个好工作，也就意味着这个孩子成才了，成功了。绝大多数家长包括世俗的眼光，几乎都把成才、成功作为人生的终极目标，而唯独忘记了对孩子来说最重要的成长。因为孩子不同于成人，从孩子的角度来看，其实成长比成才、成功更重要。

北京师范大学于丹教授在谈到孩子教育问题时，有一段关于“成长与成功”的话：“成长是一个过程，成功是一个结论；成长是相关于生命的评价，

成功是相关于社会的评价；成长是一个内在的系统，成功是一个外在的体系。”她还说：“妈妈更希望你注重心灵、注重自我、注重人格，而不是那么在乎外在的标签。”

确实，对于孩子来说，其实成长才是最重要、最应该关注的。如果我们只关心孩子的成绩和分数，而忽视了孩子思想品德的培养和良好习惯的训练，那么这样的孩子即使能考高分、上名校，也不一定会成为真正有用的人才。

其实，“成长”对于我们每个人，对于整个社会都是很重要的。一个人的生命要成长，两个恋人的爱情要成长，一个群体的建设、一个社会的发展都要成长。从一个人到一个国家，“成长”是最健康的力量，也是最恒久的力量。一个孩子，只要有成长，就一定有未来。因此，我们做父母的，最应该关注的首先应该是孩子是否能够健康、快乐地成长。有了健康、快乐地成长，才会有真正意义上的成才和成功。

（2）怎样理解“不能让孩子输在起跑线上”？

“不能让孩子输在起跑线上”，这句口号已经喊了好多年，残酷的现实加上这句蛊惑人心的口号如同一声春雷，惊醒了很多原来不怎么重视孩子早期教育的父母。于是，从一年级甚至幼儿园开始，我们就看到了孩子们背着沉重的书包，踏上了一个又一个辅导班、兴趣班的漫漫征程；看到了即使寒暑假里也只有成人而没有孩子的乡间小路和喧闹的大街；我们还看到了家长们面对一纸分数时的喜色与怒容；看到了睡眠不足的孩子们那与年龄不相称的沧桑。于是，许多有识之士不得不发出呼吁，纷纷表达自己的观点。中国教育学会原会长顾明远先生甚至在媒体上重呼当年鲁迅先生的那句话——“救救孩子”；而北京理工大学教授杨东平先生指出：“不能让孩子输在起跑线上，这是当前青少年教育中流毒最广、危害极大的奇谈怪论，可以视为无稽之谈。”杨先生的此番言论又在广大家长中引起了强烈反响，有一部分赞成杨先生言论的家长甚至还提出来另一个相左的观点——让孩子输在起跑线上又何妨！

如何正确认识和看待这两种不同的观点呢？其实，看待任何观点都应该抱持着客观理智的态度，不能偏激，也不能走极端。就我个人的理解，客观地说，两种观点都有一定的可取之处，但又都有点儿偏激。那么究竟应该怎样来理解和把握呢?

我们先来看第一种观点，“不能让孩子输在起跑线上”。这句话之所以获得很多家长的认可，主要是顺应了家长们望子成龙的心理，天下父母谁不希望自己的孩子出色、优秀呢?家长有这样的心理也是正常现象，如果正确理解并实践这句话，给孩子的童年该给的东西——让他们玩该玩的，学该学的，让孩子从人生的起跑线就开始拥有一个快乐的积极的心态、良好的习惯，有充足的睡眠，有一个健康的体魄。关键是父母们在实践时不能把这句话从狭义上进行理解，有的父母甚至理解成在起跑线上的分数、成绩的较量，这就不可取了。这里还有一点，既然提出了“不要让孩子输在起跑线上”，有输赢显然就要通过比赛才能决定胜负，那么我们首先要搞清楚：应该比什么?怎么比?使用什么规则比?是比学习还是比特长?是比唱歌还是比心灵手巧?……可悲的是，许多家长认为的是比学习、比分数。

讲到比学习，每一个明智而理性的家长都应该懂得：学习固然重要，但是对于孩子来说，学习不是唯一的，重要的是要让孩子健康、快乐地成长。每个孩子都有自己独特的才能，发现孩子的优势，鼓励孩子做最好的自己，这才是我们父母应该做的。

再来看第二种观点，“让孩子输在起跑线上又何妨”！从某种角度来看，这句话也有一定的道理，有些持这样观点的人认为：人生不是一百米、两百米的短跑，而是一场漫长的马拉松。起跑线上的成绩并不重要，甚至前半程的成绩也不太重要，若起跑太猛，速度太快，还有可能伤筋动骨，体力透支，并导致最后无法坚持。从这个意义上说，孩子的起跑应该适合自己的实际，循序渐进地进行，即使开始时有所落后，也不要操之过急，笑到最后才是最灿烂的。但是，如果有的家长用这句话作为自己忽视孩子早期教育的理由，这就又走到另一个极端了，这是更加不可取的。

客观地说，从科学的角度来讲，早期教育是相当重要的，但一定要遵循规律，切莫揠苗助长。家长们如果真的希望自己的孩子不输在起跑线上，那就应该树立正确的教育观，与时俱进，不断进取，摸索出适合自己孩子的教育方法。在这里，陶行知先生的“六大解放”应该给我们一些启示，家长要不断学习，不断总结反思，在观念上和行为实践中，不断自我解放，在此基础上，解放孩子的大脑——让他们独立思考、大胆学习；解放孩子的双手——让他们多动手操作，多实践探索，做力所能及的事；解放孩子的嘴巴——让他们畅所欲言，想说、敢说、会说；解放孩子的眼睛——让他们开阔视野，培养敏锐的观察力；解放孩子的空间——尽可能多地让他们接触大自然；解放孩子的时间——让他们多一些自由支配的时间，做自己想做的事。唯有如此，孩子才能得到真正意义上的解放，才能真正有竞争力。

（3）怎样看待孩子该不该上名校?

为了让孩子不输在起跑线上，一部分有条件的家长不惜花“重金”想方设法让孩子上名校，这就是所谓的“择校热”。对于该不该择校的问题，家长们也有不同的看法。赞成择校的家长认为，虽然上了好的学校并不代表一定能成才，但提供一个好的学习环境，让孩子有机会接触到更好的老师和同学，孩子成才的机会就会更大；但也有的家长认为，学习好的孩子很多，他们并不一定都是在所谓的“名牌”学校上的学，孩子的前途与发展还是要靠孩子自己把握，就算是好学校也有差班，差学校也有好班，单纯择校并不一定能够带来预期的效果。

择还是不择好像都有一定的道理，确实是一个让家长感到纠结的问题，当前择校之风盛行的根源在于优质教育资源仍然缺乏，不能满足社会和家长的需求，一定程度上也放大了名校的作用。消除家长纠结择校与否的根本办法在于均衡优质教育资源的供给，而这一点尽管地方政府和教育主管部门一直在努力，但限于历史等诸多原因，短时间内尚无法实现。在这样的背景下，家长们如何做到择校与否的理性决策就显得十分重要。到底是择还是不择呢？对于这个问题，没有统一的答案，因为从实际情况来看，择校有成功的也有失败的，总的来看要因人而异。

择校与否关键还是要依各人的具体情况而定，如果孩子的学习能力较强，心理素质好，有学习潜力，但是比较容易自满，那就可以考虑择校，因为择校进入上一层次的学校学习后，前面有不少学习标兵，不会自我感觉太好，只要一努力就会进步很快，但是这样的孩子如果不择校，而是进入低一层次的学校，因为一进去就是佼佼者，很容易自满、骄傲，要想再进步自然就不太可能；反之，如果孩子的潜力不大，且目前已经发挥出了最好水平，学习又比较自觉、谦虚，这样的孩子如果交钱勉强进入上一层次学校后，由于本身是择校生，基础比人家差，学习会比较吃力，再就是这样的孩子自尊心都比较强，时间长了自信心就会受损，形成恶性循环，从而影响到学习成绩的提高。所以择校的问题不能一概而论，必须根据孩子的具体情况再做决定。

（4）怎样对待孩子的上网问题？

随着信息时代的到来，互联网在带给人们工作、生活便利的同时，也带来了许多困惑和问题，特别是有许多家长对孩子的上网问题很无奈。有的家长严令禁止孩子上网，也有一部分家长由于忙于生计而无暇顾及，对孩子上网采取了放任态度，其实这两种态度都很片面，不利于正确引导孩子。

那么，孩子上网到底应不应该禁止呢？答案当然是否定的。互联网尽管是一个虚拟的空间，但它的方便、快捷、灵活等多种优点，给予了孩子们极大的遨游空间和自我学习的机会。比如，坐在家里便可浏览众多网上图书馆丰富的藏书；几秒钟内便可收到相隔万里的邮件，可以随时和同学、老师进行交流、沟通；在最短的时间内获得各种各样详尽的信息；等等。

另外，孩子也有自己特有的心理和思维，当众多的同龄人正在通过网络发展着他们自己天地的同时，孩子是不会囿于被禁止上网这样的现状的。一旦孩子产生逆反心理，他们便会选择偷偷地到网吧上网，而在一些经营管理不规范的网吧里，孩子们更容易受到其他不良信息的影响和毒害。

由此可见，家长限制甚至禁止孩子上网是不可取的，正确的方法应该是进行有效的引导和监管，鼓励孩子有节制的上网，通过网络寻求更多有利于自己成长、学习的信息和知识。

那么如何引导和监管孩子上网，防止孩子上网成瘾呢？这里向家长们提几点建议供参考。

1）家长自己要懂得一点儿网络知识。绝大多数不会上网的家长，包括对网络有偏见的家长，都把网络视为洪水猛兽，片面认为上网就是聊天，就是玩游戏。如果家长自己对网络一窍不通，整天唠叨网络的害处，当然要被孩子嘲笑了，又怎么能够和孩子有共同语言？怎么能够对孩子进行有效的指导呢？如果家长能够和孩子共同使用网络，共同学习交流，共同进步，这样的亲子关系就比较融洽了，孩子也就往往比较容易接受家长的引导，而不会误入歧途。

2）家长自己要以身作则，绿色上网。家长要懂得身教重于言教的道理，在如何上网这个问题上也应如此，不能只许州官放火，不许百姓点灯。有的家长一到家就打开电脑，不是聊天就是玩游戏，家庭内缺乏积极、向上、好学的良好氛围，这种情况下还一味地禁止孩子上网，孩子怎么能做得到呢？要求孩子做到的，家长应要求自己首先做到，否则孩子怎么会心悦诚服呢？

3）家长应指导孩子正确上网。家长可以经常与孩子沟通、交流网络的利与弊，指导孩子做到怎样上网才比较有益，还可以向孩子推荐一些健康、文明、有益的适合少年儿童进入的网站。把一些常用的有益的网站添加到家中电脑收藏夹中，使孩子方便进入，平时也应该经常关注、了解孩子的上网情况，及时把握调控。

4）家长要培养孩子发展多种兴趣爱好。首先要培养孩子的阅读兴趣，最有效的方法就是和孩子一起读书，要引导鼓励孩子多读一些励志、名人传记以及道德修养方面的书。随着阅读量的增加，孩子从中可以获取大量的营养，那些健康向上的东西就会逐渐占领孩子的思想阵地。在培养孩子阅读兴趣的同时，还可以培养孩子其他方面的兴趣爱好，比如音乐、美术、体育等，孩子有了这些良好的兴趣爱好，他的心灵就会比较充实，抗拒不良文化侵蚀的能力就比较强，这样的孩子即使上网，一般也能够比较好的把握自己，不会沉溺于网络游戏和网上聊天的。

5）家长要注意学会倾听孩子的心声。其实，每个孩子都渴望与人交流，与人倾诉，被人理解，得到关心的。因此，我们做家长的，应该注意从小就培养与孩子良好、亲密的亲子关系，平等地与孩子进行交流、沟通，凡事多听听孩子的想法，多从孩子的角度考虑问题，不要总是把自己的观念和想法强加给孩子，这样孩子就比较喜欢与你沟通，比较愿意把心里的想法甚至秘密告诉你，听取你的意见与建议；反之，如果当孩子兴高采烈地告诉你一些趣事时，你却一盆冷水泼过去：“你怎么就不能谈谈学习呢？”当孩子有心事希望向你倾诉烦恼的时候，你却不耐烦地说：“没见我正忙着吗？”凡此种种，不能蹲下身体静下心来倾听孩子，以为只要满足了孩子的物质需求，让孩子有个好分数就行了，这样的家庭就容易导致孩子上网。因此，家长不管自己多忙，每天都应该抽出一定的时间了解孩子，关心孩子，做孩子的倾听者、引导者，与孩子建立一种亲密无间的朋友关系，因为教育孩子也是我们的事业，而且是更重要的事业。只有这样，孩子才不会出现上网成瘾等一些不良的现象和习惯。

家长们如果能够做到以上几点，孩子迷恋网络的可能性就会大大降低。

只要我们做父母的能够较好地处理好上面所述的几个问题，那么，我想我们离做一个合格、称职的家长也就为时不远了。

谢谢大家！

2016年10月

漫谈家庭教育的关键词

众所周知，在孩子的成长过程中，离不开家庭、学校、社会三大因素的影响，尤其是家庭对孩子成长的教育、影响非同小可，发挥着十分重要的作用。全国著名的家庭教育专家、中华家庭教育网首席专家、《现代家庭教育系列丛书》总编顾晓鸣教授说过这样一段话：“许多时候，为了孩子的健康成长，我们缺少的可能不是钱，不是房产，也不是环境，而是家长自身的家庭教育素养，这绝对是保证孩子健康成长的秘密武器。走近家庭教育，不为别的，就是要寻找这一秘密武器。”顾教授为此呼吁“不要让孩子输在家庭教育上”。那么在当今形势下，家长要提升自身的家庭教育素养，应该做些什么呢？

个人认为，家长除了要重视家庭教育，加强自身学习，不断提高理论素养外，在日常的家庭教育过程中，要十分关注和把握好若干个家庭教育的关键词。

关键词一：教会做人

家庭教育的首要目标或者说首要任务应该是什么呢？或者达到怎样的要求就是一个家庭的家庭教育成功了呢？这里面就有个判断的标准问题。但是，家庭教育的标准非常复杂，而且还有可能是错误的标准。比如，许多家庭里父母的标准往往是要求孩子的考试成绩在班里进前5名，最好是第一名，或者孩子只要能考上北大、清华就是获得成功，考上哈佛、耶鲁就更加成功了。这虽然是标准，但却是错误的标准。为什么这样说呢？我们应该知道，孩子的成长与成功有很多标准，比如，品德是否高尚，学习是否优秀，做事是否有创造力、想象力，有没有吃苦精神，有没有勤奋精神，有没有摔倒了敢于爬起来的精神……而这些标准里面最重要的标准，不是成绩，不是分数，也不是考上名校，而应该是这个孩子有没有真正学会做人。

很多人把成功限定在一个特别狭小的范围之内，对孩子们来说，考高分、成绩好、上名校就是成功，就会得到奖赏；对成人来说，有钱、有地位、有财富就是成功，这样的标准恰恰忽视和丢失了我们中华民族几千年来最崇高也是最重要的人生标准，那就是学会做人。我们应该怎样教育孩子？比如，我们教育孩子要诚恳，但孩子诚恳后又在外面受别人欺负；我们教育孩子要善良，结果我们发现善良的孩子得不到社会的认可，于是我们就会反思：是不是该教孩子投机取巧一点儿，是不是该教孩子凶悍一点儿，于是有的家庭的家庭教育观念就会随之调整和改变。长此以往，我们在教育孩子的问题上就会恶性循环，对孩子本身的价值观、世界观、人生观带来负面影响，这样的家庭教育出来的孩子，即使智商再高，成绩再好，读了名校，但做人的本分没有合格，就不能算是一个真正成功的人。暂时有了光鲜的工作、耀眼的光环，但从长远来看，他在做人的品质上有了问题，最终终究会被社会所抛弃。因此，父母们一定要记住：教会孩子做人远比孩子的成绩、分数、上名校重要得多。孩子学会了做人，将来不管他到哪里，都是一个可以自食其力、回报父母的人，都是一个可以让父母放心的人，也是一个真正算得上成功的人，这就是我们教育孩子应该有的首要标准。可以这样说，我们教孩子首要的任务就是学会做人，是否把孩子的做人问题教育好，是孩子一辈子成功与否的关键。

关键词二：营造氛围

家庭教育里很重要的要素便是孩子的家庭教育环境，在孩子的家庭成长环境里，有两点至关重要：一是你的家庭是否是一个和睦的家庭；二是你的家庭是否是一个喜欢读书、充满书香气的家庭。对于第一点，大家可能比较容易理解，一个家庭和睦、气氛融洽的家庭，必定能够使孩子成长得比较自由、健康、活泼，能够为孩子的成长提供更加良好的亲密支持和正能量；相反，一个孩子如果生活在一个充满压抑、争吵、暴力的家庭里，可想而知对他的成长会有什么样的影响。无数实例表明：单亲家庭、充满暴力的家庭以及隔代抚育家庭，出现“问题孩子”的概率往往比普通家庭要高好几倍。所以，一个家庭和睦、亲密的氛围对孩子的成长起着十分重要的作用。对于第二个问题，许多家长可能不一定认同，孩子的成长与家庭的读书氛围究竟有多直接的关系？其实这恰恰非常重要，我们想让孩子有丰富的精神世界，有比较宽阔的胸怀，遇到问题可以自己思考，一个因素就是他是否从小到大都比较喜欢读书。很多科学实验已经证明：八岁前，大部分孩子的抽象思维能力和逻辑思维能力相对较差，但想象力、创造力和形象思维能力特别丰富，及时开发这些能力是非常必要的。因为多读书，对孩子来说会产生一种转化的能力，所有的文字和语言都是抽象的，孩子必须在脑子里转化成形象的。喜欢读书，尤其在童年时代喜欢听故事、读故事书的孩子，他的想象力和形象思维能力会比只看动画片的孩子丰富得多。因为听故事、读故事的过程对孩子来说，其实完成了两个教育任务：一是让孩子养成了读书的好习惯；二是锻炼了孩子的想象力和形象思维能力。这些能力对他的一生来说都非常重要，那么，要让孩子喜欢读书，我们做父母的就应该做喜欢读书的榜样，在家里空闲的时候，要能够经常在孩子面前出现一杯清茶、一本好书的情景，久而久之，孩子就必然受到感染，逐步养成喜欢读书的好习惯，但可悲的是，在现实生活中，这样的家庭少之又少。我们有相当一部分家长自己不喜欢读书，却要求孩子一天到晚看书写作业，这样的说教对于孩子来说永远是苍白无力的。在孩子面前，身教永远重于言教，要让孩子养成喜欢读书和学习的好习惯，做家长的应该带头喜欢读书，努力营造喜欢读书的良好氛围，减少世俗的应酬和忙碌，过一种有品质的生活。这样才能让孩子在耳濡目染中喜欢读书和学习，从而让学习真正能够成为孩子的一种兴趣、一种爱好、一种习惯，这不仅对他的升学有益，对他今后的人生都是有益的。

关键词三：亲情陪伴

在孩子的成长过程中，家长要懂得亲情陪伴对于孩子健康成长的重要性，要舍得为孩子付出时间，这对于亲子之间的沟通和孩子的成长都是十分有益的。曾经有人在幼儿中做过一个调查：发大水了，把爸爸、妈妈、爷爷、奶奶、电脑和小狗等人和物放在船上，船承载不了了，要扔掉很多东西，只留三个。调查结果是，所有孩子都选择了妈妈留下来，接下来有爷爷、奶奶，或者电脑和狗，唯独爸爸最少，只有约百分之二十的孩子留下了爸爸。

这个调查结果说明了一个道理：谁陪伴孩子时间多，谁就是孩子认为最重要的人，谁在孩子面前说的话可能就比较管用。因此，我们做家长的一定要懂得这个道理，尽可能抽时间多陪伴孩子，努力构建和谐、亲密的亲子关系，这对家长教育孩子将起到不可替代的积极作用。比如，下班后尽量推掉一些无聊的应酬，回家多陪陪孩子，问问孩子今天有什么快乐的事情，有什么烦恼的事情，然后多沟通交流；而不是一回到家看到孩子第一句话总是问今天的作业写完了吗？休息天也可以多带孩子去亲近大自然，帮助孩子放松心情，开阔视野。这些绝对比每天对孩子的唠叨和空洞说教要有用得多，只有当你们的亲子关系融洽了，亲密了，你的意见或建议孩子才比较听得进去，你说的话才比较有用。

关键词四：懂得配合

孩子的成长取决于家庭、学校、社会三方面的因素（当然其中家庭起着主要的作用），但这三者需要相互配合才能形成合力，对孩子的成长有效，而现在的问题恰恰就在于很多方面三个因素不够统一与配合。尤其是家庭对学校教育的配合问题难度较大。家长如何更好地理解学校，支持和配合老师的工作？家长、学校、社会如何达成教育的共识，形成教育的一致性？值得我们思考。

关键词五：适当鼓励

孩子的成长需要表扬和鼓励，同样也需要适当的批评与挫折。我们现在就先来讨论一下鼓励的问题，在孩子的成长过程中，离不开老师、家长等人的表扬、鼓励是毋庸置疑的，问题是怎么表扬、鼓励才是有效的、恰当的？这里面就有个度的问题，也有个方法的问题。应该说，适当的鼓励能够激发起孩子的自信和进取心，不断的恰当的鼓励，能够让孩子始终保持良好的精神状态，去实现人生一个又一个的目标。美国有一位著名的物理学家，上初中刚刚学物理的时候，他的物理成绩很差，只考了8分。物理老师找他谈话，让他好好学物理，学生说不喜欢就是学不好，老师特别聪明，他告诉这个学生，别的同学都是60分及格，你下次只要考到9分就算及格。学生一想我顺便划个钩就能及格，很容易，于是就答应了，结果下次考试考了28分，虽然老师还是没有理由在全班面前表扬他，但这个老师想了个办法，她让全班同学把上次的考试成绩和这次的考试成绩做一个减法，上次考了90，这次还是90，一减就是0；上次95，这次93，一减就是负2……减到最后，就一个同学剩下了20分，就是这个同学。老师把所有同学两次考试的分数差写在黑板上，问了个问题："哪个同学进步最大？"全班同学异口同声说某某，这是一个事实，因为只有他一个人进步了20分。这种鼓励方式不但没有侮辱色彩，而且有很大的激励成分。这个同学一下子就兴奋起来，他想，无论我考到48、68、88，都是全班进步最大的，我有无数进步的空间！从此这个孩子就喜欢上了物理，并最终成为伟大的物理学家。

老师的教育方式十分重要，但是家长的教育方式更重要，因为你有更多的教育时间和机会，孩子也更加看重家长的一言一行。我再举一个简单的例子，假如你的孩子是全班最后一名，你会怎么对待你的孩子？大部分家长的反应可能都是要骂一顿甚至打一顿，但是这样的方式往往适得其反。绝大部分孩子是希望自己考得好的，考得不好孩子也没有办法，但是他也不想这样啊！作为家长还不断地辱骂他，他可能就怕上学，讨厌学习了，这是真正可悲的事情。所以我建议家长们站在长远的角度上想一想，第一名和最后一名到底有多少差别，难道没上好的大学一辈子就没出息了吗？绝对不是。只要把孩子教育好了，不管做什么都是有出息的，人的成长是一辈子的事情，绝对不是你在学校所得的分数决定的。分数对于孩子来说是很重要，但不能因为孩子分数低就认为孩子以后没出息。请家长们一定要改一改判断成功的标准，孩子分数高是成功的标准之一，但是千万不要把它当作是必然的标准，更不能当作是唯一的标准，否则你的孩子就会受到无数的伤害。你一定要学会怎么鼓励孩子，这次考倒数第一，我会鼓励孩子下次考倒数第二，这次考20分，我会鼓励他下次考30分。千万不要说你的孩子，这次考了60分，下次不考90分就别进家门，毕竟孩子的智商是有差异的，有的孩子再怎么努力也考不到90分，那怎么办？真的不让他进家门了？你肯定得让他进家门，那样你就在孩子面前失去了信用，他会觉得爸爸妈妈说话是不算数的，那我以后就无所谓了。你应该这样说，你考到60分已经不错了，下回能不能考到70分呢？我不把你跟班里的同学比，我只看你今天有没有比昨天进步。他每进步一点儿，你都要鼓励他，当分数考得更低的时候，你要告诉孩子，这次可能是偶然的失误，爸爸妈妈支持你，相信你会努力、会进步的，这样孩子就有信心、有决心努力了。千万不要伤害孩子学习的积极性。

最后，我想告诉家长们，你把所有的一切，你的生命、财富、地位全部交给孩子，他不一定会幸福，只有掌握了教育孩子的方法，提升自己家庭教育的素养，教会孩子如何做人，教会孩子如何追求自己的人生目标，学会享受达到目标以后的幸福感和满足感，你的孩子才会获得真正的成功和幸福。

2017年11月

附录

个人发表文章（县区级以上）情况统计表（部分）					
序号	文章标题	刊物名称、刊期	出版（主办）单位	时间	级别
1	激发参赛兴趣，培养参赛能力	《教育天地》第 2 期	吴县教科室	1989 年 1 月	县区级
2	分数四则混合运算（教案）	《教师进修》第 12 期	吴县教师进修学校	1991 年	县区级
3	培养学生自学能力体会谈	《教育天地》第 8 期	吴县教科室	1991 年 2 月	县区级
4	重视合同制教师管理，促进教育质量的提高	《教育天地》第 1 期	吴县教科室	1992 年 1 月	县区级
5	依据学生心理特点，改进传统的作业订正方法	《教育天地》第 3 期	吴县教科室	1992 年 6 月	县区级
6	《少先队环保国防税法意识教育》	（参与编写）	苏州团市委、少工委	1993 年 4 月	市级
7	关于教师大循环跟班任教试验的调查分析报告	《教学天地》第 1 期	吴县教研室	1994 年	县区级
8	对数学练习独立性的一点再认识	《教育天地》第 1 期	吴县教科室	1995 年	县区级
9	数学课要注重课堂提问的设计	《继续教育》第 1 期	江苏教育出版社	1997 年	省级
10	对钻研数学教材的一点再认识	《教育天地》第 1 期	吴县市教科室	1999 年	县区级
11	加强业务考核，强化教师管理	《教育天地》第 2 期	吴县市教科室	1999 年	县区级
12	全面贯彻教育方针，着力抓好艺术教育	《吴中教学》第 2 期	吴县市教研室	1999 年	县区级
13	培养学生阅读数学课本能力的实践和认识	《继续教育》第 3 期	江苏教育出版社	1999 年	省级
14	教师应注重家庭教育的指导	《教育天地》第 4 期	吴县市教科室	1999 年	县区级

续表

序号	文章标题	刊物名称、刊期	出版（主办）单位	时间	级别
15	给孩子磨炼的机会	《吴县日报》	吴县日报社	1999 年 3 月 24 日	县区级
16	不放松的“三股劲”	《吴县日报》	吴县日报社	1999 年 10 月 20 日	县区级
17	从于永正的教育观说起	《教育天地》第 3 期	吴县市教科室	2000 年	县区级
18	“培养小学生阅读数学课本能力研究”实验报告	《基础教育改革论坛》第 1 期	山东教育出版社	2000 年	省级
19	树立以人为本思想，强化学校人力资源管理	《教育天地》第 1 期	吴县市教科室	2000 年	县区级
20	试论暗示在学校教师管理中的作用	《教育论坛》第 1 期	相城区文教局	2001 年 9 月	县区级
21	试论暗示在学校教师管理中的作用	《中华教育文选》	中华教育文丛编辑委员会	2002 年 1 月	国家级
22	解题指导列举	《苏州日报》	苏州日报社	2002 年 4 月 16 日	市级
23	数学课堂教学与学生创新意识的培养刍议	《教育论坛》第 3 期	相城区文教局	2002 年 9 月	县区级
24	构建数学模型，培养实践能力	《教师教育》第 6 期	江苏教育出版社	2003 年	省级
25	构建数学模型，培养实践能力	《中华教育文丛》	中华教育文丛编辑委员会	2004 年 1 月	国家级
26	“化归法”在小学数学教学中的应用略谈	《教育论坛》第 1 期	相城区文教局	2004 年 5 月	县区级
27	浅议教师个体性格在教育教学中的作用	《教育论坛》第 1、2 期	相城区文教局	2005 年 6 月	县区级
28	新课程背景下小学数学课堂教学的冷思考	《中国当代教育思想宝库》	中国教师报	2005 年 12 月	国家级

续表

序号	文章标题	刊物名称、刊期	出版（主办）单位	时间	级别
29	对新课程改革的审视和反思	《苏州教育研究》第 5 期	苏州市教育局	2007 年 5 月	市级
30	以人为本，促进人的和谐发展是创建和谐校园的核心	《教育论坛》第 1、2 期	相城区文教局	2007 年 9 月	县区级
31	新课程背景下指导帮助学习困难学生策略之初探	《苏州教育研究与实践》第 2 期	苏州市教育学会	2008 年 5 月	市级
32	“谜”一样的学校给我们什么样的启示	相城区“大家学堂”研修班论文汇编	省教研室、相城区教育局	2008 年 8 月	区级
33	也谈教师的人格魅力	《苏州德育研究》第 4 期	苏州市教育局	2008 年 9 月	市级
34	培养良好习惯　展现教育公平促进社会进步	《教育论坛》第 1、2 期	相城区教育局	2009 年 6 月	区级
35	记住学生名字——教育习惯的反映	《特色教育探索》第 7 期	江苏省教育学会	2010 年 7 月	省级
36	习惯决定孩子的未来	《苏州德育》第 4 期	苏州市教育局	2010 年 9 月	市级
37	也谈公平、公正	《特色教育探索》第 11 期	江苏省教育学会	2010 年 11 月	省级
38	浅议当今社会转型期加强家校联系的途径和方法	《长三角教育》第 9 期	长三角杂志社	2010 年 12 月	省级
39	说说教师的人格魅力	《苏州德育》第 3 期	苏州市教育局	2011 年 6 月	市级
40	当前社会转型期学校德育实效性之思考	《教育论坛》第 1、2 期	相城区教育局	2011 年 6 月	区级
41	从“二代”现象的剖析看其家庭教育之缺失	《苏州德育》第 6 期	苏州市教育局	2012 年 1 月	市级
42	有感于名师的读书习惯	《特色教育探索》第 2 期	江苏省教育学会	2012 年 2 月	省级

续表

序号	文章标题	刊物名称、刊期	出版（主办）单位	时间	级别
43	教师，请留一点清高和自尊	《苏州德育》第 3 期	苏州市教育局	2012 年 6 月	市级
44	“老师的启示”给予我们的启示	《教育论坛》第 3、4 期	相城区教育局	2012 年 12 月	区级
45	由教练的“精神虐待”所想到的	《苏州教育》	苏州市教育局	2013 年 9 月	市级
46	从“二代”现象的剖析看其家庭教育之缺失	《教育论坛》第 3、4 期	相城区教育局	2013 年 12 月	区级
47	教师需要不断调适自己的心理	《教育论坛》第 1、2 期	相城区教育局	2014 年 6 月	区级
48	辅导班，为你纠结为你愁	《苏州家庭教育》第 4 期	苏州市网上家长学校	2015 年 4 月	市级
49	真教育是期待与从容的教育	《苏州德育》第 1 期	苏州市教育局	2016 年 2 月	市级
50	德育实效低下呼唤教师德育专业化	《苏州德育》第 1 期	苏州市教育局	2017 年 3 月	市级

个人各类荣誉及获奖（县区级以上）情况统计表

序号	荣誉称号、表彰奖励、获奖项目名称	时间	颁奖部门	级别
1	县优秀教育工作者	1986 年 9 月	吴县县委、县人民政府	县级
2	吴县教科室“我与教育科研”征文竞赛三等奖	1991 年 3 月	吴县教育局教科室	县级
3	苏州市优秀教育工作者	1991 年 9 月	苏州市教育局、苏州市教育工会	市级
4	中国数学奥林匹克二级教练员	1993 年 8 月	中国数学会奥林匹克委员会	全国级
5	先进教导主任	1993 年 9 月	吴县教育局	县区级
6	好家长	1995 年 3 月	吴县妇女联合会	县区级
7	优秀德育工作者	1995 年 5 月	吴县教育局	县区级
8	先进工作者	1995 年 8 月	吴县教育局	县区级
9	吴县市小学数学“教学一得”小论文评选三等奖	1996 年 4 月	吴县市教育局教研室	县区级
10	吴县市第四次教育教学论文评比三等奖	1999 年 12 月	吴县市教委	县区级
11	苏州市优秀教育工作者	2000 年 9 月	苏州市人事局、苏州市教委	市级
12	第 13 届国际科学与和平周全国中小学生（江苏地区）金钥匙科技竞赛先进个人	2001 年 8 月	省教育厅、科技厅、科协	省级
13	相城区中小学首批教育科研学术带头人	2002 年 8 月	苏州市相城区文教局	县区级
14	2009、2010 年度家校联系工作先进个人	2010 年 1 月 2011 年 1 月	苏州网校相城分校、相城区教育局	区级
15	江苏省少先队教育科研成果优秀奖	2000 年 11 月	江苏省少年儿童研究会	省级
16	全国优秀论文评比二等奖	2001 年 2 月	中华教育文丛编委会	全国级
17	中华教育文丛全国优秀论文评比二等奖	2001 年 2 月	中华教育文丛编辑工作委员会	全国级

续表

序号	荣誉称号、表彰奖励、获奖项目名称	时间	颁奖部门	级别
18	苏州市优秀教育论文评选二等奖	2001年11月	苏州市教育学会	市级
19	江苏省优秀教育论文评选三等奖	2002年3月	江苏省教育学会	省级
20	苏州市小学数学教育论文评比三等奖	2003年	苏州市教育学会、苏州市教研室	市级
21	相城区第二届中小学教科研论文评比二等奖	2003年1月	苏州市相城区文教局	县区级
22	苏州市小学数学优秀教育论文评比一等奖	2004年5月	苏州市教研室、苏州市教育学会	市级
23	相城区第三届中小学教科研论文评比一等奖	2005年1月	相城区文教局	县区级
24	苏州市小学数学优秀教学论文评比叁等奖	2005年5月	苏州市教育局教研室	市级
25	2005年苏州市教育科研优秀论文评选二等奖	2005年11月	苏州市教育科学规划办公室	市级
26	2005年江苏省中小学“师陶杯”论文评选二等奖	2005年11月	江苏省教育科学研究院	省级
27	2005年度苏州市教育科研优秀论文评选二等奖	2005年12月	苏州市教育科学规划办公室	市级
28	2006年相城区中小学教师德育论文评比二等奖	2006年8月	相城区文教局	县区级
29	2007年江苏省中小学“师陶杯”论文评选二等奖	2007年11月	江苏省教育科学研究院	省级
30	2008年相城区中小学教师德育论文评比二等奖	2008年8月	相城区文教局	区级
31	2008年相城区教育学会论文评比三等奖	2008年9月	相城区文教局	区级
32	2009年相城区教育学会论文评比二等奖	2009年6月	相城区文教局	区级

续表

序号	荣誉称号、表彰奖励、获奖项目名称	时间	颁奖部门	级别
33	“新课程教学与科研论文比赛”一等奖	2009 年 10 月	《教师教育科研》编辑部	全国级
34	“新课程教学与科研论文比赛”二等奖	2009 年 10 月	《教师教育科研》编辑部	全国级
35	相城区家校联系工作先进个人	2010 年 1 月	相城区教育局、网校相城分校	区级
36	苏州市教育学会优秀教育论文评比一等奖	2010 年 3 月	苏州市教育学会	市级
37	“学科教学与教育科研论文大赛”一等奖	2010 年 4 月	《教师教育科研》编辑部	全国级
38	“学科教学与教育科研论文大赛”二等奖	2010 年 4 月	《教师教育科研》编辑部	全国级
39	苏州市教育学会 2010 年优秀教育论文评比一等奖	2010 年 10 月	苏州市教育学会	市级
40	江苏省教育学会 2010 年优秀教育论文评比二等奖	2010 年 12 月	江苏省教育学会	省级
41	相城区教育学会 优秀论文评比二等奖	2010 年 6 月	相城区教育学会	区级
42	相城区家校联系工作先进个人	2011 年 1 月	相城区教育局、网校相城分校	区级
43	“新课程与创新教育论文大赛”一等奖	2011 年 7 月	《中国教育》编辑部	全国级
44	相城区教育学会 优秀论文评比三等奖	2012 年 7 月	相城区教育学会	区级
45	2012 年度相城区教科研论文评选一等奖	2013 年 1 月	相城区教育局教科室	区级
46	相城区教育局中小学教师廉洁从教征文比赛二等奖	2013 年 5 月	相城区教育局	区级
47	2016 年苏州市家庭教育家长读本微视频评选一等奖	2016 年 6 月	苏州市教育局	市级
48	2016 年苏州市家庭教育优秀论文征集评选三等奖	2016 年 11 月	苏州市妇联、苏州市家庭教育研究会	市级
49	2016 年苏州市家庭教育优秀论文征集评选优秀奖	2016 年 11 月	苏州市妇联、苏州市家庭教育研究会	市级
50	相城区教育局“我的入党故事”征文评比三等奖	2018 年 5 月	相城区教育局	区级

后记

1978年，17岁的我还是一个刚刚高中毕业的懵懂少年，有幸参加了当年的高考，那还是恢复高考的第二年。当时在年级里成绩还算不差的我，虽然高考成绩超过了录取线三十多分，在学校里也可以排在前几名，按照现在的高考录取率，无疑能够上一个不错的大学了，但是在那个录取率几乎是百里挑一的年代，再加上当年正好赶上“老三届”落实政策，对他们实行优先降分录取。作为应届生的我们，不少被挤出了大学的大门，我最终被录取到江苏省洛社师范学校，记得拿到那迟来几个月的录取通知书时已经是深秋了，我也已经回到母校开始了复读，准备来年考个好大学，在去不去读师范的问题上，我与父母、家人产生了不同的意见，最后还是在他们的劝说下，踏上了去学校报到的征程。可以说，那时的我，完全是在家人“跳出农门”思想的鼓动下，才稀里糊涂地去上师范的。这一去，从此改变了我的人生历程，走上了现在的教师生涯。

1981年初，我回到了家乡，当上了一名普通的小学老师，跨出了教育生涯的第一步，直到今天我还清楚地记得刚工作时的定级工资只有三十元五角。现在的我，工资收入等已今非昔比，学历早已从中专变成了本科，职称也幸运地评上了高级，住房条件也有了质的飞跃，从刚结婚时借住在学校里的一间半小屋，到现在自己建造的宽敞明亮的小“别墅”，已经过上了“比上不足，比下有余”的小康生活。

屈指算来，做教师已近四十年。四十年，弹指一挥间，在人生的长河里，已经步入了不惑之年，在教师生涯中，更是进入了尾声，还有一年多时间，就将为自己的教师生涯画上圆满的句号，开启自己的另一番生活。

近一年多来，几近退岗有点儿空闲的我，回望自己四十年的教师生涯，可以说是思绪万千，感慨良久，总觉得应该为自己即将结束的四十多年教师生涯做点儿什么，所以便想到把自己从教以来有意义的一些东西做个整理。因为我一直认为，作为一个教师，教了一辈子的书，应该为自己、为后人留下一点儿东西，不然几十年下来还是一个教书匠，拿不出一点点像样东西的话，也实在是对不起自己几十年的汗水和心血。这，就是我整理这个集子的初心，也算是实践了一点点奥斯特洛夫斯基说过的那句名言："当一个人回首往事时，不因虚度年华而悔恨，也不因碌碌无为而羞愧。"

这四十年里，笔者对于自己所任教的学科及后来所分管的工作，只要心有所感，即爱"涂鸦"，根据自己的不完全积累，陆续有百余篇不算文章的文字保留了下来，其中在县（区）级以上发表（获奖）论文、随笔、学习心得等八十余篇（次），本书所收集的是我四十年教师生涯中点点滴滴、不成体系的所思所想。期望通过这样的形式，与同行们进行一个交流，如果能够对他人有一点儿启示和帮助，那将使我不胜荣幸。遗憾的是由于前后时间较长，部分材料尤其是刚刚工作那几年的材料没有好好收集，中间年份里也有少量材料没有及时归档而漏失。

至于为什么在定名时将自己比作秋叶，一是因为秋天是收获的季节，四十年的教师生涯或多或少总有一些自以为是的收获，我愿把自己比作秋天里一片小小的即将脱落的叶子，以此来回味和纪念自己的青葱岁月；二是因为我想到春季、夏季，大树都在不断地为叶子提供营养，叶子才会长得越来越茂盛，秋天是叶子该回报大树的季节了，它要化为养料，为大树储备能量，寓意着如果有可能，我希望本书能够为我所钟情的教育、为我挚爱的同行们提供一点儿绵薄的养料。

拙作即将与大家见面，这，或许会有沽名钓誉之嫌疑，更可能会有贻笑大方之结果，但是我依然敝帚自珍。因为这里有我四十年工作的印记，有我粗浅思索、探究的轨迹，但真正要出版时，还是有点儿诚惶诚恐之感，由于笔者才疏学浅，书中肯定有许多错误、疏漏，敬请各位同仁、朋友指正。

承蒙相城区教育局张国镇副局长、我的同学兼好友苏州海影文化传媒有限公司总经理朱海明先生在百忙中为拙作作序。两位在序中对笔者颇多美言，笔者因为学殖有限、贡献无多而深感不安，唯有努力将拙作整理得到位一点，方能掠去心头歉仄。衷心感谢为拙作的诞生提供帮助的相城区教育局孙永牛科长、我校张爱琴校长等各位领导、同事和朋友们。

毕业到现在的四十年里，我的工作一直没有离开过埭小，可以说，我是在埭小成长、成熟的，也是在埭小慢慢变老的。埭小是我四十年教育生涯的见证，也是我奉献过青春、挥洒过汗水的地方。因此，对于埭小，我是有深厚感情的，即便将要退休，在今后的日子里，作为埭小的一位过客，我也会一直默默地关注埭小，祝福埭小。

在埭小发展、进步的历史进程中，一代又一代“埭小人”用智慧和汗水，用奉献和青春，铸就了埭小百余年的不凡历程。在未来的日子里，我坚信：埭小的明天必将更加美好，百年老校一定会绽放出耀眼夺目的光芒。

作者
于2020年冬